国家语委"十三五"科研规划年度重点项目"汉语声誉规划战略研究与文化自信"（ZDI135-60）课题阶段性成果

中国外语战略研究中心2022年度"世界语言与文化"课题"语言规划视域下的英国文化教育协会在华英语推广研究"阶段性成果

英国文化教育协会
创始初期全球推广活动研究
（1934—1954）

郑洪波◎著

团结出版社

图书在版编目（CIP）数据

英国文化教育协会创始初期的全球推广活动研究 ：
1934-1954 / 郑洪波著． — 北京 ： 团结出版社，2023.3

ISBN 978-7-5234-0045-6

Ⅰ．①英… Ⅱ．①郑… Ⅲ．①文化教育—协会—研究
—英国—1934-1954 Ⅳ．① G556.19

中国国家版本馆 CIP 数据核字（2023）第 043639 号

出　　　版：团结出版社

（北京市东城区东皇城根南街 84 号　　邮编 100006）

电　　　话：（010）65228880　65244790

网　　　址：http://www.tjpress.com

E－mail：65244790@163.com

经　　　销：全国新华书店

印　　　刷：武汉鑫佳捷印务有限公司

装　　　订：武汉鑫佳捷印务有限公司

开　　　本：170mm×240mm　　16 开

印　　　张：13.25

字　　　数：220 千字

版　　　次：2023 年 3 月第 1 版

印　　　次：2023 年 3 月第 1 次印刷

书　　　号：978-7-5234-0045-6

定　　　价：78.00 元

目　录

绪 论

第一节 研究缘起

语言文化国际传播是政府治理公共事务，维护国家利益的重要内容和手段，也是全球化时代国家提升软实力的重要方式和路径。语言文化对外传播的能力和程度已经被视为评价一个国家（或民族）的软实力和国际影响力的重要指标之一，世界各国纷纷将本国语言文化的对外传播纳入外交战略框架。全世界很多国家正在认识到软实力对于在 21 世纪中成功的重要性。语言是非常重要的软实力工具，《软实力 30》报告将世界强国语言指数（PLI）列为软实力报告中 66 个指标中文化 11 个指标之一。2017、2018 年英国软实力排名第一[1]。英语是英国重要的软实力组成部分。英国在软实力报告中连续几年独占榜首，与语言有一定的关系。

英国文化教育协会 2018 年发布的全球软实力报告《软实力超级大国：全球文化参与与文化影响力变化趋势》[2] 报告中所言，各国正在大举投资，设立语言文化推广机构，以扩大其国际受众数量和国际影响力。俄罗斯、中国以及其他国家正把多达几十亿的资金投在国际广播和文化机构上。

研究国际文化推广组织是区域国别研究的重要内容之一。随着全球化进程的加快，目前各国重视语言文化推广，语言文化推广的广度与深度愈发深入，建立了相应的国际语言文化推广组织，据维基百科"国际语言文化推广组织"词条统计，世界上大大小小的语言文化推广组织如巴西文化中心、波兰密茨凯维奇学院等约有 120 多个。曹德明 (2016) 主编的《国外语言文化推广机构研究》上、下册对以美国文化中心、俄罗斯世界基金会、英国文化教育协会、法国法语联盟、德国歌德学院、西班牙塞万提斯学院、意大利但丁协会、葡萄牙卡蒙斯学院、希腊文化

---

[1] The Soft Power 30：A Global Ranking of Soft Power，Portland Communications, 2019

[2]Soft power superpowers：Global trends in cultural engagement and influence（作者：Alistair MacDonald,2018）

基金会、荷兰语语言联盟、日本国际交流基金会、阿拉伯教科文组织以及瑞典、匈牙利、韩国、土耳其、哈萨克斯坦等十七个国家的国外语言文化推广机构为主要研究对象，运用文本分析法与实地调研法，多视角、全方位地研究了这些语言文化推广机构的历史脉络、宗旨目标、组织模式、发展规划、运行机制、筹资渠道、工作实效，分析其成功经验与失败教训，探讨了对于推进孔子学院建设的借鉴意义。在大大小小的国际语言文化推广组织中，英国文化教育协会成立于 1934 年，第一个海外办事处于 1938 年成立，"英国文化教育协会是世界上历史最悠久的文化关系组织"[1]。曾任英国文化教育协会主席的金诺克勋爵 (Lord Kinnock) 说"如果有一个国际公共外交机构的排行榜的话，正如已故的布莱恩·克劳夫 (Brian Clough)[2] 所说的那样，英国文化教育协会将是'最顶尖的 (among the top one)'"。[3] 英国文化教育协会的海外活动可概括为英语推广，英语考试、语言学校认证、艺术、教育和社会以及海外发展援助。目前国内相关研究主要集中在文化外交、艺术教育、海外发展援助等方面，与语言相关的如英语推广等方面有待深入研究。深入研究英国文化教育协会的英语文化推广有助于增进对这些组织机构的认识。

语言文化推广是我国国际传播能力建设的重要工作和重要任务之一，已成为一个热点研究话题。加强中国的语言文化推广，是中国进入全球大语言（如英语、法语、德语、西班牙语等）竞争舞台之后所处的新形势所面临的必经之路。但对于如何理解和规划语言文化推广活动，一直众说纷纭，缺少操作路径，这样会导致语言文化推广机构无章可循，因此语言文化推广研究成为一个亟待解决的现实问题。

英国文化教育协会是英国软实力建设的重要机构，其核心业务之一即为英语和文化推广和传播。2015 年 3 月 10 日英国上议院针对特别委员会提交的《软实力和英国对现代世界说服力和实力的影响力报告》[4] 展开了"软实力与英国的影响力"的议会辩论，议员们认为，"如果人们接受英语教育，喜欢我们的文化和生活方式，他们就会仰慕我们。"吉尔福德勋爵豪厄尔 (Lord Howell of Guildford) 评价英国文化教育协会，"我们的语言传播和文化外交工具，特别是英国广播公司世界服务和英国文化教育协会，是非常有效的，被视为典范。"[5] 研究英国文化教

---

[1] https://www.britishcouncil.org/about-us/history

[2] 已故英格兰著名足球运动员、教练员。这里套用他的名言，"我不会说我是这一行里最棒的主教练，但我绝对是顶级之一。（I wouldn't say I was the best manager in the business. But I was in the top one.）"英国媒体习惯称他为"历史上最优秀的足球教练"

[3] Hansard-Lords Chamber,Volume 739, Column 456, 2012 年 7 月 19 日

[4] Soft Power and the UK's Influence on Persuasion and Power in the Modern World

[5] Hansard-Lords Chamber,Volume 760，Column 549，2015 年 3 月 10 日

育协会是如何推广语言文化，增强说服力，助推英语推广，或在传播中国语言文化提升软实力方面可供我们借鉴。

研究英语的传播和推广将为我们的语言文化传播提供借鉴。根据 2016 年世界强国语言指数，在超过 6000 种语言中，英语在全球十大最强大语言中排名第一。英语是世界通用语言。中文的影响力不断增长，排名第二。法语位居第三，西班牙语，阿拉伯语和俄语则紧随其后[1]。研究英国文化教育协会的语言文化推广，可为中国语言文化国际传播的可持续发展提供有益借鉴。

英国文化教育协会是在英语教学、教育系统和语言评估方面闻名于世的权威机构。本书的研究目的是通过分析英国文化教育协会这个典型语言文化推广案例，厘清语言文化推广的操作路径，回答"如何进行语言文化推广"的问题。

---

[1] 排名前六位的语言也恰好是联合国的官方语言。

第二节 研究设计

研究以英国文化教育协会的语言文化推广为案例，聚焦于协会从 1934 年到 1954 年这二十年间在全球和中国的推广活动。本研究采用历史—文本分析法 (约翰逊 ,2016,pp.117-121)，对英国文化教育协会的历史文献和政策文本进行研读和分析。政策文本包括英国文化教育协会年度报告、发展规划、会议纪要，出版物等；历史文献包括英国国会议事录档案 (Hansard) 收录的英国议会有关英国文化教育协会和语言文化推广的辩论、声明、信函等，国内老成报刊数据库收录的《大公报》、《人民日报》数据库等关于英国文化教育协会在中国的活动报道等。

论文以英国文化教育协会为案例，研究语言文化推广。本书主要聚焦以下两个问题：

1. 英国文化教育协会开展了哪些语言文化推广活动？

2. 英国文化教育协会采用什么推广策略和路径？

本研究采用历史—文本分析法。历史—文本分析法是围绕着文本材料而展开的。进行阐释和分析的基本依据是资料，资料是研究描写和分析的基础。在这种情况下，材料占有的多寡和对材料性质的掌握就成为研究结论的关键。本研究的优势在于对英国文化教育协会资料的掌握和运用，通过对各种资料的分析和细读。研究发现藉由大量文献材料的相互佐证，经由大量文献资料的梳理和互证所推断出来的结论，在这种情况下，各种各样的文本资料是本研究的主要依据。各种资料对同一事件或活动的提及或描述构成互文性，这种互文性可能性可以通过不同的角度得以验证，相互联系。

历史—文本内容分析关注的是文本中真实的社会事实和文本后面的各种错综复杂的社会背景，希望通过对文本文献的研读、梳理和考证，发现在不同时期不同社会背景下英国文化教育协会语言文化推广的动机、路径、规律和措施。

也必须承认，优势也是局限所在。资料就是一切。本研究无法做到到英国文化教育协会进行实地考察，或者与机构管理人员和规划者进行互动和交流，只能借助于数量庞大和种类繁多的文献资料，通过对大量材料的掌握与梳理了解机构的语言文化推广活动概貌。

本研究主要关注英国文化教育协会资料文本中语言文化推广活动部分，分析对象主要是文本和文献，其中包括有关英国文化教育协会官方话语和政策文本、英国文化教育协会年度报告、议会辩论文本、学者研究和媒体报道等。

1. 英国议会语料

第一部分语料是英国议会有关英国文化教育协会和语言文化推广的辩论、声明、信函等，这部分资料主要来源于英国国会议事录档案 Hansard。Hansard 目前可以通过 Hansard Online 和 Hansard 语料库两种方式进行语料获取。Hansard Online 是英国议会资料的官方网站，英国上议院和下议院议员的辩论材料、出版物均汇集于此。但 Hansard Online 提供的检索方式有限，检索本书研究的主题 art、science 或者 English 这些英语常见单词返回的是海量的检索结果，不能有效服务于本研究。因此，笔者进一步借助美国语言学教授 Mark Davies 开发的 Hansard 语料库[1]。Hansard 语料库是萨缪尔项目[2]（SAMUELS project 2014—2016) 的一部分成果，该项目由英国人文艺术研究委员会资助。语料库（或文本集合）几乎包含了 1803—2005 年间英国议会发表的每一篇演讲，总计约 16 亿词，它比 Hansard 在线网站搜索方式更加灵活和精准，英国兰开斯特大学的 UCREL 小组对语料进行词形还原、词性标注和语义标注等处理，使得该语料库有着 Hansard 在线网站无法实现的搜索方式，如基于语义的搜索。值得一提的是其虚拟语料库功能，在 Hansard 语料库中检索出如英国文化教育协会的结果后，可以利用虚拟语料库功能创建一个如"英国文化教育协会"语料库，然后再对该虚拟语料库进行二次探索。

2. 英国文化教育协会档案资料

英国文化教育协会的部分档案可从其官方网站上自行下载获取电子版，比如最近 10 年的年度报告和财务报告等。但其他资料如前 75 年的年度报告等只能根据研究者的研究需要，分别在不同的来源获取。英国文化教育协会的相关档案主要存放在下列地点[3]：1）英国国家档案馆是英国文化教育协会档案资料的主要存放地，存放英国文化教育协会活动的有关政策记录、董事会会议记录和报告；2）泰特档案馆 (Tate Archive) 保存英国文化教育协会视觉艺术团队的档案；3）大英图书馆可以查询英国文化教育协会的出版物，包括年度报告；4）大英图书馆声音档案馆 (British Library Sound Archive) 保存着 20 世纪 40 年代以来英国文化教育

---

[1]https://www.english-corpora.org/hansard/

[2]SAMUELS 是 Semantic Annotation and Mark-Up for Enhancing Lexical Searches 的英文首字母缩略，意思是语义注释和标记，以增强词汇搜索。2014 年 1 月至 2015 年 4 月，艺术与人文研究英国文化教育协会与经济社会研究英国文化教育协会（授权参考号 AH/L010062/1）共同资助了 SAMUELS 项目。萨缪尔联盟由格拉斯哥大学（牵头机构）、兰开斯特大学、哈德斯菲尔德大学、中央兰开夏大学、斯特拉斯克莱德大学和牛津大学出版社组成。国际合作伙伴是犹他州的杨百翰大学（Brigham Young University，犹他州）、奥博阿卡德米大学（芬兰）和奥卢大学（芬兰）。

[3] https://www.britishcouncil.org/about-us/history

协会录音组的工作，以及员工口述史项目的录音。5）英国电影协会 (British Film Institute, BFI) 收藏了 20 世纪 30 年代和 40 年代由英国文化教育协会制作和赞助的电影集，可在英国文化教育协会电影网站上观看；6）华威大学现代记录中心保存着英国文化教育协会员工协会和工会的档案；7）雷丁大学特辑收藏了英国著名作家和英国文化教育协会文学部门之间的书信集。

本研究收集的英国文化教育协会的资料主要有三部分。第一部分是英国文化教育协会的年度报告、发展规划、会议纪要，出版物等，最近十年的资料在英国文化教育协会官网上下载获取电子版，其他年份的资料来自于华威大学档案馆、英国文化教育协会档案馆，纸质版进行扫描和 OCR 识别处理。

最开始年度报告不向公众开放，封面上印着绝密 [1]，只在英国议会图书馆供议员借阅。正文第一页的主席的报告也写着对象是"英国文化教育协会成员参阅"。[2] 因此，早期年度报告较难获得。后来，英国文化教育协会公开出版了年度报告，有 ISBN 号和价格，向各国免费赠阅，扩大机构影响力。

第二部分来自于英国国家档案馆 (The National Archives, 简称 TNA)，这些记录包括英国文化教育协会董事会、执行委员会、咨询委员会的会议记录和文件；显示英国文化教育协会与英国政府部门关系的记录；英国文化教育协会在海外国家的经营状况；显示英国文化教育协会优先事项、结构和主要组织变化的记录；与英国文化教育协会主要职能和活动有关的政策记录；与英国文化教育协会参与的重大国际或文化事件有关的记录。这些记录是参照英国国家档案馆的通用选择标准选择的，特别是第 1.1、1.5、2.2 和 2.7 节。第三部分来自于英国文化教育协会惠特利委员会参谋部（BCWCSS）的档案记录。英国文化教育协会惠特利委员会参谋部 (The British Council Whitley Council Staff Side, BCWCSS) 是在 1976 年英国文化教育协会员工协会（BCSA）解散后成立的，该组织于 1980 年更名为英国文化教育协会惠特利委员会工会（BCWC TUS），该档案包含了英国文化教育协会员工的会议纪要、回忆录、出版物等。

3. 学者的研究资料

这一部分资料包括英国文化教育协会委托学者开展的一些研究报告，学者对英国文化教育协会的研究文献，学者对语言文化推广的研究文献等。

---

[1] CONFIDENTIAL，NOT TO BE COMMUNICATED TO THE PRESS
[2]《年度报告 1936—1937》, p.1

4. 媒体资料

国外数据库如《泰晤士报》数据库 (Times Digital Archives,1785—1985）[1]。国内数据库如国内老成报刊数据库[2]、《大公报》[3]（1902 年至 1949 年民国这段近代史期间）英国文化教育协会的新闻报道等，这些数据能形成三角验证。

研究主要使用 Hansard 语料库、自建英国文化教育协会年度报告语料库和自建英国文化教育协会在华活动语料库。

表 1　自建英国文化教育协会年度报告语料库统计（1934—1954）

年度报告	形符	类符	年度报告	形符	类符
1936—1937	6273	1616	1947—1948	34767	5855
1940—1941	30425	4436	1948—1949	49827	8549
1941—1942	32344	4741	1949—1950	41031	6442
1942—1943	40589	5363	1950—1951	38320	6855
1943—1944	55180	7062	1951—1952	40136	6624
1944—1945	52928	6656	1952—1953	35290	5784
1945—1946	64871	7602	1953—1954	35957	5665
1946—1947	36270	6304	1954—1955	41421	6902

自建年度报告语料库收集了英国文化教育协会 1934 年成立以来的所有年度报告，对年度报告文本进行处理。英国文化教育协会 1936—1937 年发布第一份年度报告。受二战影响，1940—1941 发布第二份年度报告，以后每年发布一份，至 2021 年，总共有 81 份年度报告。年度报告语料库总计约 284 万词，类符 98513 个。本研究节选了 1934—1954 年 20 年间的年度报告，总计 635629 词。

英国文化教育协会 1936—1937 年开始谋划进入中国，1952 年在华机构关闭。研究从年度报告语料库中抽取英国文化教育协会在华活动的相关部分，构成在华

---

[1]《泰晤士报》数字档案是研究英国历史的重要参考资料，它也是研究过去两个世纪世界历史和中国历史的重要资料。收录文献跨度为 1785—1985 年，可以在线浏览和搜索报纸当初发行时的原始内容，这一期间所有的文章都可以检索到，不仅弥补了现有纸质文献的缺失，而且还提供了强大的检索功能。数据库包括全部的文章、广告以及图片、照片、社论、国际、国内和议会消息外，还刊登特稿和读者来信。特稿作者多为各方面的专家和权威人士，读者来信也多为国内外社会名流和其他有影响的人物。

[2]《大成老旧刊全文数据库》（又名《大成故纸堆》）收录清末到 1949 年近 80 年间中国出版的 7000 多种、15 余万期期刊。内容覆盖晚清和民国期刊（老旧刊）、古籍文献、民国图书、申报、古方志集、古籍文献、党史（—1949）、顺天时报和大美晚报共 8 个方面老旧资源，是国内专门的老旧刊全文数据库。

[3]《大公报》于 1902 年在天津创办，是迄今中国发行时间最长的中文报纸，被誉为中国新闻史上的璀璨明珠《大公报：1902—1949》数据库完整收录 1902 年—1949 年间《大公报》天津、上海、重庆、汉口、桂林、大公晚报等不同版本的《大公报》所刊登全部新闻、文章及广告等全文资料。

活动语料库，共 74301 词。

由于研究中的历史文献文件种类多样，有纯文本，有 Word 版，有 PDF 版，有照片，有 Excel 等，因此研究者利用质性研究工具 NVivo12 将这些文献整合起来，并利用 NVivo12 对历史文献分析和编码，以揭示语言文化推广轨迹。

本研究采用 NVivo12 将所有历史文献资料汇集于一体，构成一个语料库。首先在 NVivo 中建立语言推广项目，将所有文本文件导入到内部材料中，每一个年度的文本为一个文件，按照文献类型和年度进行命名。比如将年度报告文件命名为如《1940—1941 年度报告》。

研究首先对文本进行编码。编码之后，笔者将每一个年度的文本创建为案例，使编码与案例联系起来。为了建立矩阵分析，笔者为案列导入事先准备好的案例分类属性表，为每一个案例自动添加案例属性。分类属性表表中第 1 个格子的名称和案例分类名称一致，首列的名称和 NVivo 里面的案例命名一致，都是按照年度命名。在查询矩阵中，探索文化推广和各属性之间的关系。

在文本内容分析阶段，利用语料库分析辅助手段采用 "#LancsBox v.6.0"（Brezina，McEWnery，Wattam,2015) 对收集到的相关资料进行历史—文本文本话语互文性分析。

互文性分析关注多个文本话语之间的关联，能为本研究提供三角验证。比如"基本英语"是英国文化教育协会 1940 年提出的语言推广项目，在这之前和之后的议员辩论、学术著作论文中均出现，通过多个文本的互文性分析，英国议会议员辩论文本、英国文化教育协会年度报告、英国文化教育协会会议纪要、发展计划、发展报告及其他出版物、英国文化教育协会员工出版物、学者著作等多个文本的话语关联，通过文本分析可以建立这种互文性。

本研究并非质性研究。因此对文本进行编码没有严格按照三种模式编码，编码没有采用两位研究者编码，而是研究者独立完成。编码相对容易，因为研究根据年度报告中的标题和小标题对文本段落进行编码，比如文本分别来源于 Education, Fine Arts 或者 Drama 标题下，就标注为 Education, Fine Arts 或 Drama。第一次标注和第二次标注间隔时间约 1 年，通过 NVivo 的 Coding Comparison Query 功能，比较前后两次编码一致性。通过计算，前后两次编码员间信度[1]（intercoder reliability）Kappa 系数（Kappa Coefficient）为 0.958（kappa > 0.75 时，表明有较

---

[1] 比较两个用户所做的编码，以衡量"评分员间的可靠性"或用户之间编码的一致程度。信度检验和表工具详见 http://help-nv11.qsrinternational.com/desktop/procedures/run_a_coding_comparison _query.htm

高的一致性），说明本文编码具有有效性。

　　本研究不涉及访谈，不涉及处理研究对象的隐私。本研究的历史文献均为公开发布的数据，如年度报告，新闻报道等，不需获取报告和报道中人物的知情同意。英国文化教育协会等内部档案也符合档案信息公开原则。

第三节　研究意义

英国文化教育协会尽管从其成立的 13 年后就有关于它的学术研究成果面世，但是相比之于其悠久的历史、丰富的实践活动以及重要的地位和作用，已有的学术研究还是很少，国内外学术界对其关注远远不够 (丛霞 ,2017)。本研究可以拓展、加深当前国内学术界对于英国文化教育协会的研究，同时也可用来分析其他语言推广机构，为以后的研究者提供参考，推动学界对语言文化推广机构的深入研究。从对英国文化教育协会这样的语言推广机构的推广活动直接的、历时的系统性考察中了解语言文化推广的性质和运作机制，能进一步完善和补充现有文化推广传播理论框架。

研究的现实意义为，对英国文化教育协会创设初期的语言文化推广活动进行详细描写与分析，将其作为语言推广机构制定相关语言文化推广政策和解决语言文化实际问题的科学依据和借鉴，具有一定的社会应用价值。

英国文化教育协会堪称语言文化推广机构中最鲜明的一面旗帜，对英国文化教育协会的研究也历久弥新。对英国文化教育协会的研究是有现实指向的。随着中国参与全球治理广度和深度的提升，如何有效传播语言文化，提升语言文化的国际声誉成为中国特色大国外交的新课题，需要中国的语言学界和国际组织研究者贡献新的智慧。语言文化推广研究需要不断开阔视野。研究英国文化教育协会的语言文化推广可为中国语言文化推广研究提供国际视野和实践参考。

第一章 英国文化教育协会概述

英国文化教育协会成立于 1934 年，是英国皇家特许的非营利机构，是英国促进海外文化关系和教育机会的国际组织。英国文化教育协会 1963 年 1 月在英格兰注册为慈善机构（编号 209131），是一个非部门公共机构 (non-departmental public body)，由英国外交和联邦事务部 (Foreign and Commonwealth Office,FCO) 提供拨款，英国外交部的接触与交流理事会（Engagement and Communications Directorate）是英国文化教育协会的赞助团队。它的主要活动是英语教学、考试管理、促进英国和国际艺术、创造一系列教育机会、开展促进包容和公平社会的活动。文化关系和发展援助是英国文化教育协会工作的两大支柱。与海外开发署 (Overseas Development Administration,ODA) 的伙伴关系对协会在发展援助中至关重要，与外交和联邦事务部的伙伴关系集中在文化关系中。英国文化教育协会将机构活动分为三个独立的业务领域——英语、艺术、教育和社会。

1943 年英国文化教育协会在中国建立了第一个办公室。英国文化教育协会自 1979 年以来始终与我国保持良好合作关系。目前在北京、上海、广州和重庆等城市设有办公室。在北京作为英国大使馆文化教育处开展工作。在上海、广州和重庆作为英国总领事馆文化教育处开展工作。

2019—2020 年度，英国文化教育协会在 100 多个国家设有 178 个办事处，与这些国家在艺术和文化、英语语言、教育和公民社会领域开展合作。协会在 50 多个国家设立了 83 个专业的语言培训中心。2018—2019 年，近 8000 万人直接参与了英国文化教育协会各项活动，7.91 亿人通过包括在线、广播和出版物等其他形式间接参与协会的活动，为近 39.2 万成人、孩子和企业学员开授英语课程，帮助来自全球 100 多个国家逾 1 亿人提高英语语言能力。[1]

经过近 90 年的发展，英国文化教育协会已成为在英语教学、教育系统和语言评估方面闻名于世的权威机构。《波特兰软实力 30 报告》(2017) 认为英国文化教育协会对英国软实力有着重要贡献，将其称为"文化和教育参与的典范"[2]。

---

[1]《年度报告 2019—2020》, p.5
[2]Portland (2017) Soft Power 30: A Global Ranking of Soft Power 2017.

Respulica 发布的研究报告也显示，英国文化教育协会对英国软实力至关重要，它代表了英国在国际上的价值观，通过其工作促进了与英国的信任、交流和长期关系。[1]

---

[1]Respublica (2017) Britain's Global Future: Harnessing the soft power capital of UK institutions.

第一节　机构介绍

英国文化教育协会在官网上阐述了成立的背景和主要目的。

20 世纪 30 年代初是全球不稳定的时期。全球金融萧条，英国的影响力被削弱，英国的生活水平、就业机会和贸易锐减。与此同时，法西斯主义在德国、意大利和西班牙的兴起，极端意识形态也逐渐站稳了脚跟。英国政府为此成立了英国文化教育协会。[1]

一、国际竞争

第一次世界大战让英国的部分政客从以前的帝国荣耀中清醒过来，他们开始意识到，"当飞机在我们岛上空盘旋时，我们意识到我们不再是大国中最无懈可击的，而是最脆弱的。我们可以通过派遣两艘护卫舰到贝西卡湾[2]（Besika Bay）来改变整个东部问题（Eastern Question）[3]进程的日子一去不复返了。"[4]英国"就在那时第一次意识到，多年来，英国的外国竞争对手一直在投入精力、技能和大量资金，以使他们的语言、文化、科学或技术资源和发明以及出口产品为海外学生和买家所熟悉。"[5]

英国文化教育协会还没有创建的时候，德国、法国、意大利、美国、苏联等国家一直在国外积极开展语言文化教育等推广活动。自 1878 年以来，德国外交部

---

[1] https://www.britishcouncil.org/about-us
[2] 贝西卡湾是小亚细亚西北海岸的一个海湾，位于达达尼尔海峡入口以南。1853 年至 1854 年和 1877 年至 1878 年，英国舰队在东部问题危机期间驻扎在这里。
[3] 东部问题是 19 世纪和 20 世纪初因奥斯曼帝国解体而引发的外交问题，其核心是争夺前奥斯曼领土的控制权。奥斯曼领土的任何内部变化都会导致欧洲大国之间的紧张局势，每个国家都担心其他国家中的一个可能会利用政治混乱来增加自己的影响力。这个问题在 19 世纪定期出现，例如 19 世纪 20 年代的希腊革命、克里米亚冲突（1853—1856）、1875—1878 年的巴尔干危机、1908 年的波斯尼亚危机以及 1912—1913 年的巴尔干战争。奥斯曼帝国领土的最终分布情况如下：巴尔干各省在本世纪作为独立国家出现，通常受到俄罗斯或其他大国的影响；英国于 1878 年占领塞浦路斯，1882 年占领埃及，并在第一次世界大战后获得巴勒斯坦和伊拉克；1920 年，法国接管了叙利亚和黎巴嫩。土耳其是奥斯曼帝国的心脏，1923 年被承认为独立的共和国。
[4] 《年度报告 1954—1955》，p.5
[5] 《年度报告 1954—1955》，p.5

一直在资助君士坦丁堡 [1] 一所名为汉堡学校（Bürgerschule）的中小学；自 1881 年以来，德国外交部成立了一个半官方组织，维持德国与海外德裔社区之间的联系和教育交流。第一次世界大战前，如德国在罗马尼亚首都布加勒斯特（Bucharest）资助的德国学校，多达 2352 名学生，在比利时安特卫普资助的德国学校有 886 名学生，布鲁塞尔的德国学校有 500 名学生。

自十九世纪中叶以来，法国外交部建立 Céuvres Françaises a l' étranger 部门，海外语言文化推广占外交部预算很大一部分，通过法语联盟 [2]（Alliance Française）或法国世俗使团 [3](Mission laïque française) 资助海外的法语学校。法国外交部先后在佛罗伦萨、罗马、雅典、开罗和大马士革建立了法国高等教育学院；多年来，法国人一直坚信，通过他们所谓的"法国知识扩张"（French intellectual expansion），几个世纪以来在近东、中东和远东地区享有的文化声望是有价值的。

美国也在积极推广美国文化。先后资助土耳其堡罗伯特学院（Robert College）[4]、黎巴嫩首都贝鲁特的美国大学（American University）[5]、伊朗德黑兰的美国阿尔博兹学院（American Alborz College）[6] 等学校。美国政府先后出台富布赖特法案 (Fulbright Act) 或史密斯 - 穆特法案（Smith-Mundt Act），在 58 个国家建立了 165 个文化中心，《美国之音》以多达 46 种外语每天播出。

当时，意大利人在地中海、北非和阿拉伯国家，特别是巴勒斯坦、约旦河沿岸和也门，政治宣传极为活跃，并得到文化宣传的大力支持。例如，巴勒斯坦的阿拉伯学生，特别是农业专业的学生，可在意大利以每年 2 英镑的价格接受完整

---

[1] 君士坦丁堡曾经是东罗马帝国、拉丁帝国和奥斯曼帝国的首都。在奥斯曼帝国灭亡之后，凯末尔领导的土耳其共和国经过公投将该城改名为伊斯坦布尔。位于巴尔干半岛东端，临博斯普鲁斯海峡，扼黑海门户，当欧、亚交通要冲，战略地位十分重要。君士坦丁堡和土耳其海峡曾被俄沙皇亚历山大一世称为俄国房屋的钥匙，是各个大国外交博弈相争的战略要地。

[2] 法语联盟（Alliance française）是法国 1883 年创建的非盈利性语言文化推广机构，旨在传播法语及法国文化，所有的法国总统都自动成为其名誉主席。法语联盟以其各级法语课程的高质量闻名于世。全球有 1040 多个机构分布于 136 个国家和地区。

[3] 法国世俗使团（MLF）于 1902 年在巴黎成立，它是法国国家教育部、欧洲部和外交部的合作伙伴，其目标是"通过尊重良心自由和文化多样性的高质量教育，在全世界传播法语和文化"。它参与了世界各地外交使团制定的教育和文化政策。法国世俗使团现在在 39 个国家设有办事处，管理着一个由 109 所学校组成的网络，有 6 万名学生。

[4] 罗伯特学院成立于 1863 年，是一所私立中学，位于土耳其伊斯坦布尔。该学校由土耳其教育部管辖，由纽约州独立学校协会认证。

[5] 美国贝鲁特大学 (AUB) 是一所私立非宗派的高等学府，成立于 1866 年，在纽约州宪章下运作。它由一个独立的私人董事会管理。

[6] 美国阿尔博兹学院位于德黑兰，为美国长老会传教机构所建，1873 年开办小学，1924 年成为高等教育机构，1928 年成为一所经认可的文科学院。1940 年，被伊朗政府关闭。它最初被称为美国学院。

的教育，所有其他费用由意大利政府支付。[1]

苏联也在全世界建立苏联对外文化协会 (VOKS) 和"友谊协会"（Friendship Societies）进行文化推广。

在埃及，经过多年的法国文化宣传，受过良好教育的埃及上层阶级的主要文化影响是法国。但意大利的教育推广也远远超过了英国。例如，即使在 1938 年（在英国文化教育协会创建工作了 4 年之后），除法西斯学校外，埃及还有 62 所意大利教会学校，有 12000 名学生，而英国学校有 39 所，4500 名学生。

英国政府在第一次世界大战期间建立了几家新闻和宣传机构，但这些机构在战后立即被政府解散。"这些机构从未受到英国媒体或英国公众的喜爱，因为这些机构被认为是非英国式的、浪费资金和无效的。但只有我们的敌人，正如他们后来透露的那样，认识到了他们毁灭性的作用。"[2]

二、机构雏形

英国外交大臣库尔松勋爵（Lord Curzon）在第一次世界大战期间观察到，居住在海外的外国国民似乎比类似的英国社区表现出或享受到的更大的团结和与母国更密切的联系。因此他认为在海外考虑某种形式的教育和文化活动可能是有用的，而且确实是必要的。1920 年，他在外交部成立了一个委员会，任命由约翰·蒂利爵士 (Sir John Tilley) 担任主席，史称"蒂利委员会（Tilley Committee）"。英国文化教育协会的任务是"审查海外英国社区的地位"，研究"英国政府如何使英国的理想在海外得到更好的了解和赞赏。"[3] 根据职权范围，委员会也有权考虑是否鼓励在国外开展政治或商业宣传，是否应该在某些首都设立英国图书馆，童子军运动在向外国人传达英国的善观念方面有什么价值。委员会于 1921 年 2 月提交报告认为，英国政府的"道义责任"是帮助居住在国外的英国国民，能让他们的子女在当地建立的英国学校接受教育。他们认为这些英国学校也没有理由拒绝当地公民。报告建议向希望进入这些英国学校并学习英国文化和语言的外国人颁发奖金或奖学金。蒂利委员会最后强烈建议在伦敦设立一个由英国外交部、教育委员会和专门从事出口贸易的商业公司成员组成的常设委员会，负责在英国大学和技术学校接受外国留学生，并提供接待和教育设施等服务。

蒂利委员会还建议在海外建立英式学校和英国机构，开展英语技术文献和其他书籍的传播，以及在一些国家的首都建立包括英国学院和图书馆的英国中心。

---

[1]《年度报告 1940—1941》,p.17
[2]《年度报告 1954—1955》, p.7
[3] British Council Appraisal Report:1934—2016, p.5

这些活动也正是后来英国文化教育协会所开展的推广活动。

蒂利委员会表示坚决反对新建立的机构开展"任何形式的政治宣传",认为贸易宣传最好通过定期展览和加强外交和领事服务的商业部门来进行。库尔松勋爵在 1921 年 2 月 9 日向英国内阁提交了蒂利委员会的报告。在这份报告的首页,他指出,战争暴露了"居住在外国的英国国民之间明显缺乏凝聚力和共同行动的能力"。法国政府已经为外交部拨出大笔资金,用于类似蒂利委员会所倡导的目的。他敦促英国也应该致力于"在海外建立学校和英国学院,哪怕是每年花十万英镑这样微薄的金额"。但英国财政部拒绝支持这些建议,否决了该报告,拒绝拨款或设立常设委员会。因此,在接下来的 12 年里,这个提案被搁置了。

在英国文化教育协会创设的过程中,许多英国驻外贸易代表团起了重要作用。1921 年后,外交部(Foreign Office)和贸易委员会(Board of Trade)不断收到英国的海外代表和贸易代表团的报告。这些报告均认为,英国对海外教育和文化推广领域的不重视正在损害英国的利益。1929 年由迪阿伯伦勋爵(Lord D'Abernon)率领的英国贸易代表团访问南美洲之后,向英国政府提交了《迪阿伯伦报告》(D'Abernon Report),报告称英国未能传播英国文化和英语知识,正失去在海外的良好声誉,报告建议加强海外英语教育,有利于英国的出口贸易。

1931 年由欧内斯特·汤普森爵士(Sir Ernest Thompson)率领的远东访问代表团和 1933 年由艾伦·安德森爵士(Sir Alan Anderson)率领的芬兰访问代表团在总结报告中都认为英国政府未能传播英国的语言、资源和制度以在国外赢得善意,对英国政府提出了批评。

1933 年 11 月,时任埃及高级专员的佩西·罗兰爵士(Sir Percy Loraine)致函英国外交部写道:

"如果我们继续无视语言文化推广,……在我们目前无所作为的道路继续走下去的话,我们必须非常清楚地认识到,我们是在葬送自己的未来……国外慢慢滋长的仇恨和敌对情绪、贸易损失,这将给我们的武装防御部队和我们的经济结构带来比我们应该承担更重的负担,我们应该通过资金支持一场协调一致的教育和文化运动来吸引这批正在我们眼皮底下逐渐成长的东方的新青年和知识分子。"[1]

在上述这些英国政界人士的努力游说下,20 世纪 20 年代和 30 年代初英国上议院和众议院举行了国家安全和抵制纳粹主义宣传的系列辩论。

在英国文化教育协会正式成立之前,英国政府在 1933—1934 年间先后两个

---

[1]《年度报告 1954—1955》,p.9

独立的委员会，这两个委员会被视为是英国文化教育协会的雏形。1933 年 6 月，贸易和教育委员会成立了一个联合委员会，即学生工作委员会（Student Committee）[1]，负责调查英国为海外学生提供教育和培训的情况。尤金·拉姆斯登爵士（Sir Eugene Ramsden MP）担任委员会主席，成员由英国大学和商界的代表组成，因此英国文化教育协会在历史文献中亦被称为拉姆斯登委员会（Ramsden Committee）。学生工作委员会的职责是"考虑采取什么样的措施来鼓励合适的学生到英国来接受教育和培训"。学生工作委员会在 1934 年的临时报告中提出了一项"信息交换所"计划，建议紧急设立一个机构，以协调海外文化宣传和学生交流计划。学生工作委员会于 1935 年 1 月 24 日正式向议会提交报告，建议向精心挑选的外国学生提供奖学金，应设立一些机构，既在对象国挑选这些学生，又负责提供他们抵达英国后的福利，并且应该为完成课程的学生提供某种文凭。

英国外交部新闻部负责人雷金纳德·利珀（Reginald Leeper）对上述英国驻外代表和学生工作委员会的报告表示关切，建议成立专门的机构致力于英国文化和英语语言的推广，他利用他的影响力极力促成了英国文化教育协会 1934 年的成立。1934 年 6 月英国宣布成立 Committee of International Understanding and Co-operation(国际理解与合作委员会)，构成了英国文化教育协会的雏形。在 1934 年 6 月 18 日的国际理解与合作委员会会议备忘录中，利珀重申了蒂利委员会 1920 年的建议，即应成立一个跨部门的机构来审查海外英语教学和文化宣传问题。利珀在这份备忘录中设定了后来的英国文化教育协会最终运作所依据的大部分原则和一些方法。

备忘录建议：1. 机构的政策方向必须掌握在政府手中，但日常运作应委托给私人或半官方组织。这些组织应始终将质量视为比数量更重要的东西；2. 在不断尝试各种方法的同时，机构应该专注于那些经验证明最有回报的领域；3. 机构应该充分利用现有的机构，如拉丁美洲和其他地方的各种亲英社团（Anglophile Societies）和机构，以及巴黎（索邦大学附属机构）、佛罗伦萨和布宜诺斯艾利斯等地已建立的英国学院；4. 机构应提供奖学金和助学金，资助在外国学校和大学教授英语；5. 在重要的中心建立图书馆；6. 应协助外国记者访问英国，派遣英国讲座人员在外国首都和大学举办有关英国在社会服务、行政、科学、医学和艺术方面所做工作的讲座。

为了减少财政部的阻力，备忘录还建议，机构的资金部分可由英国主要公司的自愿捐款资助。

---

[1] British Council Appraisal Report:1934—2016, p.5

经过利珀长期一直努力说服英国内阁效仿外国政府密集的文化活动，他的提议获得了英国贸易和教育委员会（Boards of Trade and Education）以及对出口贸易感兴趣的主要商业公司的支持。1934 年 11 月 18 日，利珀在查理士·布里奇中校（Charles Bridge）的协助下，在国际理解与合作委员会的基础上成立了一个委员会，英国文化教育协会作为一个志愿协会成立。泰勒尔勋爵 (Lord Tyrrel) 担任主席，成员包括英国知名商人和教育专家。委员会提出了一个促进国外英语教学的计划，以促进海外对英国文化更广泛的了解和理解。该计划的部分资金由商业公司提供。委员会早先的会议在新落成的壳牌麦克斯大厦（Shell-Mex House）举行。英国文化教育协会最初被称为"泰勒尔勋爵委员会"（Lord Tyrrell's Committee）。1934 年 12 月，采用了"英国对外关系委员会 [1]（British Committee for Relationship with other Countries）"这样一个更正式的机构名称。在年度报告和议会辩论文献中，该名称被缩短为"英国委员会（British Committee）"。1935 年 1 月英国对外关系委员会更名为 British Council for Relations with Other Countries（英国对外关系协会），"委员会"一词由"协会"代替。但"British Council for Relations with Other Countries"这个机构名称"略显繁琐的名称，很快被较短的名称取代"[2]。

1935 年 2 月 20 日举行委员会会议，成立了一个执行委员会，布里奇中校担任委员会秘书长。威尔士亲王同意成为协会的庇佑人（Patron）。1935 年 7 月 2 日英国委员会在圣詹姆斯宫（St.James's Palace）正式成立，威尔士亲王发表讲话，他在讲话中表示，英国应该采取一些行动，削减"我们的竞争对手大肆"宣扬的"英国过时、在技术领域落后"的不实宣传，英国应该向外国人解释"英国和英国人是什么样的（what Britain meant to be the British）"。与此同时，威尔士亲王表示，随着协会站稳脚跟并获得经验，效果很可能会显露，英国可以加强与殖民地和自治领建立的教育和文化联系。1936 年英国委员会更名为"英国文化教育协会（British Council）"[3]。

在利珀的不懈努力下，英国文化教育协会 1934 年成立。时任英国文化教育协会主席哈罗德尼科尔森（Harold Nicolson）在协会成立 21 周年总结评价道："约翰蒂利爵士和雷金纳德·利珀从库尔松勋爵多年来播下的种子中培育出了一棵强大的榕

---

[1] 在文献中，说法不一。在 1954—1955 年度报告中为 British Council for Relations with Other Countries，在 2016 年评估报告中是 British Committee for Relationship with other Countries。
[2]《年度报告 1940—1941》, p.9
[3] 在文献中，说法不一。在 1954—1955 年度报告中为 1935 年 7 月 2 日机构再次更名为现在的名称"British Council"，在 2016 年评估报告中是 1936 年英国委员会更名为"British Council"。

树（banyan），现在被称为英国文化教育协会。[1]"

三、目标使命

为了阻击轴心国的文化宣传，1934 年 11 月 18 日英国文化教育协会成立。英国文化教育协会 1940 年获得乔治六世国王根据国王的咨询机构枢密院 (His Majesty's Most Honourable Privy Council) 的建议授予的《皇家宪章》(Royal Charter)[2]。《皇家宪章》阐明了英国文化教育协会的宗旨：

在国外促进对英国和英语的更广泛了解，发展（英国）与其他国家之间更密切的文化关系。

《皇家宪章》规定英国文化教育协会五项使命为：

促进英国和其他国家人民之间的文化关系和对不同文化的了解；促进更广泛地了解英国；推广更广泛的英语知识；鼓励英国与其他国家开展文化、科学、技术和其他教育合作；促进教育的进步。

在 1936—1937 年英国文化教育协会第一份年度报告中阐述了英国文化教育协会的四大目标和宗旨：

1. 让英国人民的生活和思想更加广为人知；促进与其他民族的知识和思想的相互交流；

2. 鼓励外国和英国殖民地和属地学习和使用英语；为海外学校为此目的提供装备；以及让海外学生在英国修读教育或工业训练课程；

3. 使其他民族更紧密地接触英国在教育、工业和政府方面的理想和做法；向他们提供英国目前对科学技术的贡献所带来的好处；并为他们提供欣赏当代英国文学、美术、戏剧和音乐作品的机会；

4. 与自治领合作，加强英联邦的共同文化传统。

1940—1941 年英国文化教育协会在第二份年度报告中陈述其目标：

在海外国家建立一个对英国友好，理解英国人民、理解英国的哲学和生活方式的基础，这将有助于对英国外交政策的同情和赞赏，无论这项政策目前是什么样的，也不管它来自于什么样的政治信念。[3]

从上面的分析可以看出，英国文化教育协会成立的初衷是为了阻击轴心国的

---

[1] 《年度报告 1954—1955》, p.10

[2] 《皇家宪章》是女王授予的注册文书，赋予一个组织独立的法律资格，并界定其目标、章程和管理自己事务的权力。"宪章"规定的合并是获得法人资格的一种享有盛誉的方式，反映了该机构的崇高地位，新章程通常保留给那些为公众利益工作的机构（如专业机构和慈善机构），这些机构展示了"在他们特定领域的卓越、稳定和永久地位"。

[3] 《年度报告 1940—1941》, p.15

文化宣传（而进行文化宣传）。同时为了有效传播英国文化和英语知识，发展对外文化关系，重建英国在海外的声誉。

从上文中，我们可以看出英国文化教育协会的主要目标是进行语言、科学、教育和艺术推广。因此在后文各章中，笔者首先从宏观角度系统梳理1934—1954年期间英国文化教育协会在全球的科学、艺术、教育和语言推广活动，然后再聚焦于英国文化教育协会1934—1954年期间在中国的科学、艺术、教育和语言推广活动。

四、历史发展

英国文化教育协会1934年正式成立。英国文化教育协会年度报告将前20年中英国文化教育协会的历史发展分为两个阶段。第一个阶段是1934—1944年，即协会的第一个十周年。这一阶段，"1944年，协会正从试验阶段（experimental stage）结束。"[1] 其中，协会经历了建立到二战，协会建立了人民关系（the popular relations）。第二个阶段是1945—1954年，即协会的第二个十周年，建立了文化关系（cultural relations）。

本研究将英国文化教育协会前20年的语言文化推广分为三个阶段。第一个阶段为二战前语言文化推广（1934—1938）；第二个阶段为二战时期语言文化推广（1939—1944），第三个阶段为战后语言文化推广（1945—1954）。

二战前和二战期间，英国文化教育协会的推广工作集中在埃及和中东、巴尔干、南美和葡萄牙等区域，在这些区域，英国文化教育协会与德国、意大利和法国的文化宣传竞争。

1938年，英国文化教育协会开设了第一批海外办事处，在埃及[2]和葡萄牙设立了办事处。语言文化推广重点在中东、南美和欧洲（直到第二次世界大战爆发）。在南美洲，它与当地亲英社团合作，为这些社团提供英国教学人员、资金和资源，借助亲英社团的场地和设施开展语言文化推广。在中东和欧洲，英国文化教育协会开设了英国学院，英国学院一般包括综合图书馆、教学设施、展览和社交空间。

1942—1943年英国文化教育协会成立了法律咨询委员会，由芬莱勋爵（Lord Finlay）担任主席。该委员会由英国和苏格兰法官和律师以及各国律师专业的代表组成，负责为协会提供法律业务咨询。

1942—1943年英国文化教育协会在英国的工作主要有五方面是工作扩展到美

---

[1] 《年度报告1943—1944》，p.5

[2] 自1937年秋至1941年2月5日因病去世，殖民地国务大臣（Secretary of State for the Colonies）劳埃德勋爵（Lord Lloyd）一直担任英国文化教育协会主席。他曾担任孟买总督和驻埃及高级专员，因此，英国文化教育协会的一批海外办事处在埃及设立。

国军队；在加拿大军队中的推广工作进一步发展；建成了伦敦国家中心；指导盟国人员进行欧洲重建，以及由教育委员会主席主持的盟国教育部长会议。

1948 年特别重要，因为它标志着英国文化教育协会对殖民地政策的进一步明确。在这方面的工作目标是在与财政部和殖民地事务处充分讨论后商定的，这使得能够在一定程度上保证连续性的情况下规划发展。英国文化教育协会的工作范围概括为"在文化和教育领域开展任何活动，其主要目的是'展示'英国人的生活方式，并促进英国人民和殖民地人民在文化事务上的密切关系。"此外，英国文化教育协会与殖民地事务部和殖民地政府的关系已经确定；英国文化教育协会不是政府部门、官方宣传机构或殖民地政府的代理人，而且非常重视让它自由地以自己的方式开展活动。[1]

在 1948—1949 年度，英国文化教育协会继续在西印度群岛和英国圭亚那、西非、东非、地中海殖民地和亚丁的工作，并在新加坡和马来亚等开辟了新的领域。1949—1950 年度制定了新的发展计划。除了扩大在尼日利亚、黄金海岸和肯尼亚的活动外，还向坦噶尼喀、乌干达、北罗得西亚、毛里求斯、砂劳越和北婆罗洲、斐济以及迎风和背风群岛派遣工作人员并增加服务。50 名殖民地学生因此获得英国文化教育协会奖学金，在英国的大学、学院和技术学校学习课程，一些殖民地技师和工匠获得奖学金，在英国的车间、工厂和办公室学习英国的方法。[2]

1952 年 10 月，英国政府宣布成立海外机构价值调查委员会，由德洛赫达伯爵（Earl of Drogheda）担任主席，其职权为评估外交部、英联邦关系部、殖民地事务部、贸易委员会、中央新闻局的海外新闻工作、英国广播公司对外服务、以及英国文化教育协会等部门的工作价值、实际价值和潜力；就这些部门的工作方法和服务内容，这些部门在海外的相对重要性提供咨询意见以及就未来政策提出建议。这是协会自创设以来接受的"第一次重大审查"[3]。德洛赫达委员会于1953 年 7 月向内阁提交了报告，史称《德洛赫达报告》[4]（Drogheda Report），并于 1954 年 4 月以白皮书形式发表完整的摘要。《德洛赫达报告》认为英国的一些海外信息机构对于支持英国的外交政策、保留和加强与英联邦和帝国的联系以及增加贸易和保护外国投资至关重要。战后英国信息部（Ministry of Information）被解散，英国外交部、联邦关系部、殖民地事务部和贸易委员会等四个部门承担了在各自领域提供信息的责任。除了这些部门自己的员工的直接行动外，他们还

---

[1]《年度报告 1948—1949》, p.57
[2]《年度报告 1948—1949》, p.58
[3]《年度报告 1983—1984》, p.36
[4] Report of the Independent Committee of Enquiry in the Overseas Information Services, 1953

得到了三个机构的协助，即中央新闻办公室（Central Office of Information）、英国广播公司和英国文化教育协会。至关重要的是，这些机构如果要招聘高质量的工作人员并执行计划中的方案，这些机构就必须继续存续若干年。因此，德洛赫达委员会建议计划在三到五年内扩大英国的所有信息服务，同时建议英国政府将年度拨款从当时的一千万提高到一千二百五十万，英国文化教育协会可多获得 63 万英镑政府拨款。而同时期，美国政府对海外信息服务每年的拨款为六千五百万英镑。

《德洛赫达报告》报告建议迅速扩大英国在发展中国家的教育工作。报告认为，"英国文化教育协会在非洲和亚洲有艰巨的任务要完成，应明智地增加给予拉丁美洲技术和工程专业学生的奖学金数量。"[1]《德洛赫达报告》特别提到，与其他国家政府提供的奖学金相比，英国文化教育协会提供的奖学金数量很少。当时美国可为海外学生提供 4000 个奖学金，法国为 1200 个，而英国文化教育协会所能提供的只有 243 个奖学金和 163 个短期助学金。报告建议，这种补助金应该大量增加名额，特别是针对来自亚洲、非洲和殖民地的学生。

《德洛赫达报告》同时强调英国应该加强海外英语教学，通过英语教学可以让外国人"理解和支持英国人民，英国推广的不是文化统治（cultural domina-tion）"。

《德洛赫达报告》认可了英国文化教育协会的海外工作，认为英国文化教育协会作为英国政府海外文化和教育工作的代理人，其海外活动有效地提升了英国的影响力。《德洛赫达报告》使得英国政府"在七年间第一次没有继续削减协会的经费资助"。[2] "尽管《德洛赫达报告》的建议原则上被接受，但几乎没有资金资助这些建议实施。"[3]

1954 年是英国文化教育协会成立 20 周年。1953 年《德洛赫达报告》发布，英国文化教育协会的推广工作发生了重大改变。报告建议将英国文化教育协会的工作应转向教育（而非文化）工作，并应将重点放在非洲和亚洲的欠发达国家，而不是西欧。

根据年度报告，我们梳理和统计了英国文化教育协会年度报告语料库中主题词的分布，总结了英国文化教育协会 1934—1954 年间的重要事件。

---

[1]《年度报告 1954—1955》，p.25
[2]《年度报告 1954—1955》，p.42
[3]《年度报告 1983—1984》，p.37

表2 英国文化教育协会重要事件梳理（1934—1954）

编号	年度	事件描述
001	1935	韦克菲尔德勋爵（Lord Wakefield）向英国文化教育协会艺术部每年捐款 1000 英镑，为期三年，用于购买绘画和版画。用这项捐款购买的作品被称为韦克菲尔德收藏品。
002	1935	英国文化教育协会旅游和工业发展协会（British Council-Travel and Industrial Development Association，TIDA）成立联合委员会，负责纪录片的发行。
003	1938	英国文化教育协会开始负责威尼斯双年展（Venice Biennale）
004	1939	外籍居民部（Resident Foreigners Division）成立，后更名为"国内部（Home Division）"，负责支持英国境内的难民和军事人员。
005	1940	英国文化教育协会伦敦办事处部分撤离，以避免闪电战。
006	1940	在马德里开设英国文化教育协会学校，这是唯一一所完全由英国文化教育协会管理的学校。
007	1941	英国文化教育协会设立海外部（Overseas Divisions）
008	1943	英国文化教育协会创设盟军联络部（Inter-Allied Liaison Division），与驻扎在中东的盟军人员合作。
009	1943	英国文化教育协会开始与 Argo 合作，赞助英国音乐和文学的录音工作。音乐录制项目于 1976 年左右移交给英国艺术委员会（the Arts Council）。
010	1945	特立尼达和多巴哥（Trinidad and Tobago）第一个图书馆发展项目
011	1945	《芬德拉特·斯图尔特调查报告》（The Findlater Stewart Enquiry，1945）：由外交部和财政大臣委托开展论证英国文化教育协会在战后环境中的作用。报告建议，它在运作上应保持独立于政府，并应得到政府的持续拨款援助。因为英国政府没有向英国文化教育协会出示报告副本，英国文化教育协会在调查报告呈交给英国政府后好几年都不知道报告的结果是什么。
012	1945	英国文化教育协会设立学生福利署（Student Welfare Department）
013	1946	发布外交部通告（Foreign Office Circular）（称为定义文件，Definition Document），概述外交信息服务部和英国文化教育协会两个部门的工作权限。
014	1946	新闻和电影部（Press and Films Department）转移到中央新闻办公室（Central Office of Information，COI）。
015	1946	推出《英语教学杂志》（English Language Teaching Journal，后来的《ELT 杂志》）。

编号	年度	事件描述
016	1946	英国文化教育协会获赠 25 件艺术作品，这些作品是从战争艺术家咨询委员会（War Artists Advisory Committee）建立的藏品中挑选出来捐给协会，25 件作品后来纳入成为永久藏品（Permanent Collection）的收藏部分。协会还收到 1000 英镑的指定用途捐款，用于购买绘画，充实协会永久藏品系列。
017	1947	设立英国文化教育协会助学金。
018	1947	改变协会管理结构：设立总干事（Director-General）职位并重组各部门。
019	1947	执行董事会（Executive Board）拨款 500 英镑购买艺术品，用于海外装饰协会办事处（称为机构收藏，Institutes Collection）。
020	1948	英国文化教育协会开始代表外部组织管理奖学金计划。
021	1950	负责在英国学习的殖民地学生的福利，这促使了协会海外学生服务工作的大规模扩张。
022	1951	圣保罗双年展（Sao Paulo Biennale）：英国文化教育协会管理英国馆。
023	1952	英国文化教育协会开始负责管理法兰克福书展的英国展位。
024	1953	《德洛赫达报告》发布，协会工作发生重大改变。
025	1954	英国文化教育协会成立 20 周年。

五、机构管理

1934 年英国文化教育协会以有限公司（Corporate）的形式成立，成员包括来自于外交部的教育，金融，商业和工业利益相关负责人，自治领办公室，贸易委员会，殖民地事务部，教育委员会和海外贸易部等政府部门的代表。英国文化教育协会在海外最初通过英国大使馆和高级专员公署开展工作，其海外活动通过外交部人员进行。英国文化教育协会由执行委员会全权负责，执行委员会部分成员由政府部长提名和任命。执行委员会成员选出英国文化教育协会主席，报请英国外交大臣批准，执行委员会可以任命协会新成员。

1940 年英国文化教育协会获得皇家宪章特许状，英国文化教育协会的权力由其皇家宪章授予协会。该宪章还赋予英国文化教育协会若干权力，包括：签订合同；获取和持有土地和财产；并与任何其他社会或团体共同或合作。获得《皇家宪章》意味着英国文化教育协会获得英国和皇家认可，机构是受英国政府财政资助的公共机构，名义上机构管理实行自治，由一个以公共利益信托人身份组成的独立于政府的执行委员会或董事会负责，并通过皇家宪章保障其独立性。

1941 年，英国外交部设立了英国文化教育协会科，后来改名为文化关系部，专门负责英国文化教育协会的政策和开支，强化了英国政府与协会之间的联系。

根据英国文化教育协会《皇家宪章》所附细则，总干事（Director-General）办公室，即英国文化教育协会在国内外的常设工作人员负责人，可由执行委员会（Executive Committee，英国文化教育协会理事机构）主席同时担任，也可单独担任。自1946年以来，这两个职位由罗纳德亚当爵士（Sir Ronald Adam）[1]一人同时担任。但在1953—1954年度中，决定将两个职位分开，并于1954年2月任命当时的公务员事务首席专员（First Civil Service Commissioner）A.P.Sinker为总干事，罗纳德亚当爵士为执行委员会主席。辛克于1954年6月上任，并在同一个月获得了爵士头衔。

下图是根据英国文化教育协会1953—1954年度报告（即机构成立20周年时）附录中各部门负责人名单绘制了当时的英国文化教育协会机构组织图。

从下图可以看出，机构成立20周年时主要推广活动有如下特点：

第一，从地域上推广活动被分为英国国内和海外。海外活动区域又分为三个部分，以英联邦和殖民地为推广对象的海外一部 (Overseas "A" Division)，海外二部 (Overseas "B" Division) 负责拉美、中东和远东三个地区，海外三部 (Overseas "C" Division) 则在北欧和南欧开展推广活动。每个国家/地区的运营都由一名代表[2]（Representative）负责，该代表直接向伦敦总部负责。

第二，从部门设置上看，海外各部、艺术科学部和国内部是机构的主要部门，也可视为是协会推广的主要活动。其中艺术与科学部又分为三个业务部门，分别是艺术部、科学部以及文献部。此时已经设立了医学部，独立于科学部，专门负责推广英国的医学。

第三，从活动内容上，上图直观地显示，英国文化教育协会当时的主要活动一是在英国国内接待外国留学生和交流人员，提供奖学金、课程和福利等；二是在海外各区域推广英国的艺术，推广和提供文献，少量科学援助和科学电影推广工作。

---

[1] 罗纳德·亚当在英国文化教育协会1934—1955年21年间担任长达9年的主席和总干事，罗纳德·亚当爵士还是联合国教科文组织执行委员会的成员，曾担任两年教科文组织主席。

[2] 现在改为国家/地区总监（Country Director）。

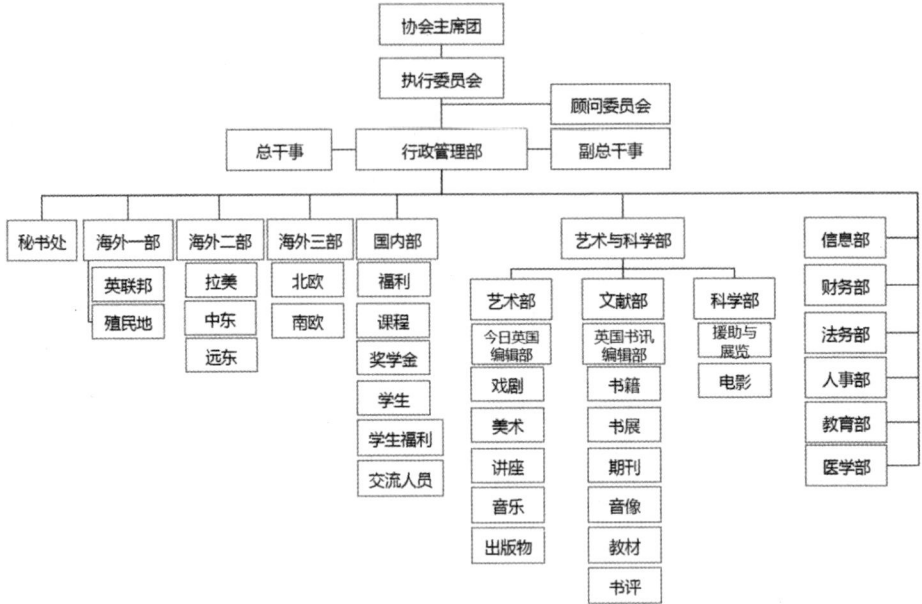

图 1　英国文化教育协会机构组织架构（1953—1954）

六、经费问题

语言国际推广与文化对外传播离不开国家的政策保障和强大的资金支持。英国文化教育协会自创建以来长期受资金困扰。英国文化教育协会成立初期，主要经费来源几乎全部为政府拨款，受制于英国政府，"英国文化教育协会'钱袋子'中的资金就是政府控制它的那根线。"因此，皇家宪章赋予的机构独立性和自治权始终是脆弱的，与政府的"一臂之距"原则也是相对的。

英国文化教育协会的收入来自三个来源：政府拨款；协会自身的一般收入（英语课程、暑期学校和课程的费用、中心订阅费、出版物的销售、音乐会和戏剧巡演的利润等，以及学生宿舍的收入，加上少量私人捐款）；以及代表其他机构管理的资金。

从 1934 年到 1968 年，英国文化教育协会的补助金（Grant-in-Aid，GiA）是由外交部、联邦关系部（Commonwealth Relations Office）和殖民地事务部（Colonial Office）三个政府部门分别提供的 [1]，三个部门的拨款仅限用于与各部门相关的地理区域。1968 年，这三个部门合并，成立了外交和联邦事务部（FCO）。

---

[1] 从 1966 年起，海外发展部（Ministry of Overseas Development，ODM）也向英国文化教育协会拨款，占 1966 年协会获得拨款总额的 36%。1970 年海外发展部并入外交和联邦事务部，并重新命名为海外开发署（Overseas Development Administration，ODA）。

表 3 英国文化教育协会活动经费统计（1934—1954）

年度	政府拨款		机构收入	代理经费	总经费
	FCO	其他			
1934—1935	0	0	881	0	881
1935—1936	5000	0	8947	0	13947
1936—1937	15000	0	12922	1609	19531
1937—1938	60000	0	6095	1048	67143
1938—1939	130500	0	45965	2001	178466
1939—1940	330249	0	21110	1874	353233
1940—1941	433099	0	16712	30862	480673
1941—1942	611728	0	5944	71101	688773
1942—1943	966705	0	9146	35258	1011109
1943—1944	1573958	0	60773	11590	1646321
1944—1945	2108122	0	120778	8160	2237060
1945—1946	2179880	342490	267646	24609	2814625
1946—1947	2443292	434510	257646	5508	3140956
1947—1948	2700206	461207	274601	3500	3439514
1948—1949	2408285	445472	417984	3414	3275155
1949—1950	2405936	639385	326088	3540	3374949
1950—1951	2146003	986277	376218	9347	3517845
1951—1952	1906049	866991	374879	53224	3201143
1952—1953	1642153	820118	398477	115699	2976447
1953—1954	1625090	878918	373558	170835	3048401

上表中 FCO 表示英国外交和联邦事务部（Foreign and Commonwealth Office）提供的拨款，"其他"表示英国政府其他部门提供的拨款，"代理经费"（agency expenditure）指协会作为英国政府、其他政府和外国机构的代理人开展相关活动的所有支出。从 1934—1935 年到 1958—1959 年，用于特殊目的的捐款包括在作为代理人支出中。

从上表中英国文化教育协会的财务历史上看，在前二十年，它分为四个不同的时期。

（一）1934—1940

在这一形成期，政府拨款有系统地增加，每年大约增加一倍。英国文化教育协会本身的收入微不足道。"协会收入"包括图书馆订阅收入、英国文化教育协会专家课程的费用、协会出版物的销售，使用海外办事处设施，举办英国考试的收入，以及直接教授英语的收入。但它在某些活动或领域收到了相对可观的私人捐款。成本保持稳定。英国文化教育协会成立初期，主要经费来源几乎全部为政府拨款,政府经费来源是以前外交部新闻办公室用于国外文化宣传的资金。1935年,英国文化教育协会从财政部获得了5000英镑的初始拨款,1936年的政府资助仅为15000英镑,这些资金对于维持机构运行都是杯水车薪。成立之初,英国文化教育协会打算从私营企业募捐筹集大部分收入,因此,机构大部分资金来自私人捐款,捐款高达51341英镑。[1]但在1939年战争爆发后,这一计划被放弃。

英国议会决定1937—1938年度增加政府资助,每年资助30000英镑。[2]而同期法国、德国和意大利等国家在文化宣传推广上花费近500万英镑。在1945年英国文化教育协会成立10周年时经费才280万英镑。因此在开展工作时捉襟见肘。英国文化教育协会的第一份年度报告第二段便是谈资金问题,资金问题是英国文化教育协会面临的最大问题。

（二）1940—1945

这一阶段私人捐款（极少数例外）枯竭；英国文化教育协会不得不停止在欧洲大部分地区的工作,但在日益庞大的政府补助的帮助下,中东、土耳其、中国和拉丁美洲等区域扩大了工作。在英国的美国、英联邦和其他盟军部队以及其他盟军政府的国民对协会提出了大量的教学和社会工作需求；这部分资金由英国文化教育协会提供,部分由服务部门和盟国政府自己提供。各地的成本稳步上升。

（三）1945—1951

英国文化教育协会重新开始在欧洲解放国家的工作,并在那里和殖民地大大扩展了其工作,在远东开始了一些扩展,并在英联邦国家开始开展推广工作。这一点和战后通货膨胀造成的成本持续增加是由于政府拨款（1947年至48年间达到顶峰）的增加,中东和拉丁美洲的开支大大减少,英国文化教育协会自身收入逐步增加。在这一期间的后半段,政府在国外工作的拨款稳步减少（被英联邦和殖民地工作补助金的增加以及协会为在英国的海外学生提供的福利服务的额外补助金所抵消）。1948—1949年的资金将比1947—1948年政府拨款少10%,从350万英镑减至315万英镑。英国文化教育协会不得不从冰岛、瑞士、法国北非、玻利维亚、厄瓜多尔和巴拉圭这些国家和地区撤出,不得不关闭了如比利时、荷兰、阿根廷、哥伦比亚、智利和秘鲁等国家的一些英国学院和省级办事处。这些变化涉及总共裁减265名海外工作人员[3]。政府拨款会根据英国外交活动的需要而减少或增加。1947—1950年间英国文化教育协会从东欧大部分地区撤离。因为协会被指从事间谍活动。这一阶段,协会在欧洲的推广工作逐渐紧缩,协会被驱逐出大

[1]《年度报告 1936—1937》, p.3
[2]《年度报告 1936—1937》, p.4
[3]《年度报告 1947—1948》, p.7

多数东欧国家，同时撤出中国。这一阶段协会几乎没有代理工作。

（四）1951—1955

英国政府拨款的进一步大幅削减之后是两年的相对稳定；但持续的通货膨胀抵消了后来增加的大部分拨款，并阻止了储蓄在关键领域的小幅扩张。协会分配给专家服务和材料的资金大幅减少，部分是后来从欧洲进一步紧缩的收益中恢复的。中部和远东的支出基本保持不变；殖民地和英联邦国家的投入缓慢但稳步增长。英国文化教育协会为科伦坡计划当局和联合国专门机构开展工作，作为代理代表它们管理的经费急剧增加。

1948—1953 年五年中，与外国有关的工作政府拨款减少如下 [1]：

表 4　英国文化教育协会拨款削减统计（1948—1953）

年度	拨款（英镑）	比上一年度减少	减少百分比
1948—1949	2570000	343000	11.8
1949—1950	2551000	19000	0.7
1950—1951	2226000	325000	12.7
1951—1952	1862000	364000	16.4
1952—1953	1682000	180000	9.0

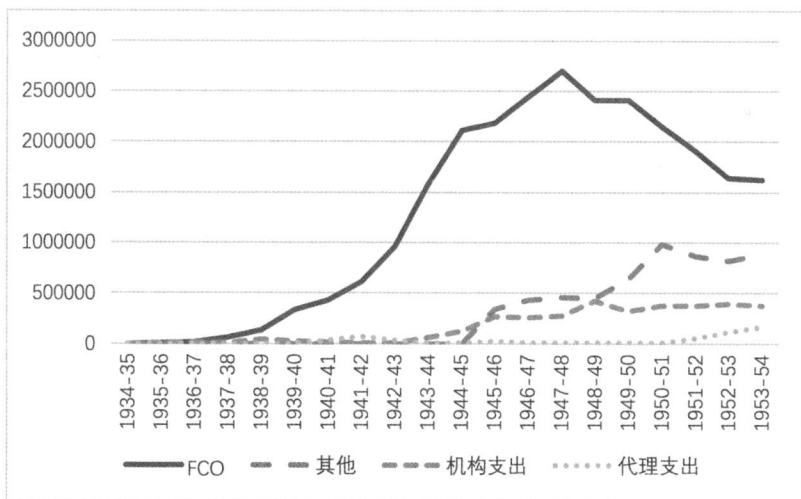

图 2　英国文化教育协会活动经费统计（1934—1954）

上图中可以看出，在 1946—1954 年间，外交部在拨款比例中下降了 42.4%，这是因为英国文化教育协会在欧洲工作大量减少从而外交部减少了对英国文化教

[1]《年度报告 1951—1952》，p.1

育协会的拨款。但其他拨款、协会收入、和代理支出一直在增加。

1951—1952 年，英国政府公共基金向英国文化教育协会提供的拨款为 275 万英镑。三分之一用于与英联邦有关的工作，其余用于与外国有关的工作。四年前，提供给英联邦工作的比例是五分之一。在英联邦支出中，联邦关系部拨款 36.5 万英镑，殖民地事务部拨款 52.3 万英镑；其中 8 万英镑来自殖民地发展和福利基金，用于在英国的海外学生的福利。因此，外交部拨款的总减少额为 123.1 万英镑，即 42%。由于国内外物价上涨以及英镑贬值等因素大大增加了成本，因此工作岗位的减少幅度大大增加。这些也影响到殖民地和英联邦活动，其中拨款的减少情况如下：殖民地事务部拨款，自 1947—1948 年高峰期以来，为 82000 英镑，占 16.4%。英联邦关系部拨款，自 1950—1951 年高峰期以来，减少 47450 英镑或 12.6%。因此工作人员在这两年中，编制员额总共减少了 26%。自 1946 年至 1947 年以来，减少了 43%，大量海外办事处和英国学院关闭，比如法国就仅剩一个文化中心。比如英国文化教育协会在欧洲的机构支出为 473423 英镑，而上一财政年度为 629364 英镑。1952—1953 年其预算总额不超过 417808 英镑。

1952—1953 年度，英国文化教育协会从英国公共基金获得的拨款为 2527100 英镑，比上一年减少了 8.1%。

七、推广效果

英国文化教育协会长期的活动成效巨大。2019—2020 年度英国文化教育协会活动受众达到 9.83 亿。1984—1985 年度报告中英国文化教育协会总干事约翰·伯格爵士统计了《世界名人录》中的世界重要政治人物的教育经历。世界上有 70 个国家的国家元首或政府首脑有海外留学经历。这些领导人中，到英国留学的人数最多，超过三分之一，有 27 个，占世界各国的六分之一。法国排名第二，有 14 个，美国以 13 个紧随其后，苏联 4 个，排名第四。[1]

为什么当时在教育未来的国家元首和政府首脑方面，英国是世界市场的领导者？英国文化教育协会前主席约翰·伯格爵士认为首先，一个重要原因在于英国曾经是一个庞大帝国的中心，现在又是英联邦的中心。其次是"正在收获二十世纪四五十年代英国智力投资的成果"。[2]

随着英国文化教育协会在全球的影响力越来越大，无论是皇室还是政府，都对英国文化教育协会的工作予以认可。

英国皇室先后三次视察和访问英国文化教育协会，对协会的语言文化推广工

---

[1] 《年度报告 1984—1985》, p.10

[2] 《年度报告 1984—1985》, p.10

作表示认可，为协会增添了机构声望。英国文化教育协会成立 6 年后因其在推广英国和英国文化的贡献获得英国王室的认可。1940 年，乔治六世国王授予英国文化教育协会皇家宪章特许状，并成为英国文化教育协会的庇佑人 (Patron)，从此成为一个由皇家宪章管理的英国慈善机构。1948 年 3 月 17 日英国国王和王后第一次视察英国文化教育协会，表示"很高兴访问文化教育协会，并与从事这项重要工作的人士交谈"[1]，协会的工作再次获得皇家肯定和认可。1952 年 6 月，英国女王接替已故国王乔治六世成为英国文化教育协会的庇佑人[2]。1955 年英国女王在英国文化教育协会庆祝成立二十一周年时第一次视察英国文化教育协会。1974 年秋，在四十周年的时候，英国文化教育协会总部从戴维斯街 (Davies Street) 搬到春天花园 (Spring Gardens)。1975 年 3 月，英国女王专门到访春天花园，第二次视察英国文化教育协会。1984 年 12 月开始，威尔士亲王殿下 (His Royal Highness The Prince of Wales) 担任英国文化教育协会的副庇佑人 (vice-patron)，并成为英国文化教育协会董事会成员[3]。副庇佑人威尔士亲王大力支持英国文化教育协会的工作。

抽出时间访问我们在伦敦的总部，听取协会的工作简报，并在他海外访问期间，为在日本的新办事处剪彩，到访奥地利、比利时、肯尼亚、马拉维、葡萄牙和阿曼等国的英国文化教育协会的办事处，并向东京，安曼和新德里的展览发送个人贺信，表示支持展览。[4]

1993 年 11 月 26 日英国文化教育协会被英国皇室授予补充宪章 (Supplemental Charter)。目前英国文化教育协会的庇佑人是伊丽莎白二世女王。

英国国内政要对机构评价越来越高。1988 年英国前首相撒切尔夫人评价道：

一个国家的整体形象不仅包括其工业，不仅包括其新闻的完整性。也包括丰富的生活，包括艺术。英国文化教育协会大力宣传这一切，推广活动越多越好。[5]

1995 年 3 月 1 日外交和联邦事务大臣 Baldry 评价英国文化教育协会的工作：

英国文化教育协会以其在世界各地的存在和良好的声誉，极大地提高了我们的国际地位和影响力；为促进全世界接受英国在文化、教育和科学方面的标准、

---

[1]《年度报告 1947-1948》, p.3

[2]《年度报告 1951-1952》, p.i

[3] 威尔士王子查尔斯是英国王位的第一继承人，是英国女王伊丽莎白二世的长子。自 1952 年以来，他一直是皇室继承人，同时也是康沃尔公爵和罗塞塞公爵，他也是英国历史上最老、在位时间最长的皇室继承人。他也是威尔士在位时间最长的亲王，自 1958 年 7 月以来一直保持这一头衔。2021 年 4 月 9 日，他父亲爱丁堡公爵菲利普亲王去世，威尔士王子也成为了爱丁堡公爵。

[4]《年度报告 1986-1987》, p.9

[5]《年度报告 1988-1989》, p.18

服务和商品作出了很大贡献；帮助促进了贫穷国家的可持续发展；在提高海外英语教学的普及率和水平方面取得很大成功，并大大增强了人们对英国这个充满活力、有文化、创新和自由的社会的认识。[1]

2012 年 7 月 19 日英国全党议员小组主席（All-Party Parliamentary Group）Bach 勋爵评价英国文化教育协会，"我认为英国文化教育协会是我国最伟大的机构之一，是我们皇冠上的一颗明珠。"[2] 2014 年 7 月 10 日英国上议院召开听证会，讨论了英国广播公司世界服务和英国文化教育协会在全世界推广英国价值观和利益方面的作用。[3] 工党议员 Baroness Warwick of Undercliffe 认为英国文化教育协会"对英国来说，这是一笔非常宝贵的资产"。[4]

英国文化教育协会除了增强了英国的软实力之外，也给英国带来巨大的收益。英国"三大报纸"之一的《泰晤士报》1995 年评价英国文化教育协会：

英国文化教育协会可以宣称……可能是世界上最有效的文化组织……它既促进了对英语教学的需求，又满足了这种需求。这个行业现在每年对英国的价值约为 5 亿英镑。[5]

1984 年 9 月英国邮政局为庆祝英国文化教育协会成立 50 周年专门发行了一套纪念邮票，足见协会在英国国内受到好评。

八、名称问题

British Council 中文对应名称很多。历史上先后被翻译为"英国文化委员会""英国文化协会""英国文化教育协会"等，在新加坡被称为"英国文化教育协会"。1943 年英国文化教育协会在中国建立了第一个办公室，当时翻译为"英国文化协会"，《大公报》中采用"英国文化委员会"。英国文化教育协会自 1979 年以来始终与我国保持合作关系。目前在中国大陆北京、上海、广州和重庆等城市设有办公室。在北京作为英国大使馆文化教育处开展工作。在上海、广州和重庆作为英国总领事馆文化教育处开展工作。目前在国内的中文正式名称为"英国文化教育协会"。

目前国内学术界对于 British Council 中文名称使用不尽规范。大部分文献使用"英国文化委员会"，但国内它的官方网站和机构注册的正式中文名称为"英国文化教育协会"，笔者根据"名从主人"的翻译原则，在后文中使用"英国文

---

[1] Hansard-Commons Chamber, Volume 255, Column 1038, 1995 年 3 月 1 日
[2] Hansard-Lords Chamber, Volume 739, Column 452, 2012 年 7 月 19 日
[3] Hansard-Lords Chamber, Volume 755，Column 292, 2014 年 7 月 10 日
[4] Hansard-Lords Chamber, Volume 755，Column 297, 2014 年 7 月 10 日
[5] Hansard-Commons Chamber, Volume 255, Column 1038, 1995 年 3 月 1 日

化教育协会"这一名称。文献原文引用中的名称如"英国文化协会""英国文化委员会"等除外，间接引用文献时笔者将统一使用"英国文化教育协会"，便于术语行文的整齐一致。

第二节　相关研究

　　丛霞（2017）发现国外学术界对英国文化教育协会研究主要有五种研究范式：
1. 对英国文化教育协会本身的研究。西方学者以时间为主轴，主要运用史学研究
方法，阶段考察分析英国文化教育协会的成立背景、组织结构、活动及作用；2. 对
英国文化教育协会目的、活动的介绍性研究。西方学者的几部关于文化外交的经
典著作把英国文化教育协会作为国际社会中实践国际文化关系和进行文化外交的
机构之一进行考察；3. 对英国文化教育协会某一领域具体活动的研究；4. 对英国
文化教育协会的区域政策与活动进行考察；5. 把英国文化教育协会纳入公共外交
领域进行研究。目前国内外相关研究均没有涉及语言文化推广问题。

一、国外英国文化教育协会研究

　　英国文化教育协会高级官员 White(1965) 和 Donaldson(1984) 分别总结了英国
文化教育协会 25 年和 50 年的文化推广。1965 年英国文化教育协会秘书长怀特
（A.J.S. White）在书中总结了英国文化教育协会成立后 25 年在世界的文化推广活
动 (White,1965) 1984 年弗朗西斯·唐纳森 (Frances Donaldson) 出版了《英国文化教
育协会：前五十年》（The British Council: The First Fifty Years），对英国文化教
育协会前 50 年的历史进行了梳理和总结。Eastment(1982) 的博士论文考察了二战
到 1950 年这段时期英国文化教育协会的政策和立场。1992 年牛津大学出版社出
版了 R. Philipson 的《语言帝国主义》[1] 一书，该书源自 1990 年作者在阿姆斯特丹
大学的博士论文。作者在致谢中感谢了很多英国文化教育协会的工作人员，作者
还特别感谢英国文化教育协会专业服务总监罗格·鲍尔斯（Roger Bowers）对其研
究的帮助，感谢他在阅读初稿后提出的宝贵意见。(Phillipson,1992) 作者在第六章
《英美的英语推广》中单独一节论述了英国文化教育协会的缘起和结构。还讨论
了英国扩大英语教学的战略、美国的英语推广以及英美的英语推广合作等 (Phillip-
son,1992,pp.137-169)。在书中，作者对英语帝国主义进行了抨击。Pillipson(1992)
分析了英国文化教育协会等英语推广机构，提出了"何人获益（cui bono）"的论
点，即如果我们想知道谁对某个情况负责，我们应该问问谁从中获益。Pennycook
（1995）认为英国文化教育协会形式上是一个语言推广机构，实际上是为本国政

---

[1] 上海外语教育出版社 2000 年引进出版时翻译为《语言领域的帝国主义》。

治服务的工具。

斯波斯基 (2016) 认为英国文化教育协会和歌德学院这些语言推广机构都是国家建立的官方或半官方组织，它们没有像法语和葡萄牙语联合会所具备的那种政治特点 (博纳德·斯波斯基 ,2016,p.280)。

Ager(1996) 在其专著中讨论了英国文化教育协会的语言推广作用。Ager(2003) 在其专著中第七章《语言作为国家的资源》中论及英国文化教育协会和英语语言教学。

Corse(2012) 年出版的专著《争夺中立的欧洲国家：英国二战期间的文化宣传》，以英国文化教育协会为例，横向剖析以英国文化教育协会为代表的文化机构二战期间为争取欧洲中立国家如何组织、开展战时的文化外交，总结了英国文化教育协会的文化宣传模式。

二、国内英国文化教育协会研究

张西平和柳若梅 (2008) 编写的《世界主要国家语言推广政策概览》第一章中介绍了英国文化教育协会的起源、组织机构、资金来源、工作内容和活动范围等等。徐波 (2009) 采用库珀的语言政策框架分析了当代英国海外英语推广的政策依据及落实途径，选取了当代英国海外英语推广政策体系中具有重要意义的若干政策文本，包括《德洛赫达报告》《海外英语教学指导委员会报告》《对外英语教学规划大会》《希尔报告》《杜坎报告》《伯理尔报告》《西伯姆报告》等等，分析了各文本的制定与出台过程，各文本提出的具体政策建议，以及这些政策文本对英国海外英语推广的历史影响等问题。徐波、王强 (2014) 以 "英国文化协会" 的英语国际推广活动为例分析了语言国际推广的经济属性与利益形成。李春 (2014) 考察了 "英国文化协会" 在华活动特点。王克非、蔡永良、王美娜 (2017) 通过分析与梳理 "英国文化委员会" 从事的英语国际传播活动及其策略和思想，认为英国文化委员会是一个实施英国文化战略的准官方机构，承担了大英帝国解体以后的英语传播工作，具有明确的思想、具体的目标和隐秘的策略，成功地帮助英国完成了 "用一代人的时间将英语变成世界通用语" 的使命，从而有效地维持和提升了英国的国际影响力和竞争力。丛霞 (2017) 从文化外交视角分析了英国文化外交的特点与实践，并在此基础上全面考察英国文化教育协会的历史演进、性质、组织结构、机构运作、实践案例、运作特点及作用等。张天宇 (2018) 以 "软权力" 为研究视角 , 以英国文化教育协会为研究对象 , 分析英国语言国际推广的策略、实施及其效果。沈骑和夏天 (2018,p.41) 认为英国文化教育协会 [1] 为在东南亚地区推

---

[1] 原文使用 "英国文化委员会"。

广英语，不遗余力地将英语学习包装成为"国家、社会与个人发展必需之语言"，"充分显示出语言工具主义形象，颇具煽动性"。曹德明 (2016) 主编的《国外语言文化推广机构研究》上、下册对以"英国文化委员会"等十七个国家的国外优秀语言文化推广机构为主要研究对象，运用文本分析法与实地调研法，多视角、全方位地研究了这些语言文化推广机构的历史脉络、宗旨目标、组织模式、发展规划、运行机制、筹资渠道、工作实效，分析其成功经验与失败教训，探讨了对于推进孔子学院建设的借鉴意义。

作为中国语言生活黄皮书之一的《世界语言生活状况报告》每年摘编了英国文化教育协会的年度报告。

英国文化教育协会的海外活动可概括为英语推广，英语考试、语言学校认证、艺术、教育和社会以及海外发展援助。目前国内相关研究主要集中在文化外交、艺术教育、海外发展援助等方面，英国文化教育协会的语言文化推广政策和影响少有系统研究，尤其是与语言相关的如英语推广等方面有待深入研究。

第二章 英国文化教育协会艺术推广活动

在 1936—1937 年英国文化教育协会第一份年度报告中阐述了英国文化教育协会的四大目标和宗旨，其中第三个目标中包含为海外"提供欣赏当代英国文学、美术、戏剧和音乐作品的机会"。

1941—1942 年度报告将英国文化教育协会在海外的推广活动按类型分为：（a）书刊，（b）《今日英国》期刊，（c）戏剧，（d）电影，（e）美术，（f）讲座，（g）音乐，（h）媒体与接待，（i）科学（纯科学、医学和工程），（j）教育服务（教育任命、学生），（k）视觉宣传等。从活动类型上看，这十一种活动除了书刊、科学、教育服务、媒体与接待等之外，其他七类活动均与艺术有关。英国文化教育协会认为"英国在艺术方面的成就是首屈一指的，"因此创设初期的推广重点一开始是放在艺术推广。

第一节　艺术推广动因

英国文化教育协会 1934 年正式成立。1938 年，英国文化教育协会接管了威尼斯双年展英国馆 (British Pavilion at the Venice Biennale) 工作 [1]，全面接管英国海外艺术推广活动，负责英国音乐、美术、电影、戏剧等高雅艺术的宣传推广。"英国文化教育协会负责所有英国官方或半官方形式的海外艺术展览" [2]。

1984—1985 年度报告在 52-53 页回答了英国文化教育协会为什么要进行艺术推广，认为艺术能超越政治障碍，建立持久的文化关系。

英国文化教育协会是为了促进与其他国家的文化、教育和技术联系，并在此过程中为英国交朋友。艺术只是协会强大军械库中的一个武器；其他武器是英语、英国书籍、教育、科学和技术。……艺术能超越政治障碍，能够在本来没有什么共同点的人之间建立持久的沟通和融洽关系，使得其他联系变得容易。

1985—1986 年度报告以"Countering Negative Images of Britain（抵消英国的负面形象）"为题，又再次阐述了推广高雅艺术的重要性，认为艺术是提高英国海外声誉和形象的手段。

关于英国艺术公共资助的争论与英国文化教育协会有着直接的关系。首先，我们依赖于出口产品的可获得性；其次，我们依赖于接受艺术是一种良好投资的理念：不仅是艺术本身，而且是提高英国在海外声誉的一种手段。想象一下，没有大剧院或莫斯科国家马戏团的苏联；没有喜剧《法国》或《高级时装》的法国。如果没有我们通常认为理所当然的人才，比如说皇家莎士比亚剧团，或者大卫普特南或大卫霍克尼，英国在海外会有什么样的形象？把我们的艺术带到国外是一种恭维的方式，为别人提供最好的自己，并以此来呈现英国负面形象的另一种选择。[3]

---

[1]《年度报告 1940—1941》, p.34
[2]《年度报告 1940—1941》, p.34
[3]《年度报告 1985—1986》, p.22

第二节　音乐

英国文化教育协会音乐推广的目的是"让外国音乐家和观众了解英国音乐的过去和现在，并鼓励专业和业余音乐家表演"[1]。英国文化教育协会的目的是使人们广泛了解英国音乐，音乐不仅很好地体现民族特征，本质上具有美的共性，在语言不通的地方也能被理解。使英国音乐在国外广为人知是协会工作的一个重要部分。[2]

一、设立音乐推广委员会和专职官员

从一开始，英国文化教育协会就成立了"艺术委员会"用于艺术推广等。

英国文化教育协会艺术推广由三个小型专业部门负责，常设专业咨询委员会和咨询小组指导艺术推广工作。三个部门负责安排参观和展览，提供材料建议，有时还负责艺术资料制作，例如音乐录音。此外，它们的一个重要工作是答复来自国外的询问，帮助对艺术感兴趣的交流人员和学生建立适当的联系，这项工作每年涉及与数百人打交道。

英国文化教育协会首先成立了音乐委员会。第一届音乐委员会主席为Ernest Makower，成员有 Arthur Bliss，Sir Adrian Boult，H. C. Colles，E. J. Dent，R. Vaughan Williams 五位，秘书为 Pamela Henn-Collins。这些音乐委员会的成员均是当时英国著名音乐人士和学者。

英国文化教育协会在伦敦总部设立音乐推广部，由 Pamela Henn-Collins 负责。同时在海外设置专职的岗位推广英国音乐。如 1943-1944 年英国文化教育协会在阿根廷和西印度群岛任命了一名音乐官员[3]。

二、建立音乐图书馆

英国文化教育协会建立一个综合的英国音乐借阅图书馆，收集了从民歌、舞蹈到交响乐的各种留声机唱片库。

1943—1944 年英国文化教育协会在阿根廷建立了英国音乐图书馆。1947—1948 年英国文化教育协会已在海外 50 个国家的 75 个音乐图书馆。1948—1949 年

---

[1]《年度报告 1940—1941》，p.37
[2]《年度报告 1941—1942》，p.82
[3]《年度报告 1943—1944》，p.7

在中国、波斯和马来亚建立了音乐图书馆，在 54 个国家共建立了 81 个图书馆。

三、制作和提供音乐资源

在教学上，英国文化教育协会还为外国音乐教师提供有关英国音乐历史和特点的讲义材料。

为了让外国听众熟悉英国音乐和音乐家，1936—1937 年度英国文化教育协会还向瑞典、厄瓜多尔、芬兰、保加利亚、秘鲁、比利时、罗马尼亚、危地马拉、墨西哥、葡萄牙、瑞士、哥伦比亚、爱沙尼亚、南斯拉夫、巴拿马、法国、波兰、萨尔瓦多等 18 个国家的广播公司发行 15 套留声机唱片，便于这些广播公司举办英国音乐广播音乐会。此外，英国文化教育协会向国外亲英社团提供留声机唱片，唱片包含从民歌到当代音乐所有类型。英国文化教育协会向国外乐队指挥和音乐家出借英国音乐乐谱，"希望通过这种方式，英国音乐作品将被包括在国外的音乐会节目中"。[1]

1941 年应英国大使馆的要求，并在亚瑟·布利斯的协助下，英国文化教育协会为在苏联举行的音乐会拟定了六个英国音乐节目，并将乐谱连同六个留声机唱片节目一起发送。

1943—1944 年英国文化教育协会将一些英国作曲家的乐谱送往苏联，并在莫斯科的一场广播音乐会上使用。苏联作曲家联盟向英国文化教育协会递送了苏联作曲家的乐谱，这些乐谱曾在伦敦的逍遥音乐节（Promenade Concerts）上使用。

1947—1948 年英国文化教育协会已扩建的中央借阅图书馆向 32 个国家出借了 370 件作品，并安排租用 150 件作品的管弦材料在各国演出，向 34 个国家的大学、社团、音乐学院和杰出音乐家赠送了乐谱和录音。

1945 年 5 月，英国文化教育协会出版《英国音乐活动月刊》（Monthly Broadsheet of Musical Events in Great Britain），宣传英国的音乐，海外对该月刊的需求稳步增加。

1942—1943 年"当交通困难使合唱团和管弦乐队无法派往国外时，最好的英国作品的留声机唱片就变得特别有价值。有鉴于此，英国文化教育协会决定赞助录制某些现代英国作品，否则这些作品将不会被录制。"首批入选作品有 E.J. 莫兰的《G 小调交响曲》，威廉·沃尔顿的《贝尔沙撒的盛宴》和阿瑟·布利斯的《钢琴协奏曲》。

1948—1952 年英国文化教育协会启动一个重要的长期音乐录音项目，录制四卷英国教堂音乐录音集，录制了坎特伯雷大教堂、国王学院、剑桥大学、新学院、

---

[1]《年度报告 1936—1937》,p.10

牛津大学、圣乔治教堂、圣保罗大教堂、威斯敏斯特大教堂、约克大教堂、温莎的唱诗班从 15 世纪到今天演唱的十九个主要教堂音乐。

四、加强人员交流

英国文化教育协会一方面吸引海外学生和海外音乐家来英国。英国文化教育协会设立音乐奖，给留英学音乐的学生在英国三年的生活费和学费，给外国音乐学生提供在英国完成音乐教育的机会。

英国文化教育协会还邀请了来自几乎所有欧洲国家的大约四十位著名音乐评论家来到英国参观交流。这些评论家在伦敦花了一周的时间观察英国音乐生活。他们访问了牛津大学和剑桥大学。

另外一方面，英国文化教育协会赞助英国音乐权威人士就音乐主题进行海外巡回讲座。

二战前，英国文化教育协会的推广策略是不时组织英国艺术家进行海外音乐会巡回演出。在"鼓励专业和业余音乐家表演"方面，1936—1937 年度，迈拉·赫斯（Myra Hess）、塞尔玛·赖斯（Thelma Reiss）和约翰·亨特（John Hunt）基思·福克纳（Keith Falkner）和西里尔·史密斯（Cyril Smith）等英国知名音乐家在挪威、丹麦、瑞典、立陶宛、芬兰、波兰、拉脱维亚、爱沙尼亚、捷克斯洛伐克、匈牙利、南斯拉夫、奥地利、罗马尼亚等国家举办音乐会巡回演出，协会共支出 686 英镑。迈拉·赫斯、阿斯特拉·德斯蒙德（Astra Desmond）、莱昂内尔·泰蒂斯（Lionel Tertis）、博伊德·尼尔管弦乐队（Boyd Neel Orchestra）、舰队街（Fleet Street）和国王学院合唱团（Kings College Choir）先后代表英国文化教育协会在海外巡回演出。

1942—1943 年英国钢琴家 Kathleen Long 代表协会前往冰岛，并举行了五场非常成功的音乐会和三次广播讲座。冰岛主要戏剧公司的经理兼制作人 Larus Palsson 作为协会的特邀嘉宾来到英国开展为期两个月的考察。

1947—1948 年英国文化教育协会在澳大利亚的第一次重大公共活动是博伊德·尼尔管弦乐团（Boyd Neel Orchestra）的到访，巡回演出非常成功。该乐团在墨尔本、悉尼和阿德莱德以及布罗克山的采矿中心向拥挤而热情的观众演奏，在矿业公司的邀请和资助下，它进行了一次特殊的航空旅行。高水平的表演极大地提高了英国音乐和音乐家的声望，此次巡演促成了与博伊德·尼尔管弦乐团相同路线的澳大利亚弦乐团的组建。1947 年哈雷管弦乐团访问维也纳。

五、举办音乐节

1947—1948 年最突出的工作是第一届爱丁堡音乐和戏剧节。英国文化教育协会是最初提出这一想法的团体之一，英国文化教育协会在苏格兰的代表担任组委会的主席。共有来自 14 个国家的 20 名英国文化教育协会特邀嘉宾参加，其中包括作曲家、指挥家和评论家，这些嘉宾除了向本国广播和报道外，还在苏格兰广播，并为苏格兰新闻界宣讲艺术。通过英国文化教育协会，他们与英国音乐家和评论家建立了联系。英国文化教育协会还为来自 40 个国家的海外学生组织了节日参观活动，并安排了住宿、预订和短途旅行。纪录片节上放映了英国文化教育协会的影片。

第三节　美术

在美术（Fine Arts）方面，英国文化教育协会负责英国所有官方或半官方形式的海外美术展览。从1947—1948年开始，年度报告将Fine arts改为Visual arts（视觉艺术），包括传统的水彩、画展，还包括照片图片展，电影展等。

一、收藏美术资源

早期，英国文化教育协会有三个系列的艺术收藏品，韦克菲尔德、机构和永久系列。1935年韦克菲尔德勋爵（Lord Wakefield）向英国文化教育协会艺术部每年捐款1000英镑，为期三年，用于购买绘画和版画。英国文化教育协会用韦克菲尔德勋爵捐助的3000英镑购买了250多幅现代英国版画、水彩画和绘画，用这项捐款购买的美术作品被称为韦克菲尔德收藏品（Wakefield Collection）。由于已故韦克菲尔德勋爵的慷慨捐赠，英国文化教育协会永久性的绘画和素描收藏在1942—1943年中有所增加，收藏的作品数量已达到325件。

1946年英国文化教育协会获赠25件艺术作品，这些作品是从战争艺术家咨询委员会（the War Artists Advisory Committee）建立的藏品中挑选出来捐给协会，25件作品后成为永久藏品（Permanent Collection）的收藏部分。协会还收到1000英镑的指定用途捐款，用于购买绘画，充实协会永久藏品系列。1947年英国文化教育协会执行董事会拨款500英镑购买艺术品，用于海外装饰协会办事处（这部分称为机构收藏品，Institutes Collection）。后来，这三个艺术藏品系列（韦克菲尔德、机构和永久）于1976年合并称为英国文化教育协会藏品。1982年根据Seebohm Review的报告，英国文化教育协会藏品中20世纪以前的艺术品被出售。

目前，英国文化教育协会艺术战略业务单位管理和展示协会的艺术收藏品[1]，共有8500多件作品，主要由英国艺术家创作。该系列于1935年开始形成，用于巡回展览和向国际或英国画廊租借。

二、举办海外美术展览

英国文化教育协会在海外美术展览的第一项活动是1936年从海外贸易部（Department of Overseas Trade）接管了一个绘画和平面艺术展览，当时在布加

---

[1] 英国文化教育协会的收藏品可在英国艺术协会网站上查看：http://artuk.org/

勒斯特举办，并在布拉格和维也纳举办了这一展览。1936 年至 1937 年，英国文化教育协会在海外举行了两次重要的英国艺术展览。第一次展览于 1936 年 4 月在奥地利维也纳举行"英国平面艺术：1735—1935（British Graphic Arts, 1735—1935）"，展出 253 名英国艺术家的 440 件作品。该展览随后于 5 月在布拉格展出。协会花了 425 英镑，维也纳的参观人数为 4000 人，布拉格为 6200 人。第二个艺术展览是 1936 年 9 月至 1937 年 1 月在约翰内斯堡举行的帝国展览（Empire Exhibition）的一部分，展出的是 1900 年后英国艺术家的作品，协会支出 1807 英镑。此次共展出了 176 幅油画、80 幅水彩、111 幅素描和 116 幅蚀刻版画，其中展品大部分由英国私人和公共画廊提供，展览吸引了 55000 名观众。

1936—1940 年间，英国文化教育协会在海外举办了一系列的美术展览活动，其中比较大型的美术展有 1936 年在约翰内斯堡举行的帝国展览、1938 年在卢浮宫举行的英国古代大师展览（Exhibition of British Old Masters）、1938 年在威尼斯举行的国际艺术双年展（Esposizione Biennale）的英国部分，1939 年举办了北部各国首都的当代英国艺术巡回展，1939 年在纽约世界博览会[1]上英国馆的美术展。

1939 年纽约世界博览会展览结束后，博览会的展品随后在渥太华、多伦多、蒙特利尔和温哥华、马萨诸塞州波士顿美术馆、芝加哥艺术俱乐部等地方展出。

1940—1941 年度英国文化教育协会在海外举办了旧金山美术展、芬兰画展、北美洲和南美洲举办英国儿童艺术展、威尼斯双年展等。其中旧金山金门国际博览会（Golden Gate International Exposition）的展品随后在托雷多、俄亥俄、堪萨斯城、纽约、普罗维登斯、罗德岛、布法罗、北安普敦（马萨诸塞州）、代顿（俄亥俄州）和耶鲁大学等地方展出。英国儿童艺术展展品展示了英国小学、中学和公立学校学生的作品。

1941 年在协会在拉丁美洲所关注的职能中，"也许最显著的两项之一便是在巴西举办了一次英国小学、中学、私立和公立学校儿童绘画展览，（英国读者可能会感到惊讶）"。

1942—1943 年度在全世界主要进行英国儿童绘画展和英国平面艺术展览。在拉丁美洲开展的活动，除了英语教学之外，这五个社团都继续他们通常的社交活动：辩论、戏剧阅读、电影放映、讲座、远足等等。1942—1943 年协会在加拿大举行儿童绘画展，在蒙特利尔、渥太华、多伦多和其他加拿大城市展出，当时，

---

[1] 1939 年举办之后，因为二战和其他原因，1958 年，世博会才得以继续举办。因此，这是英国文化教育协会创设早期参加的唯一一次世博会，并代表英国负责英国馆，是协会历史发展的一件大事。

协会有三个儿童绘画系列展，每个系列 200 幅作品。在美国和加拿大举办手工艺展（Crafts Exhibition）。

1943—1944 年度，协会举办了许多英国海外作品的展览——加拿大的工艺品、阿根廷的儿童绘画，美国的现代绘画，乌拉圭的当代艺术，土耳其、葡萄牙、秘鲁、巴勒斯坦和冰岛的平面艺术，玻利维亚的彩色版画，瑞典的水彩等。

在英国，英国文化教育协会在皇家学院安排了南斯拉夫的展览，在伦敦皇家水彩协会的画廊和谢菲尔德安排了中国水彩的展览。当代英国作品集在比利时英国学院和伦敦的波兰之家展出。英国文化教育协会协助在伦敦哈尔克维展览上展出土耳其儿童的绘画作品。1943—1944 年度，韦克菲尔德的版画收藏增加了 26 幅作品。

1945—1946 年英国文化教育协会在英国国内的工作的突出特点之一是举办了法国艺术家毕加索和马蒂斯（Matisse）的画展。这次展览与法国文化关系指导机构 Générale des Relationships Culturelles 联合举办，在伦敦、格拉斯哥和曼彻斯特巡展期间，共有 38 万人观看了展览。媒体对这些画的价值进行了热烈的讨论，激发了英国对艺术的普遍欣赏。

1946—1947 年英国文化教育协会在马耳他展出了 67 幅版画，包括蚀刻、木刻、雕刻和石版画，随后在塞浦路斯的几个中心展出。

1949 年英国文化教育协会在汉堡美术馆举办的从霍加斯到特纳的英国绘画展，吸引了比 1850 年美术馆开幕以来的任何其他展览更多的参观者。同样，1948 年威尼斯双年展上，特纳的绘画吸引了大批观众来到英国馆。人们对展览上亨利·摩尔的雕塑表现出极大的兴趣。摩尔不仅获得了 1948 年威尼斯双年展最佳雕塑家奖，而且随后在巴黎国家现代艺术博物馆（Musee National d'Art Moderne）举办的作品展，参观人数破了博物馆有史以来的参观纪录。

格雷厄姆·萨瑟兰[1]（Graham Sutherland）在威尼斯双年展上，以及随后在巴黎，取得了与亨利·摩尔差不多的成功。这两位艺术家经过英国文化教育协会的包装和推介，现在都有着良好的国际声誉，购买他们作品的需求也在不断增加。萨瑟兰在一次新闻采访中表示，"他在欧洲的声誉大大提高，这与英国文化教育协会的努力密切相关"。

---

[1] 格雷厄姆·萨瑟兰(1903—1980)，英国画家。他因富有想象力的抽象风景画而闻名，代表作有《荆棘树》（1949 年）。曾为 W·萨默塞特·毛姆、温斯顿·丘吉尔爵士等人创作了多幅传世肖像画。

第四节　电影

早期英国文化教育协会在电影推广工作可分为以下 7 类：

1. 制作新闻短片与发行。

2. 委托制作一些纪录片，这些纪录片的主题是英国文化教育协会"精心挑选的，以展现英国生活和成就"[1]。

3. 获得英国商业制作的纪录片的国外版权。

4. 为纪录片制作外语字幕。

5. 委托或购买电影。英国文化教育协会在早期急需两类电影，一是用于国外教育目的的电影，二是描述英国科学技术成就的电影，英国的科学技术成就是协会当时急于向海外推广和展示的重点。

6. 通过适当的贸易渠道在国外电影院进行商业发行，或通过教育当局或英国驻外代表等非商业性展览渠道发行制作或购买的电影。

7. 为英国学院、亲英社团或其他海外机构提供放映机设备，建立电影资源馆。

在英国政府的支持下，英国文化教育协会与英国旅游和工业发展协会（Travel and Industrial Development Association）共同成立了一个电影联合委员会（Joint Film Committee），负责在国外发行英国纪录片和其他电影。政府增加 900 英镑的拨款，以扩大对国外展览英国纪录片这项工作。英国文化教育协会委托制作、购买或改编了大量英国纪录片。1936 年英国文化教育协会选择了八部电影在近东和南美洲国家放映。

在联合委员会的指导下，英国文化教育协会为 1939 年纽约世界博览会专门制作了名为《英国新闻》（British News）的第一部英国综合新闻片。这部新闻片是根据五家英国新闻录像公司每周制作的十期新闻节目录像带中所包含与英国、自治领、印度和殖民地国直接相关的新闻材料精选编撰而成的。1939 年纽约世界博览会上英国电影院的节目由联合委员会负责。除了播放《英国新闻》之外，还播放了包括从提交给委员会的各种电影中挑选的一些英国纪录片。《英国新闻》取得了惊人的成功，"电影院从开门到关门都挤满了人，通常可以看到外面排着长长的队伍。估计总共有 35 万多观众"[2]。

---

[1]《年度报告 1940—1941》,p.36
[2]《年度报告 1940—1941》,p.36

1939 年纽约世界博览会之后，英国文化教育协会和殖民地事务部、英国新闻部帝国司合作每周编撰出版《英国新闻》，自 1940 年 6 月以来定期分发给大约 31 个英国殖民地和法定领土。

同时，英国文化教育协会已经收集了一些关于皇家空军人员、海军、陆军等训练主题的电影。在描述英国在战争中的贡献的影片尚未问世之际，这些影片在满足英国对纪录片的需求方面发挥了突出的作用。

战争爆发后，英国旅游和工业发展协会的活动被撤销时，电影联合委员会成为英国文化教育协会的电影部（Film Department），由英国工业联合会电影工业部前部长、英国电影制片人协会秘书长内维尔·卡尼（Neville Kearney）担任电影部主任。英国新闻短片协会（Newsreel Association）秘书长菲利浦·盖达拉（Philip Guedalla）出任英国文化教育协会咨询委员会电影委员会（Film Committee）主席。因此，英国文化教育协会电影部的职能活动得到了加强和重组。1940 年秋，劳埃德勋爵和盖达拉出席下议院国家支出特别委员会的一个小组委员会会议。委员会的报告随后赞扬了英国文化教育协会制作的综合新闻短片《英国新闻》，并建议将其视为英国官方新闻短片服务。委员会还赞扬英国文化教育协会通过商业发行代理商发行英国电影的做法。

1940 年英国文化教育协会第二次负责纽约世界博览会英国馆的电影院。1940 年主任专员 7 月 12 日提交英国海外贸易部的报告中提到："……英国电影可以说是英国馆的主要景点之一。英国电影院之所以受欢迎，有几个因素。首先，它是世界博览会展会上唯一一家放映最新新闻短片的电影院。《英国新闻》一直定期上映，在纽约几乎和英国同时上映。其次，电影院因提供值得一看的节目而声名远播。许多人意识到，这些电影中的大多数在美国其他地方看不到，他们无疑感到有幸观看很少有人能看到的电影。"[1] 在博览会的第二年，超过 45 万人观看了英国馆的电影。这些英国电影由英国文化教育协会电影委员会负责审查看片后选择推荐的英国新闻片和纪录片。

1940 年 12 月，印度、缅甸、自治领和殖民地事务部、加拿大、澳大利亚、新西兰和南非的高级专员以及帝国学院（Imperial Institute）的代表在英国文化教育协会召开会议，会议决定，英国文化教育协会应充当英国电影海外发行和帝国学院非戏剧发行的交换中心（clearing-house），并由出席会议的代表组成帝国常设委员会（Empire Committee），负责英国记录片的制作和发行事务。

从战争爆发到 1940 年 7 月底，英国文化教育协会在 89 个地区的公共影院发

---

[1]《年度报告 1940—1941》, p.104

行了 100 多部电影的约 1000 份拷贝，其中包括自治领、殖民地和法定领土。同期，在 53 个地区展览中发行了 766 份。1940—1941 年在加拿大国内，共有 417636 人观看了协会电影 [1]。

英国文化教育协会将纪录片翻译成南非荷兰语、荷兰语、法语、葡萄牙语、巴西葡萄牙语、西班牙语和哥伦比亚西班牙语等多种语言。法语版纪录片在加拿大、比利时刚果、海地和毛里求斯发行，荷兰语版本则被送往荷兰东印度群岛。

英国文化教育协会在 1940—1941 年度大量制作电影纪录片。到 1940 年底，英国文化教育协会的电影馆已有 84 部有声电影，代表性的纪录片见下表：

表5　英国文化教育协会制作的电影节选（1940—1941）

纪录片	中译	内容主题
Architects of England	英国建筑师	英国建筑的过去和现在
City Bound	驶往城市	伦敦的交通系统
Green Girdle（彩色纪录片）	绿色腰带	伦敦的户外运动
Land of Invention	发明之地	苏格兰著名发明家
Ulster	阿尔斯特	和平与战争中的北爱尔兰
Western Waterway	西部水道	威尔特郡埃文河
Learning to Live	学习生活	英国学童
Out of the Night	走出黑夜	英国为盲人做什么
Playtime	游戏时间	英国儿童课外时光
Morning Papers	晨报	战时的英国报纸
Sea Scouts	海巡队	英国年轻人
Kew Gardens（彩色纪录片）	邱园（彩色）	英国园艺和植物学研究
English Gardens（彩色纪录片）	英国园林（彩色）	当今英国园林调查
Royal Naval College, Dartmouth	达特茅斯皇家海军学院	英国海军军官的培训
Trinity House	三一之家	三一之家的工作和组织

在英国国内，由于英格兰和苏格兰的教育工作者一再要求英国文化教育协会提供电影，协会的电影也在英国国内发行，由帝国学院中央电影图书馆负责。

1942—1943 年协会的电影部每周向 147 个驻扎在英国的美国军队单位提供新闻短片，每月向加拿大军队单位放映约 3000 次。年内，向盟国平民、技术人员、商船船员、军事和海军人员、疗养院和医院提供了 2041 个单独的纪录片和其他电影节目。协会在北爱尔兰贝尔法斯特为盟国国民建立了一个电影图书馆。

1943—1944 年协会电影部每周向 260 个美国军事单位提供新闻短片，每月向加拿大军队单位放映约 2000 次；年内，向殖民地和盟国平民、技术人员、商船船员、军事和海军人员、疗养院和医院提供了 3073 个单独的纪录片和其他电影节目。

[1]《年度报告 1940—1941》,p.14

第五节　戏剧

1937 年 6 月英国文化教育协会在巴黎展览会（Paris Exhibition）上应英国政府要求，组织展出英国芭蕾舞和戏剧两周，期间上演了伦敦制作的萧伯纳的《念珠》（Candida）。

虽然英国文化教育协会开展了一些艺术推广活动，但当时英国国内对是否应该拨款在国外推广英国的戏剧、歌剧和芭蕾舞意见不一，很多政界人士持反对态度。但英国文化教育协会坚持认为英国应该像德国和法国那样在海外大规模推广英国的艺术。

1940—1941 年战争的蔓延、运输的困难以等限制了英国文化教育协会的艺术推广工作。英国文化教育协会资助萨德勒·威尔斯芭蕾舞团（Sadler's Wells Ballet）在低地国家演出。英国文化教育协会将饰演《哈姆雷特》的约翰·吉尔古德（John Gielgud）派往丹麦埃尔西诺尔[1]（Elsinore），将都柏林门剧院（Dublin Gate Theatre）派往希腊，将"老维克"[2]（Old Vic）公司派往葡萄牙、意大利和近东。

1940 年 4 月，英国文化教育协会对允许萨德勒·威尔斯芭蕾舞艺术团离开伦敦参加其计划中的荷兰和比利时之旅是否明智表示怀疑。在英国有关部门寻求咨询建议之后，最终艺术团于 5 月 4 日离开英国前往比利时和荷兰演出。

萨德勒·威尔斯芭蕾舞艺术团于 1940 年 5 月 6 日在海牙开幕，先后在荷兰亨格罗、埃因霍温和阿纳姆（Hengelo, Eindhoven and Arnhem）三个剧院演出。当时德国芭蕾舞团也正在荷兰演出。德国入侵荷兰使巡演突然结束，艺术团经历了一系列险情最终安全返回英国。

在 1940—1941 这一年中，英国文化教育协会继续向国外的一些剧本读演社团 (play-reading societies) 发送选定剧本的副本，并不时为斯德哥尔摩、赫尔辛福斯（Helsingfors）和雷克雅未克（Reykjavik）的国家剧院提供英国剧本的翻译和演出权。

1941—1942 年协会向在瑞士成立的一家英语公司提供了一笔小额拨款，该公司由苏黎世斯塔特剧院和绍斯皮尔豪斯的埃米尔·奥普雷希特博士领导。该公司在苏黎世、巴塞尔、日内瓦、伯尔尼和洛桑成功地以英语演出了萧伯纳的《皮格马利翁》。

---

[1] 哈姆雷特的故乡。
[2] 伦敦著名剧院，以演莎士比亚戏剧著称。

1945—1946 年英国文化教育协会安排老维克公司（Old Vic Company）和法国喜剧团（Comédie Française）之间的互访。在老维克公司和英国文化教育协会的共同赞助下，五名法国剧团成员和三名法国戏剧评论家访问了伦敦。1945 年 7 月，法国喜剧团在伦敦新剧院演出两周，之后分别在格拉斯哥和爱丁堡演出一周。

1947—1948 年获得英国文化教育协会支持的芭蕾舞团兰伯特（Ballet Rambert）进行了一次最成功的巡回演出。这家公司创造了一项澳大利亚纪录，在墨尔本连续演出了 14 周，人们对其作品的"英国性"表现出了特别的兴趣。

1948—1949 年由劳伦斯·奥利维尔爵士和维也纳·利小姐（Sir Laurence Olivier and Miss Vienna Leigh）率领的老维克公司访问澳大利亚和新西兰，无论在美学上还是在财务上都取得了巨大成功，在很大程度上帮助刺激和满足了国外对伟大英国剧作家戏剧的需求。这次巡演最有价值的成果之一是它推动了澳大利亚一场建立国家剧院的运动。

自二战以来，萨德尔·威尔斯芭蕾舞团出访了美国、波兰、加拿大、德国、葡萄牙等国家，获得了经济上的成功。芭蕾舞团的大部分巡演都得到了英国文化教育协会的资助。在戏剧领域，最突出的事件是在佛罗伦萨的国际春节"马吉奥音乐剧（Maggio Musicale）"中加入了萨德勒·威尔斯芭蕾舞团。"正如他们最近的美国巡演再次表明的那样没有任何一项英国艺术成就能比芭蕾舞更直接、更热烈地赢得赞赏。"[1]

---

[1] 《年度报告 1949—1950》,p.8

第六节　艺术推广路径

一、推广路径

上文已经描述了英国文化教育协会在音乐、美术、电影、戏剧等方面的推广活动，主要的推广路径有设立专门部门和职位、加强人员交流、建立图书馆、制作和提供艺术资源、举办展览等。其他推广路径有出版艺术书刊，在海外开展艺术讲座等。

英国文化教育协会为了推广英国文化和艺术，创办了很多期刊杂志。最具有代表性的杂志为《今日英国》(Britain To-day)。免费半月刊《今日英国》1939 年 3 月第一期以英语、法语、德语、意大利语、葡萄牙语和西班牙语出版。曾担任《伦敦水星》（London Mercury）杂志的编辑斯科特·詹姆斯（R. A. Scott-James）担任主编。《今日英国》每期发表一篇介绍性文章，新书书评，定期刊登关于戏剧、艺术、电影和音乐的专题，这些专题分别由英国著名艺术家撰写。[1]《今日英国》通常为一篇社论和三篇文章，是专为外国读者撰写的。有四页插图和 16 页阅读材料。1940 年度每期发行量为 8 万份。[2] 在发行的第三年，《今日英国》版面不断增加，增加到 28 页文字和 8 页插图。

1940—1945 年英国纸张短缺对《今日英国》产生了相当大的影响。从 1942 年 1 月 1 日起，这本插图杂志不再每两周出版一次，而是每月出版一次，但其版面有所扩大，并有了新的封面。西班牙语版改在布宜诺斯艾利斯和巴拿马的两个中心用从伦敦寄来的模具印刷。前者分发给阿根廷、乌拉圭和巴拉圭。美洲所有其他讲西班牙语的国家都由巴拿马供应。在巴西发行的葡萄牙语版在里约热内卢印刷。这些新安排确保了更快、更可靠的分销。

《今日英国》期刊创办初期是免费发行的。"因为《今日英国》是免费的，这些期刊有可能被随意发行，被读者扔进废纸篓"，因此编辑非常仔细地审查了发行清单，并在一定程度上确定增加发行量是合理的。早期英国在发行时有意发行到受纳粹德国和日本等文化宣传影响的地区。葡萄牙发行量约 8000 份，协会从该国收到的一份报告赞扬了对"英国生活和思想的文化方面以及英国在社会立法

---

[1]《年度报告 1944—1945》，p.137
[2]《年度报告 1940—1941》，p.32

方面的进步”的宣传，理由是德国也在葡萄牙不断宣传这些方面。《今日英国》每一期大约有 1000 份发行到日本。

英国文化教育协会在纽约世界博览会上陈列了《今日英国》期刊，短短几个月内在美国发行了大约 2.6 万册《今日英国》。从 1942 年 1 月 1 日起在美国大量免费发行已经停止，协会“希望能在美国实行收费订阅”，“如果需求充足，美国版将在多伦多印刷”。1942 年，《今日英国》发行量从 6.8 万份增加到最高的 11.3 万份，随后随着美国发行量的减少（1943 年美国共有 3047 名订户），英国和国外的印刷量减少到约 9 万份。

1945 年 1 月，《今日英国》又增加了 16 页的文本。1946—1947 年《今日英国》只以英语出版，不再出版西班牙语、葡萄牙语和法语版本。在美国和英国的自治领，它不再免费提供，只供出售，免费分发仅限于主要在殖民地和拉丁美洲的大学和文化机构。

英国文化教育协会在 1939 年出版了一系列关于诗歌、小说、散文文学、戏剧、电影、音乐和绘画的宣传册。英国文化教育协会 1945 年 7 月出版了《英国艺术》(THE ARTS IN BRITAIN) 系列丛书，主要面向解放后的欧洲宣传和推广英国的艺术成就。这套丛书的第一本包括伊恩·芬莱（Ian Finlay）撰写的关于苏格兰艺术的文章，和阿诺德·哈斯克尔（Arnold Haskell）撰写的《1939 年后的英国芭蕾》（Ballet Since 1939）。协会还创办了《艺术与教育月报》（The Arts and Education），提供英国在艺术教育方面的信息。《艺术与教育月报》在阿根廷、法国、葡萄牙、西班牙和南斯拉夫都有当地语言版本。

协会认识到“人文领域的推广问题以前由于协会没有任何此类机构而在某种程度上受到忽视”[1]，1944—1945 年英国文化教育协会成立了一个人文咨询委员会，由约翰·克拉帕姆 (John Clapham) 担任主席，进一步强化在人文艺术领域的推广工作。

英国文化教育协会在国外增加对艺术推广的经费投入。最初的投资是昂贵的，但随后，根据“启动泵”的一般原则，可以以少得多的费用安排参观和展览。英国文化教育协会认为推广艺术能用最少的花费获得最大的收益和效果。有时人们误认为，英国文化教育协会推广英国音乐、戏剧和美术三个部门支出了其总预算的很大一部分，但事实并非如此。近 20 年里，协会在这方面的支出从未超过 4%。在 1952—1953 年度，这一数字仅为 2.5%，其中包括所有支出项目——国内外专业人员的工资、管理费用、材料以及用于旅游和展览的资金。与其他国家如德国

---

[1] 《年度报告 1944—1945》，p.11

和法国在艺术推广上的支出相比，这一拨款很小。

在其教育角色中，英国文化教育协会试图向无法支付高昂费用的观众传授艺术中最好的知识。因此，在首次由英国文化教育协会赞助的印度和巴基斯坦戏剧巡演中，吸引了超过5万名观众，其中很大一部分座位是有计划地以学生能买到的价格出售的。

1940—1941年度报告向海外提供的艺术资源等归类为"视觉宣传（Visual Propaganda）"。这些活动包括，向海外英国学院，亲英社团或学校提供灯笼讲座和幻灯片、电子显微镜、射线照片、摄影和其他不属于的美术小型展览、教材、学校用照片、海报、旗帜、杯子和其他奖品、地图、室内游戏等，供在其日常活动中使用。比如1941年10月，由伦敦提供的英国学校建筑图片展在葡萄牙国家美术馆开幕，受到媒体的高度关注。这些照片后来在波尔图大学（Oporto）的工程学院展出。

比如1941年英国文化教育协会向苏联发送了大量照片用于展览。莫斯科广播电台报道说，人们对苏联建筑学院展出的英国现代建筑照片非常感兴趣。发送的其他照片包括以下主题的材料：战后英国如伦敦城市的重新规划和发展。伯明翰、利兹、考文垂、利物浦等城市的被轰炸的建筑物的处理、英国工业和工业生活、萨德尔·威尔斯芭蕾舞团、英国小型独立住宅、风景园林和公园、战时英国音乐。

"其他辅助手段，如电影、音乐、书籍和讲座，部分目的是唤起人们对英国文化成就的兴趣，更好地了解我们社会和智力成就的背景"。[1]

二、推广效果

以音乐为例，经过英国文化教育协会的推广，1942—1943年"音乐会是所有国家之家的常规节目，也与各种盟国展览有关。"[2]1943—1944年大多数国家的英国文化教育协会代表对音乐的关注明显增加，这反映了海外公众对音乐的需求增加，对英国文化教育协会的音乐录音表现出极大的兴趣，特别是威廉沃尔顿的《贝尔沙撒的盛宴》。1947—1948年"海外音乐家演奏英国音乐的次数现在已经增加到无法再保持完整的记录。"[3]

经过近20年的推广，英国文化教育协会参与和举办的大型或小型参观和展览太多，无法详细讨论。海外对英国的戏剧表演、音乐会和展览的需求不断增加，出席人数创纪录，受访国家愿意承担大部分费用。

---

[1]《年度报告 1948—1949》，p.14
[2]《年度报告 1942—1943》，p.63
[3]《年度报告 1947—1948》，p.26

国外对英国艺术的兴趣显著提高。同时，英国艺术的在海外的影响并不再局限于一小部分专业人士，逐渐扩大到整个受过教育和有影响力的阶层。这一点不仅适用于法国、意大利和德国等艺术发展到最高水平的国家，也适用于新兴国家。

英国文化教育协会的艺术推广工作受到了媒体的好评。1950 年老维克公司的访问"在这些困难时期……比数月的宣传更能提升英国的声誉。"纽约现代艺术博物馆馆长在威尼斯双年展上写到英国馆："英国艺术的声望得到了极大的提高……这群年轻的雕塑家不仅引起了国际上的钦佩，而且——更确切地说——引起了广泛的购买欲望……这是一个竞争激烈的世界，即使在文化事务中也是如此。"《纽约先驱论坛报》的记者在描述萨德勒·威尔斯芭蕾舞团 1947 年访问波兰时说："……没有任何官方宣传能与这种文化的影响相提并论。"就连一直反对英国文化教育协会工作的比弗布鲁克勋爵旗下的报纸也发表评论："自英国战役以来，没有什么比萨德勒·威尔斯芭蕾舞团更能增加英国（在美国）的好感了……""博伊德尼尔交响乐团（Boyd Neel Orchestration）（在澳大利亚）的巡演是一次胜利。""泰特美术馆（Tate Gallery）的画作正在欧洲巡演，吸引了成千上万的罗马观众……"。

简言之，经过英国文化教育协会 20 年左右的艺术推广，英国艺术的影响力和声望各个国家都在增加。

第三章 英国文化教育协会科学推广活动

英国文化教育协会第一份年度报告中阐述了英国文化教育协会的四大目标和宗旨，引文中第三个目标是向海外推广英国的科学技术。但在 1936—1937 年的年度报告中并没有再次提及科学或者技术，也没有成立科学技术委员会。

从 1934 年成立一直到 1940 年间，英国文化教育协会没有重视科学推广。1940 年协会意识到应该宣传英国的科学成就，就如何宣传英国的科学成就进行了讨论，并建立了相关科学推广部门，成立了科学推广咨询委员会。从此，英国文化教育协会开始大规模进行英国科学成就推广。1941—1942 年度报告中英国文化教育协会将科学推广活动分为纯科学、医学和工程三类。科学推广一开始的重点是医学推广。1942—1943 年英国文化教育协会扩大了其科学推广工作，特别是工程和工程教育领域的推广。1944—1945 年英国文化教育协会科学委员会成立了农业咨询小组，提供英国农业推广的咨询意见，同时协会增设了农业部，负责农业的推广工作。1953—1954 年度，此时英国文化教育协会专门设立了医学部，独立于科学部，专门负责推广英国的医学。

第一节　科学推广动因

1940—1941 年度报告中英国文化教育协会认为"协会越来越认识到，过去很少注意向国外宣传英国科学、医学和工程的活动和成就"[1]。

1940 年协会就如何宣传英国的科学成就进行了讨论，讨论认为"协会应高度重视科学和医学宣传"[2]，这种宣传工作"大大消除了一种普遍的假设，即医学知识的源泉在柏林或巴黎"[3]。1940 年协会决定成立一个咨询委员会，就英国科学、医学和工程的哪些成就和活动应在国外进行宣传提供咨询意见，并建议应采用哪些方法进行宣传。[4]

1941 年协会的科学咨询委员会成立。协会邀请了英国科学、医学和工程领域的一些杰出人士组成咨询委员会，威廉·布拉格爵士担任整个科学委员会的主席，秘书由教育顾问负责。科学委员会由三个小组组成：纯科学小组由威廉·布拉格爵士担任主席，处理纯科学或理论科学问题；第二个小组由爱德华·梅兰比爵士担任主席，处理医学问题；第三个小组由威廉·拉克爵士担任主席，处理工程问题。

表 6 英国文化教育协会第一届科学委员会名单（1940—1941）

主席：William Bragg	
纯科学小组 Pure Science Panel	主席：William Bragg 成员：Professor P. M. S. Blackett Professor J. D. Cockcroft Sir Robert Robinson C. F. A. Pantin
医学小组 Medicine Panel	主席：Sir Edward Mellanby 成员：Surgeon Rear-Admiral Gordon Gordon-Taylor
工程小组 Engineering Panel	主席：Sir William Larke 成员：Sir Edward Appleton A. P. M. Fleming C. D. Lemaistre Professor R. V. Southwell
秘书：J. G. Crowther	

[1]《年度报告 1940—1941》,p.119
[2]《年度报告 1941—1942》,p.13
[3]《年度报告 1940—1941》,p.10
[4]《年度报告 1940—1941》,p.43

英国文化教育协会认为"这个委员会正在填补协会工作中一个非常严重的遗漏"[1]。在科学委员会的建议下，英国文化教育协会开始大规模推广医学、科学、工程、农业等，让其他人民更好地了解英国对科学、工程和医学的贡献。[2]

[1] 《年度报告 1941—1942》,p.13
[2] 《年度报告 1940—1941》,p.43

第二节　医学

科学咨询委员会成立之后于 1941 年 5 月举行了第一次会议，提出英国文化教育协会首先向国外宣传英国生命科学的成就。认为协会"积极而持久的使命，即向其他国家宣传英国在生命科学和政府管理方面所作的贡献"[1]。协会与英国医学信息服务局（British Medical Information Service）合作，向国外发送了大量科学和学术期刊和书籍，向从事科学研究的人员提供奖学金，与英国标准协会合作编写英国工业实践手册，向国外研究所提供设备。

一、成立咨询委员会

1941—1942 年在医学推广事宜上，英国文化教育协会聘请相关医学领域专家组成科学委员会医疗小组为协会的医学推广活动提供指导、咨询意见，同时协会成立医学推广部，负责医学推广。以前隶属于英国医学会（British Medical Association）的英国医学信息服务局划归英国文化教育协会管理，同时英国医学会医学宣传委员会（Medical Propaganda Committee）也为协会的医学推广提供建议。

二、推广医学成就

在 1941 年左右，因为是二战期间，协会在医学方面主要宣传英国的整形外科、麻醉、青霉素、康复等英国的重要医学成就。

1941 年在协会在拉丁美洲"有两项最显著的成功"。其中之一是英国著名整形外科医生哈罗德·吉利斯爵士（Sir Harold Gillies）在拉丁美洲成功地进行了巡回演讲，期间哈罗德爵士进行了多次手术。这种访问和英国医学信息服务局的工作"大大消除了一种普遍的假设，即医学知识的源泉在柏林或巴黎"。哈罗德·吉利斯爵士在里约热内卢和圣保罗的一些医疗机构演讲，并在当地医院举行外科手术现场示范。在里约热内卢，他被外科医生学院和医学院授予荣誉称号和学位。在圣保罗，为纪念他举办了一次当地整形外科医生的工作展览。4000 人在圣保罗的一家电影院观看了《战时整形手术》（Plastic Surgery in War-time）这部电影。哈罗德·吉利斯爵士在南美进行了为期六周的巡回演讲。他在利马、圣地亚哥、布宜诺斯艾利斯、蒙得维的亚、里约热内卢和圣保罗讲授整形外科，并进行了多次手术。此外，

---

[1]《年度报告 1940—1941》,p.21

他还出席了危地马拉和巴拿马主要外科医生和医疗机构为他举行的招待会。哈罗德爵士高超的专业技能和杰出的个性似乎吸引了南美的医学界，所有有关方面都认为他的访问取得了显著的成功。根据哈罗德·吉利斯爵士的建议，英国文化教育协会同意向拉丁美洲主要整形外科医生捐赠一系列英国原创设计的整形手术器械。

1941—1942 年英国文化教育协会通过与牛津大学纳菲尔德麻醉学系（Nuffield Department of Anaesthetics）的合作，在阿根廷展示并推广一种称为牛津汽化器的新型挥发性麻醉剂给药装置。经过协会多年的持续对麻醉技术的宣传，英国麻醉技术在世界上获得了认可。比如在 1948—1949 年中，在意大利进行科学推广时对麻醉的重视一直持续，并取得了显著的成果。意大利建立了三所麻醉学校，相当多的意大利医院采用了现代英国麻醉技术。英国文化教育协会在 1952—1953 年放映的大多数医学和科学电影最初是为商业和科学组织制作的；英国文化教育协会"最具影响力的项目之一"是放映国际麻醉学协会（I.C.I.）的麻醉系列电影。这些电影，加上巡回演讲和其他活动，在一些国家产生了显著的效果，在这些国家，英国的麻醉方法被复制，大量的英国麻醉设备被订购。

二战期间，英国文化教育协会重点推广的英国医学还包括青霉素。英国文化教育协会认为青霉素是当代英国最有代表性的成就。《英国医学公报》1944 年 1 月第一期主题是青霉素，汇集了当时国际上所有关于青霉素的研究。因此，它引起了英国医学界的极大兴趣，《英国医学杂志》评论为《英国医学公报》"几乎是从事这一课题的任何人所不可或缺的"。英国卫生部和战争办公室各征订 500 份，并提供印刷所需的纸张。1944 年 12 月，《科学月报》专门用 12 页的篇幅来介绍青霉素[1]。

英国文化教育协会在康复领域开展的一系列类似的推广活动，囿于篇幅，不再详述。

三、出版和推广医学书刊

科学咨询委员会成立后第一件工作就是以多语种出版《科学月报》(Monthly Science News) 和《英国医学公报》(British Medical Bulletin) 期刊[2]。

（一）《英国医学公报》(1943)

1943 年年底首次出版的《英国医学公报》由英国医学信息服务局负责编制，摘取英国医学研究的摘要，展示英国医学的重要进展。这些摘要平均长度为 400

---

[1] 1928 年英国细菌学家弗莱明首先发现青霉素，青霉素对控制伤口感染非常有效，青霉素在二战末期批量生产，迅速扭转了盟国的战局；当时被译为盘尼斯林。1944 年 9 月 5 日，中国第一批国产青霉素诞生，由樊庆笙研制，取名青霉素。

[2]《年度报告 1941—1942》，p.13

字，以英语、西班牙语和葡萄牙语发行，"这是当时英国唯一一本以外语出版的医学出版物"。《英国医学公报》一年三期，分别出现在 1 月、5 月和 9 月，展示英国在某一医学研究领域的杰出成就。每期都包含一个由专家就一个医学主题发表的论文讨论会，每一个主题都由协会的医学咨询小组决定。每期包括从十篇到十五篇关于医学的特定方面的文章，作者是该领域的英国领军人物，其中很多论文通常是首次发表的原始研究记录。《英国医学公报》载文量大，比如第二卷共 314 页，包括 48 篇原创文章、347 篇文章摘要和 107 篇书评。英国 41 种主要医学期刊的全部文章都在《英国医学公报》期刊指南部分编入索引。

1943—1944 年英文版的发行量为 3180 份，西班牙语版、葡萄牙语版和土耳其语版的发行量分别为 1270 份、880 份和 1000 份。1944 年《英国医学公报》（葡萄牙文版）首次在里斯本印刷，并向巴西和葡萄牙西非提供发行。1944—1945 年《英国医学公报》在全世界以多语种发行 10930 份。1944 年底，《英国医学公报》各语种版的发行量如下：

表 7 《英国医学公报》各语种版发行量（1944—1945）

语种	英文版	西班牙语版	葡萄牙语版	土耳其语版	总计
发行量	5500	2400	1030	2000	10930

英国文化教育协会从 1945—1946 年开始有意识地开发利用《英国医学公报》的教学功能，同时将免费分发减少到最低限度。协会制作了 6 期双语医学文本，并分发给海外的英国学院。这些双语文本来源于《英国医学公报》中的英文、西班牙文和法文部分，旨在为医务人员的英语课程提供帮助。

到 1949 年，《英国医学公报》语种只有英文版和西班牙语版，法语版停刊，"由于迫切需要节约，西班牙语版《Boletín Medico Británico》也面临同样命运"。

《英国医学公报》在国外产生的影响远远大于在其他医学期刊。发行当年，《英国医学公报》被国外西班牙语和葡萄牙语医学期刊转载 3472 次和 439 次。发行当年，英国文化教育协会向中国、苏联、土耳其和伊拉克等国家赠送了多套英文版《英国医学公报》。土耳其医学界对此反响强烈，于是 1944 年英国文化教育协会首次出版了土耳其语版《英国医学公报》。《英国医学公报》受到各国政府和大学的欢迎。比如巴塞罗那英国学院院长使用《英国医学公报》英文版和西班牙文版作为西班牙医生的双语培训教材。《英国医学公报》在其他国家也被用作医生培训的英文教材。[1]1952 年哈佛大学请求《英国医学公报》再版一篇关于医学测量的论文，

---

[1] 《年度报告 1944—1945》，p.153

用于预防医学系的学生教学。1953 年，委内瑞拉卫生部一次性购买了 50 份《英国医学公报》关于疟疾研究的专刊。

（二）《英国医学图书目录》(1951)

除了《英国医学公报》宣传英国医学成就之外，英国文化教育协会医学图书馆从 1951 年开始还每月出版《英国医学图书目录》（British Medical Book List），用来推广英国出版的医学书籍。《英国医学图书目录》包括英国各出版社的所有医学新书，以及政府部门、研究机构和志愿团体的医学出版物。该目录在 1952 年出版的第二年达到了 3000 到 4000 册的印刷量，其中大部分都卖给了海外书商，有力地促进了英国医学书籍的海外销售和出口。

四、建立医学图书馆

英国文化教育协会在伦敦设立医学图书馆。医学图书馆的图书来源主要是英国各出版社送到协会供海外书评计划的书籍，期刊收集了英国出版的医学期刊和国外交换的期刊，电影收录英国或协会制作的医学纪录片或者电影。截至 1945—1946 年度英国文化教育协会医学图书馆从许多国家定期收到的医学期刊数量约为 550 种，其中大部分是作为《英国医学公报》的交换而收到的。图书馆还收藏了供书评的医学书籍。因此医学图书馆收藏了最新的参考资料，被来自海外的协会医学学者经常查阅。医学图书馆开展的主要业务有接待来自海外的学者查阅咨询服务，编制出版《英国医学图书目录》，向海外发送英国新药样本，收集医学电影等。

同时，英国文化教育协会在海外一些国家设立医学图书馆，进行针对性医学推广工作。因为"医学领域是在巴西向协会开放的领域中最有希望的领域之一，巴西对医学书籍的需求持续不断，对葡萄牙语版的《英国医学公报》显示出极大的兴趣"，1944—1945 年度，英国文化教育协会在巴西里约代表处设立医学图书馆。1946—1947 年英国文化教育协会在巴勒斯坦建立一个有 1000 多本书的医学图书馆，供全国各地的医生使用。

1947—1948 年度英国文化教育协会的医学图书馆和信息服务大幅度扩大；增加了 284 本书，其中大部分已在《英国医学公报》上收到书评。期刊的收藏也随着《英国医学公报》交换期刊的增加而增加。人们对《英国医学图书目录》表现出极大的兴趣，向国外图书馆和机构分发 310 份。在少数情况下，可以向国外发送英国新药样本，尽管这项服务的范围必然受到限制。医学图书馆的设施已被海外查询者更广泛地使用。

五、拍摄和推广医学电影

1943—1944 年度英国文化教育协会完成三部医学电影拍摄：《胸部疾病手术》（Surgery in Chest Disease），《事故服务》（Accident Service）和《神经精神病学》（Neuro-Psychiatry）。

协会的第一部电影拍摄。电影《胸部疾病手术》是根据协会的特别医学小组委员会的建议拍摄的，这部电影详细地展示了在布朗普顿医院（Brompton Hospital）进行的一次肺切除手术。电影首次在柯曾电影院（Curzon Cinema）[1]向 400 名医学观众放映。随后在威尔士、苏格兰和其他地区向医学观众播放。电影取得了巨大的成功，获得媒体和医学界人士好评。

《英国医学杂志》将其描述为"这部精湛的电影"，而《柳叶刀》在社论标题"一部值得一看的电影"下对此进行了讨论，而《新政治家》写道："毫无疑问，我们在外科手术和电影制作方面的声望将上升几个百分点。英国文化教育协会将因这一有益和进取的成就而受到祝贺。"《旁观者》杂志写道："这部电影是迄今为止对人类创造力、技能和专业团队工作做出的最大贡献之一……这部在国外发行的电影不能不提高英国医学的声誉，而此时上映将提醒那些看到这部电影的少数但有影响力的人，战争中的英国并不是一个回到野蛮的英国，相反，英国正在寻找新的领域来战胜疾病和苦难。"

协会拍摄的第二部医学电影是《事故服务》，展示英国的康复医学技术。1944 年《事故服务》也在柯曾电影院举行首映，首映由皇家外科医学院院长 Alfred Webb Johnson 爵士主持。

1944 年协会的医学委员会医疗咨询小组的医学电影小组委员会重组，新成员包括英国医学会、医学研究委员会和卫生部的代表，以及对医学电影有特殊经验的成员。

英国文化教育协会一方面拍摄协会自己的医学电影，另外一方面挑选英国国内电影公司拍摄的医学电影进行推广。1945—1946 年度协会对英国国内 50 部医学影片进行了审查，以确定其是否适合海外发行，并在《英国医学公报》上发表评论。一部新电影《聋人教育》（Deaf Education）已经完成，并在医学界受到好评。

从 1944 年到 1950 年，英国文化教育协会共拍摄自己的医学电影 7 部。因为缺少资金制作新电影，从 1949—1950 年度开始，年度报告没有再提及医学电影。英国文化教育协会改为从英国拍摄的电影中挑选适合协会医学推广目的的电影加

---

[1] Curzon Cinema 是伦敦规模最大的艺术电影院线，旗下有五个影院，常年放映世界各地的艺术电影。

以推广。

英国文化教育协会在全世界大力推介这些英国医学电影。通过在《英国医学公报》等发表电影评论，向海外医疗机构和学院发行胶片等方式推广。在推广的电影中，《战时整形手术》（Plastic Surgery in War-time）这部电影最受欢迎，在年度报告中出现频次最高。比如 1950—1951 年度，英国文化教育协会向海外 64 个国家或地区提供了 417 部电影的 2486 盘 16 毫米电影胶片，其中有 125 部新拍摄的电影，在英国为外国和海外学生及交流人员放映 896 场电影。电影还提供给 15 名协会赞助的专家讲师使用。向锡兰科学协会第六届年会出借了十部科学电影。详情如下：

表 8　英国文化教育协会科学电影发行量（1950—1951）

发行对象	大众科学	医学	技术
协会办事处	848	130	102
政府机构	117	11	14
机构外	489	277	498
总计	1454	418	614

六、人员交流

英国文化教育协会一方面吸引海外医学学生和海外医学行业人士来英国。

1942—1943 年度开始，英国文化教育协会为战后重建而培训盟国人员。英国文化教育协会与盟国政府合作，颁发了大量研究生和本科生奖学金。绝大多数人读工程、医学、建筑或科学等学科，使有关人员熟悉现代英国方法。1941 年，爱丁堡大学为流亡英国的波兰医学院设立了医学系，他们在训练结束后获得克拉科大学的学位。1941—1942 年度在与卫生部和其他当局进行谈判后，六名冰岛医学毕业生获准每年在英国医院作为家庭外科医生接受一年的临床实习。

英国文化教育协会设立奖学金，给留英学医的学生在英国的生活费和学费。比如 1949—1950 年英国文化教育协会奖学金获得者中约有一半是理科研究生。其中大部分从事高级医学研究。1952—1953 年度英国文化教育协会资助的访问英国的 394 名学者和助学金获得者中，193 人与科学课题有关。和往常一样，人数最多的是医学，有 77 人。

英国文化教育协会还邀请海外医学行业人士来到英国参观交流。

1952—1953 年度英国文化教育协会为 192 名科学交流人员作出了安排，其中 109 人与医学有关。在联合国研究员和科伦坡计划在英国的受训人员中，170 人从事医学。在通过英国文化教育协会安排的 161 名理科自费学生中，83 名与医学和护理有关。

另一方面，英国文化教育协会邀请和派出英国医学权威人士就医学主题进行海外交流和巡回讲座。创设初期，英国文化教育协会历史上最为著名的海外交流之一是英国外科医学代表团访问苏联。

1943 年英国医学研究局同意与英国文化教育协会共同赞助这次访问，有关安排由英国文化教育协会医学部负责。美国和加拿大当局表示希望派代表出席。1943 年 7 月，医学代表团代表们乘飞机途经开罗和德黑兰抵达莫斯科，这是自战争爆发以来英国首次访问苏联。代表团由外科医生少将戈登·泰勒率领，他是英国文化教育协会科学委员会医疗小组的成员，也是皇家海军的咨询外科医生。其他英国代表包括欧内斯特·罗克·卡林爵士（英国外科、紧急医疗服务顾问，内政部安全部长，伤亡服务顾问，医学研究委员会成员）；蒙罗少将（英国陆军战争办公室咨询外科医生，皇家陆军医学院军事外科教授）；沃森·琼斯（皇家空军整形外科文职顾问）。美国方面包括哈佛大学外科学教授兼美国陆军外科首席顾问艾略特·卡特勒。中校和西北大学外科学教授兼美国陆军神经外科高级顾问忠诚戴维斯中校。加拿大的代表为加拿大国家研究委员会外科小组委员会主席麦吉尔大学的怀尔德·彭菲尔德教授。

第三节　科学

最开始协会科学工作重点是推广医学。"鉴于科学和科学教育在现代世界中的极端重要性"，1942—1943 年英国文化教育协会进一步扩大了其科学工作。协会的科学部和医学部两者都有所扩大，两者都在做"极其重要的工作"。

一、成立咨询委员会

英国文化教育协会 1941 年在聘请科学领域专家组成科学委员会纯科学小组为协会的科学推广活动提供指导、咨询意见，纯科学小组由威廉布拉格爵士担任主席，处理纯科学问题。

1948—1949 年科学组的部门重组，最重要的新特点是科学部合并，接管了科学署（Science Services Department）的工程及技术部门，成立了联合科学系（Combined Sciences Department），该部门是负责除农业和医学以外的所有科学的技术部门。

英国文化教育协会在部分地区特设科学干事（Science Officer），专门负责科学推广。英国文化教育协会曾设 13 个海外科学官员职位。由于经费困难，到 1949—1950 年，该职位减少到 6 个，1952—1953 年只有两个，分别在巴西和意大利。巴西是英国文化教育协会科学工作最发达的国家之一。部分原因可能是英国文化教育协会在巴西一直设有一名科学干事。在过去几年中，从巴西到英国的科学交流人员人数一直稳定，大部分是自费的 1952—1953 年。巴西的医学和其他科学交流人员合计约占英国交流人员的 29%。

二、出版和推介科学文献

陈保亚（2016）认为英语科学文本对于英国的霸权地位起到一定的作用，"英帝国称霸世界本身也得益于英语语势中深厚的科学文本积淀 (陈保亚 ,2016,p.72)。

"期刊对于英国文化教育协会的工作的重要性是巨大的，因为海外读者通过期刊了解英国的最新情况、当前思想和创造性写作，最重要的是了解英国在医学、科学和技术研究方面的最新进展。"[1] 科学咨询委员会成立之后的第一件工作就是以多种语言出版了《科学月报》(Monthly Science News，M.S.N.) 和《英国医学公报》

---

[1] 《年度报告 1948—1949》,p.26

期刊[1]。《科学月报》主要是推广英国的纯科学。

英国文化教育协会出版的《科学月报》记录英国科学新进展，以英语、法语、西班牙语、葡萄牙语和阿拉伯语发行，并在六个国家印刷，以便于分发。第一期出版于 1941 年 8 月，包含四张插图，以英语、西班牙语和葡萄牙语出版，发行量为 21000 份。英国广播公司也推出 14 场系列讲座，标题为"科学揭开面纱 (Science Lifts the Veil)"。这些讲座介绍了英国在显微镜、X 射线、化学推断、原子研究、控制自然等方面取得的进展。讲座内容同时以小册子的形式出版，全世界发行。[2]

《科学月报》到 1945 年 3 月，语种增加到 9 种，同时还开始用另外 14 种语言翻译《科学月报》。[3]

1944 年《科学月报》在成都重印；文中的照片在印度印刷，空运到中国，然后粘贴到副本中。

《科学月报》的材料大量被海外媒体转载或使用，英国文化教育协会收集了来自中东、非洲、阿根廷、澳大利亚、巴西、加拿大、智利、塞浦路斯、印度、巴勒斯坦、葡萄牙、瑞典、瑞士、土耳其和美国的报纸和期刊转载《科学月报》内容的剪报。1946 年 3 月底，每年发行量大约 4000 册的阿拉伯文版停刊。英国广播公司也使用《科学月报》材料向太平洋地区进行科学广播。[4]

1947 年 7 月英国文化教育协会决定出版一份"更大的"期刊《英国科学新闻》（British Science News），取代以前的《科学月报》。《英国科学新闻》文章更长，作者更权威，科学新闻和书评更多。该期刊以配合英国化学协会的百年庆典，封面设计为一个特殊的化学符号。随后各期内容涵盖了化学、物理、冶金、地质、工程和生物学等领域的广泛领域。

1948—1949 年《英国科学新闻》完成了 12 期的第一卷。该杂志随后被扩大到 32 页。为了应对更高的生产成本，每年的订购价格从 5 先令提高到了 10 先令。杂志开始接受英国公司的广告，每期的书评数量也有所增加。《英国科学新闻》报道科学家普遍感兴趣的科学工作或发展的任何方面。由于经费不足，英国文化教育协会从 1950 年底起停止出版《英国科学新闻》[5]。

1952 年英国文化教育协会与科学和工业研究部合作出版了《英国大学的科学研究》（Scientific Research in British Universities），其中载有关于大学各系等实

---

[1]《年度报告 1941—1942》,p.13
[2]《年度报告 1941—1942》,p.89
[3]《年度报告 1944—1945》,p.2
[4]《年度报告 1943—1944》,p.115
[5]《年度报告 1949—1950》,p.57

际进行的研究的说明，尽管主要供协会使用，当该书首次在英国出版时，英国的工业和其他方面表现出了极大的兴趣。

三、建立科学图书馆

英国文化教育协会除了书刊推介之外，采用建图书馆的路径帮助增加科学的文献量，促进科学的传播，实现科学推广目标。

英国文化教育协会在伦敦设立科学图书馆。和医学图书馆一样，图书来源主要是英国各出版社送到协会供海外书评计划的书籍，期刊收集了英国出版的科学期刊和国外交换的期刊，电影收录英国或协会制作的科学纪录片或者电影。

同时，英国文化教育协会在海外国家帮助设立科学图书馆，为外国的图书馆提供科学图书和期刊。从一开始，协会的主要任务之一在英国学院建立协会自己的图书馆；在亲英社团、国外大学、教学机构等援建图书馆。此外，还增加了向国外专业图书馆介绍科学和技术作品的内容。1936—1937 年协会向 11 个国家的20 个机构提供了专业科学书籍，以弥补这些图书馆中英国科技书刊的不足。图书馆与信息局和协会联合编制了一份精选的英国标准科技图书清单，分发给各国科技机构的图书管理员。[1] 通过这种方式，1940 年时协会已在海外至少 500 个机构中建立或增加了英语图书图书馆。[2]

四、运用翻译

翻译在科学推广方面发挥着重要作用。早期，英国文化教育协会利用翻译进行英语的科学推广，采用多语种宣传英国的科学成就。

英国文化教育协会出版的《科学月报》，到 1945 年 3 月，语种增加到 9 种，同时还开始用另外 14 种语言翻译《科学月报》。[3]

同时，英国文化教育协会充当中间人，协助外国出版商与英国图书版权所有人就翻译权的出售进行谈判。

科学电影或者记录片也被翻译成多种语言。1945 年拍摄的纪录片被翻译成包括南非荷兰语、荷兰语、法语、葡萄牙语、巴西葡萄牙语、西班牙语和哥伦比亚西班牙语等多种语言。[4]1940—1945 年间，在 84 个国家发行了 80 部纪录片，纪录片涵盖 22 种语言。

同时，鼓励埃及人将英语作品翻译成阿拉伯语，并做了一些有益的工作。英

---

[1] 《年度报告 1936—1937》,p.7
[2] 《年度报告 1940—1941》,p.31
[3] 《年度报告 1944—1945》,p.2
[4] 《年度报告 1944—1945》,p.111

国文化教育协会继续充当处理翻译权的中间人。"在英国和外国作家、出版商和文学代理人之间的正常接触尽管比以前容易,但仍然很困难的时候,翻译这项工作无疑在很大程度上保持了英国作品在外国读者面前的地位"[1]。

1945—1946 年度捷克斯洛伐克是翻译传统最丰富的国家,那里的许多公司恢复了战前的商业关系,但英国文化教育协会也提供了大量援助。在南斯拉夫,英语翻译是一件比较新的事情;在这方面,协会的帮助是不可或缺的,版权许可的安排具有高度重要性。由于代表与匈牙利出版商协会在布达佩斯举行会议,英国文化教育协会还开始安排翻译成匈牙利文。波兰的请求最初主要是技术性的;但作为对波兰教育、艺术和科学部呼吁的回应,波兰作家圈将近期小说选集送交华沙进行审议,希望这可能导致波兰出版商提出要求。翻译数量最多的国家仍然是西班牙。

英国文化教育协会还采用书评计划、科学讲座、科学电影等方式。这些方式在各章节均有提及,此处不再赘述。

---

[1] 《年度报告 1943—1944》,p.100

第四节　农业

在农业推广方面，英国文化教育协会大致采用和医学、科学推广相同的路径。

1943—1944 年达林顿博士（Dr. Darlington）是英国约翰·因内斯园艺研究所所长，也是自 1940 年以来第一位访问瑞典的英国科学讲座人员。应瑞典孟德尔学会（Swedish Mendelian Society）的邀请，他向五个英国—瑞典社团发表演讲"达尔文主义"，并向科学听众作了多次"细胞学"演讲。

1944—1945 年英国文化教育协会科学委员会成立了农业咨询小组，由 J.A.Scott Watson 教授担任主席，提供英国农业推广的咨询意见，同时协会设立了农业部，负责农业的推广工作。农业部于 1945 年 5 月 1 日开始工作。自那时以来，它的活动迅速向各个方向扩展。为在土耳其出版的《英国农业公报》提供了原始文章。1947—1948 年英国文化教育协会协助安排海外农业学者进入英国大学学习，并安排约 50 名农业交流人员参观英国。1948 年在鼓励中东国家发展自己的医学和农业科学和实践方面，以及通过派遣专家讲师，使英国的教育、科学和社会发展对他们自己的经济可能有价值方面，已经持续做了大量工作。

在 1952—1953 年间英国文化教育协会资助的访问英国的 394 名学者和助学金获得者中，其中 22 人从事农业生产学习。英国文化教育协会为 192 名科学交流人员作出了安排，其中 25 人与农业有关。

在农业方面，英国文化教育协会主要宣传纪念世界上第一个农业研究站罗瑟斯特德（Rothamsted）。

为了推广农业，英国文化教育协会也出版了农业期刊。新季刊《英国农业公报》（British Agricultural Bulletin）的第一期出版于 1948 年 5 月。后改为每两个月出版一次，专门介绍英国和英联邦农业的最新进展，反映整个英联邦农业理论和实践的发展。除了主要专家的文章外，它还包含英联邦农业局提供的关于当前农业研究图书的书评和注释。大多数主要的英联邦国家为每一期提供稿件，通常还包括一篇来自非英联邦国家的杰出农业学家的"客座文章"[1]。

农业方面，在中国的推广活动中，有较多的案例，详见第八章英国文化教育协会在华的推广活动论述。

---

[1] 《年度报告 1948—1949》，p.34

第五节　工程

1942—1943 年英国文化教育协会扩大了其科学工作，特别是在工程和工程教育领域。

1952—1953 年英国工程训练团（British Engineering Training Mission）在英国政府的批准和支持下代表英国工业联合会（Federation of British Industries，FBI）访问了拉丁美洲后，向英国政府提交了报告。在报告的前言中，代表团团长阿瑟·弗莱明爵士（Sir Arthur Fleming）指出，关注拉丁美洲问题将使所有人受益。报告建议，英国政府应该每年给拉丁美洲国家 100 个工程奖学金，同时世界其他发展中国家和地区，包括英联邦和帝国以及其他地方，每年应获得相应数量的工程奖学金。在报告结束时，英国工业联合会代表团提出并回答了三个相关问题。

第一个问题是英国"为什么要培训海外国家的工程师"？因为：

（1）英国未来出口必须包括更多而不是更少的资本商品[1]。

（2）经过培训的海外工程师会成为英国的长期推销宣传人员，这些海外工程师会成为英国最好的贸易大使和代言人。

（3）基于英国长期的经验和在科学领域的持续领先地位，英国能够提供的实用工程培训是世界上最好的。这是一项值得注意的资产，英国必须充分利用它。

（4）这种培训在个人之间建立了无数的友谊，而英国的国际友谊就是建立在这些友谊的基础上的。

（5）向发展中国家出口"技术诀窍"，以帮助提高他们的生活水平和购买力，是创造善意的最可靠方式，而所有贸易都是建立在这种善意的基础上的。

第二个问题是"为什么要特别培训拉丁美洲的工程师"？因为：

（1）除了上述原因，由于几乎所有拉丁美洲的共和国都在计划对自然资源进行大规模开发。

（2）这些国家的经济进一步发展将主要取决于他们自己国家是否有受过适当培训的工程师。

（3）拉丁美洲国家决心在本国工程师的帮助下而不是依赖外国专家开发其主要资源和发展工业。

---

[1] 资本商品一般是指一切协助生产其他商品或服务的物品。

（4）如果英国不在这方面帮助他们，英国的外国竞争对手就会帮助他们。

第三个问题是"英国必须对此做些什么"？英国工业必须：

（1）培养海外工程毕业生的新的和有利的职业前景。

（2）接受越来越多的海外工程师来英国接受培训。

（3）如果英国还没有合适的工程研究生培训课程，那么就要规划合适的研究生培训课程。

（4）根据英国工业联合会奖学金计划，与其他工程组织（包括国有工业、公共事业、咨询工程师和承包商）协调合作开展此类研究生培训课程。

（5）培养和关爱这些经过精心挑选的海外年轻人，以确保他们回国之后仍然对英国友好。"[1]

一、人员交流

在 1941 年下半年，英国文化教育协会为向不同年龄和国籍的总共 90 名学生和 100 名波兰工程师学生提供了一些资助，使他们能够接受大学或技术培训。1941—1942 年大都会维克斯有限公司为来自阿根廷、巴西、哥伦比亚和秘鲁的工程专业学生提供了五个大学学徒课程名额。这些受训人员将从该公司领取工资，英国文化教育协会将支付他们的回程费。

1945—1946 学年，英国文化教育协会继续与其他国家的政府和教育部门以及英国的工程公司和其他关注机构合作，实施特别计划，将不同层次的学生带到该国接受进一步教育和工业培训。1947—1948 年向来自 10 个国家的 103 名自费学生（包括获得外国政府奖学金的学生）和来自 13 个国家的 32 名工程师和技术人员提供了咨询和援助。

在 1952—1953 年间访问英国的 394 名英国文化教育协会学者和助学金获得者中，193 人与科学课题有关。36 人在学习土木、电气、机械、化学或采矿工程。在 37 名研究物理科学的科学家和 16 名生物学家中，有相当比例的研究者关注他们学科的应用和理论。相当大一部分的科学学者都致力于科学知识的应用，这必然会带来工业影响。英国文化教育协会 192 名科学交流人员中，28 人与工程有关，25 人与农业有关，不少于 109 人与医学有关。在联合国研究员和科伦坡计划受训人员中，170 人从事医学，90 人从事农业，92 人从事工程：其他技术科目包括纺织、印刷和制革。在通过英国文化教育协会安排的 161 名理科自费学生中，有 50 名是学习工程，83 名与医学和护理有关。

因此，可以看出，在 1952—1953 年这一年中，英国文化教育协会总共为 206

---

[1]《年度报告 1952—1953》，p.4-5

名工程师或工程专业学生、115 名农学家和 439 名医生、护士和医科学生作出了学业和交流安排。

二、工程文献

在提供工程文献方面，英国文化教育协会的一个重要工作是推广英国工程标准规范。

早期年度报告中提到了英国文化教育协会代表英国标准协会将英国标准规范翻译成土耳其语这一有价值但困难的项目。从 1940 年一直到 1947 年，英国文化教育协会持续不断地将将英国技术标准规范 (British Standards Specifications) 翻译成土耳其语。同时向一些国家如中国、伊拉克的工程学院赠送英国技术标准规范，推广和促进英国国家标准。

1940—1941 年在英国海外贸易部（Department of Overseas Trade）的支持下，英国文化教育协会开始安排将英国标准规范翻译成土耳其语。同年，一套英国标准规格已提交重庆国家图书馆。翻译的第一份规范是 B.S.S.132 号（汽轮机），1943 年在英国出版。1941—1942 年英国公共工程部（The Ministry of Public Works）审校了英国文化教育协会翻译的四个英国标准规范的土耳其语译本。1942—1943 年度 13 个英国技术标准规范的土耳其语翻译已经完成；"其中 5 个已经通过土耳其相关部门的检查和批准，8 个正在检查中"。

到 1943—1944 年度另外六份规范已经完成，并等待出版，每一份规范的翻译都已得到土耳其主管当局的批准。其他 14 个规范的翻译已经完成。从 1940 年一直到 1947 年英国文化教育协会将大约 24 个规范翻译成土耳其语，其中两个规范，即 B.S.132（蒸汽轮机）发行了 400 份，B.S.353（水轮机）发行了 950 份，分发给各官方机构。1943—1944 年英国文化教育协会决定将更多的英国标准规范翻译成土耳其语、西班牙语、葡萄牙语和法语等语种。

1945—1946 年英国文化教育协会向伊拉克巴格达工程学院赠送英国标准规范。

同时，英国文化教育协会每月向海外技术期刊的编辑提供一系列十篇工程文章，其中十篇以小册子形式分发，广泛用于公共图书馆、技术机构和政府部门。

三、海外任命

1943—1944 年协会工程部一直积极参与土耳其、埃及、巴勒斯坦、伊拉克、中国和拉丁美洲国家的工程和科学海外顾问、教授和讲师的任命工作。当时这些岗位需要约 33 个人选。由于战争条件，在寻找这些任命的合适人选方面遇到了相当大的困难。

四、留学生

工程系就影响来自九个不同国家的留学生的教育、工程和大学后培训的技术问题提供了咨询，选择的学科涵盖了工程的大约十五个分支。

第六节 科学推广路径

上文已经描述了英国文化教育协会在医学、科学、工程、农业等方面的推广活动，本节总结其科学推广的特征与路径。

一、推广特征

英国文化教育协会的科学推广有几个显著特征。

首先，英国文化教育协会不处理科学的商业方面，即协会不关注和参与科学的商业推广。但英国文化教育协会的科学推广工作确实对国家间的商业关系产生了一些影响。长期以来，人们一直认为"贸易是循规蹈矩的"，同样正确的是，贸易成果可能是在海外讲授高真空技术或外国科技专家访问该国之后产生的。事实上，商业往往是英国文化教育协会科学推广活动的副产品 [1]。

第二个特征是，它的科学推广工作范围只针对专家群体，如学术和专业协会、大学和技术学院。它的目标不是向海外公众解释科学。协会认识到"如果没有无限的资源，这种尝试确实是无用的；而且，如果这是可行的，其长期影响几乎肯定会远低于选定专家的工作"。

二、推广路径

英国文化教育协会的科学推广工作主要通过三种方式进行：为科学家之间的个人联系提供便利，分发科学材料，以及通过协会自己的科学出版物推广科学。

第一，通过派遣知名专家到国外进行巡回演讲或咨询访问、参加科学会议或在海外大学或其他机构工作，实现个人联系；为来英国的交流人员提供安排；妥善安置来英国留学的学生。这些人包括获得英国文化教育协会奖学金的学者和受资助的学者、联合国专门机构赞助的研究员和科伦坡计划的受训人员，以及各国特别推荐的自费来英国的学生。

第二，使用科学材料。英国文化教育协会在工作中使用科学材料有几种形式。伦敦负责指导海外工作的专门部门都提供信息和图书馆服务，全世界的科学家都可以咨询这些服务。双方都可以根据要求提供英国医学和科学书籍和期刊的精选书目；英国科学论文的再版、复印件或缩微胶片；协助检查数据；向英国交流人

---

[1]《年度报告 1951—1952》，p.49

员借阅书籍和期刊等。

英国文化教育协会在海外广泛使用电影。英国文化教育协会在1952—1953年放映的大多数医学和科学电影最初是为商业和科学组织制作的；英国文化教育协会最具影响力的项目之一是放映国际麻醉学协会的麻醉系列电影。这些电影，加上巡回演讲和其他活动，在一些国家产生了显著的效果，在这些国家，英国的麻醉方法被复制，大量的英国设备被订购。

在世界各国举办科学书籍和期刊的展览。

第三，英国文化教育协会出版了两种最具代表性的科学期刊：《英国医学公报》和《英国农业公报》推广英国科学成就。

第四章 英国文化教育协会教育推广活动

  早期的教育推广包括四个方面的活动：第一是留学教育服务，招收和接待海外学生，第二是教育培训，第三是教育任命，第四是英语教学。教育培训分为工程师培训和语言培训，其中工程培训已在科学推广中讨论过，语言培训在下一章描述。由于后来英语教学从教育推广中独立出来逐渐发展成为单独的一个推广类别，本章重点描述教育推广中的留学教育服务和教育任命，英语推广在下一章单独论述。

第一节　教育推广动因

在 1936—1937 年英国文化教育协会第一份年度报告中阐述了英国文化教育协会的四大目标和宗旨，其中第二个目标"鼓励外国和英国殖民地和属地学习和使用英语；为海外学校为此目的提供装备；以及让海外学生在英国修读教育或工业训练课程"和第三个目标"使其他民族更紧密地接触英国在教育、工业和政府方面的理想和做法"，明确提出了英国文化教育协会的教育推广目标和内容。

但创设初期，英国文化教育协会没有特别重视教育推广，比如 1941—1942 年度报告中将英国文化教育协会在海外的推广活动按类型分为十一种活动，教育服务被放在倒数第二位。英语教学等英语语言文化推广也包含在教育推广中，没有单列出来。[1]1942 年，在英国文化教育协会的倡议下，时任英国教育委员会主席的巴特勒 (R.A.Butler) 成立了同盟国教育部长会议 (Conference of Allied Ministers of Education)。会议致力于各国战后教育重建的问题，主要讨论二战后遭受战争蹂躏的国家将遇到的诸如校舍和图书馆被毁，书刊、科学设备和其他基本学术材料短缺、归还艺术品、教师培训等教育问题。会议同时讨论了战后各国在教育和文化事务方面的国际合作问题。"将海外学生带到英国大学一直是英国文化教育协会更重要的教育活动之一"[2]。

1946 年 6 月，英国政府决定"英国文化教育协会将根据其宪章继续工作五年，之后将再次审查其地位"，"为了避免英国文化教育协会和政府海外新闻服务之间的重叠，规定今后该协会的工作范围将限于教育和文化工作"。因此，1946—1947 年英国文化教育协会首次在年度报告中将教育服务列为职能活动的首位。

---

[1]《年度报告 1942—1943》，p.11
[2]《年度报告 1942—1943》，p.11

第二节　留学服务

英国文化教育协会的目的是提供设施，使经过仔细挑选的海外学生，主要是研究人员、教师和其他研究生，能够来到英国，在大学、其他高等教育机构和工业公司学习。

一、奖学金

在前文的科学推广、医学推广和工程技术推广中，已经提及英国文化教育协会颁发奖学金吸引外国学生赴英留学。英国文化教育协会提供的资助主要有三种。

第一种是奖学金。英国文化教育协会奖学金主要颁发给英联邦大学、殖民地大学和外国大学的来英国留学的研究生，通常情况下奖学金包含一学年的旅费、生活费和学费。

英国文化教育协会受经费限制，最开始提供的奖学金名额较少，比如 1944 年一共才 115 个。1945—1946 年研究生奖学金方案大大增加，共提供 405 个奖学金。由于各种原因，405 个奖学金中有部分学者未能到达英国，最后有 307 名抵达英国。其中 73 个给自治领和殖民地，52 个给近东和中东，68 个给中国，87 个给拉丁美洲，118 个分配给欧洲地区。其中包括英国文化教育协会与 Metropolitan Vickers Electrical Co.Ltd.、English Electric Co.Ltd.、铁路工程供应行业公司以及剑桥吉尔顿学院共同提供的特别奖项。自战争爆发以来，英国文化教育协会首次能够向欧洲的解放国家提供奖学金。

在 1945—1946 新颁发的奖学金 307 项，1944—1945 年顺延的奖学金有 148 项，总共 455 项奖学金。具体分布统计如下：

表9　英国文化教育协会奖学金统计（1945—1946）

机构分布	数量	学科分布	数量
牛津大学	38	艺术	119
剑桥大学	37	科学	68
伦敦大学	146	医学	79
英格兰地区的其他大学	80	教育	51
苏格兰地区的大学	27	经济	41
威尔士地区的大学	2	法学	9
其它大学或学院	27	工程	62
医院	45	其他学科	26
其他机构	53		
总计	455		455

从上表中可以看出，1945—1946 年伦敦大学获得的奖学金最多，在学科分布上，英国文化教育协会在艺术和医学上颁发的奖学金最多，这也直观地反映出协会早期的推广重点。

1945—1946 学年，全国共有 438 名获得英国文化教育协会资助的外国学者。这些学者在以下大学和机构：牛津大学 50；剑桥 40；伦敦 146；其他英国大学 40；苏格兰的大学 24；大学学院 18；医院 55；其他机构（包括工业公司）64。

1946—1947 年期间，英国文化教育协颁发了 248 项新奖学金，包括三项高级研究金，而前一年为 307 项，分配如下：自治领和殖民地，68 项；近东和中东，24；中国，13；拉丁美洲，36；欧洲，107。1947—1948 年间，共颁发 272 个新奖学金。这些国家的分配情况如下：欧洲 97 个，拉丁美洲 47 个，近东和中东 35 个，中国 24 个，英联邦和殖民地 69 个。1948—1949 年期间，颁发了 242 个新奖学金，分配如下：联邦和殖民地 58 个，欧洲 97 个，拉丁美洲 37 个，近东和中东 20 个，远东 30 个。此外，在 1947—1948 年获得奖学金的学生中，有 119 人在第二年的全部或部分时间内都能完成学业。因此，该学年全国英国文化教育协会学者总数为 361 人，而前一年为 388 人。大学和大学学院的学者分布如下：牛津 27 人，剑桥 39 人，伦敦 99 人，英格兰和威尔士其他大学 44 人，苏格兰 15 人，贝尔法斯特 1 人。

第二种是协会管理的外部组织的奖学金。

1948 年英国文化教育协会开始代表外部组织管理奖学金计划。这些国际组织向委托英国文化教育协会管理组织的培训研究奖学金计划。

从下表中可以看出，联合国、世界卫生组织以及科伦坡计划等奖学金的数量最多。联合国机构的研究员和学者自 1947 年开始接受英国文化教育协会管理的联合国研究金（UN Research Fellowship）在英国接受培训，科伦坡计划的受训人员自 1951 年开始在英国接受培训。到 1955 年时，两类奖学金获得者加起来占英国文化教育协会奖学金总数的 14%。从学科分类统计上看，联合国大部分奖学金颁发给医学和社会科学，科伦坡计划大部分授予科学和社会科学，反映出社会治理和发展的需要。

表 10　英国文化教育协会管理的外部组织奖学金统计（1947—1955）

外部组织	47-48	48-49	49-50	50-51	51-52	52-53	53-54	54-55
联合国社会福利署	25	26	43	54	62	95	77	52
联合国教科文组织		3	34	19	19	48	39	41
联合国经济发展			7	18	40	60	57	39
联合国公共行政				10	30	26	24	6

联合国国际儿童基金会				22				
世界卫生组织	7	29	91	65	122	138	159	129
国际劳工处				3	13	27	27	29
粮食及农业组织					1	23	26	53
第四点计划¹								1
科伦坡计划					50	245	233	229
总计	32	58	175	191	337	662	642	579

说明：1. 第四点计划是战后初期美国对不发达国家的技术援助和经济援助政策。1949 年 1 月 20 日杜鲁门在第二任总统就职演说中，提出美国外交的"四点行动计划"。其中第四点是"技术援助和开发落后地区"。即通称为"第四点计划"。1950 年 6 月 5 日第四点计划提出一年半后，美国国会通过"对外经济援助法案"。第四点计划列入这一法案的第四节，称为"国际开发法案"。当日杜鲁门签署生效。法案规定，美国将"援助"经济不发达地区，从事开发资源和改善他们的劳动、生活状况，办法是交换技术、知识和技能，向这些国家输出资本，鼓励进行生产性投资。

　　1950-1951 这一年共有 191 名联合国研究金获得者，占英国文化教育协会接待的所有来访者的五分之一以上。英国文化教育协会 1951 年开始负责科伦坡计划（Colombo Plan）下的国际劳工局研究员和技术学生有关的某些服务。因此，来自英联邦国家、殖民地、缅甸和南斯拉夫的交流人员越来越多，抵消了以前来自东欧的交流人员的减少。

　　从 1947 年开始，联合国技术援助方案与科伦坡计划提供的奖学金迅速增长。1947—1948 年，英国共有 33 项研究奖学金：在接下来的四年中，这些奖项的数量分别为 58 项、175 项、191 项和 337 项，而在 1954—1955 年中，这些奖学金增加到 579 项。

表 11　英国文化教育协会管理的联合国和科伦坡奖学金区域分类统计（1947—1955）

区域	47-48	48-49	49-50	50-51	51-52		52-53		53-54		54-55	
	U	U	U	U	U	C	U	C	U	C	U	C
殖民地			4	26	8		9		37		15	
英联邦		6	44	48	100	50	106	232	96	188	76	172
美国			6	15	14		8					
拉丁美洲		1	6	10	22		49		18		25	
中东			17	29	48		96		96		89	
远东	4	10	15	15	20		50	13	57	45	42	57
东欧中欧	18	33	43		3		19		28		40	
北欧西欧		3	19	22	48		62		47		35	
南欧	10	5	21	15	24		18		30		28	
总计	32	58	175	191	287	50	417	245	409	233	350	229

（U 代表联合国奖学金，C 代表科伦坡计划奖学金）

　　第三种是助学金。助学金从 1947 年开始实施，主要资助工程技术人员等群体，从 1947 年开始，英国文化教育协会逐步减少对留学生的奖学金资助，增加了对外国技术人员的在英国短期交流的资助。

1945—1946 年英国文化教育协会在审查其过去的工作和确定未来的政策时得出结论，认为"过去太多的精力集中在知识界和外国首都"。为了纠正这一点，在这一年中，英国文化教育协会尽一切努力通过与工人教育运动和小城镇学习团体的联系扩大其影响力。还计划提供一些短期助学金，以便工会会员、工匠和学徒能够访问该国，与他们的同伴见面，并研究英国工厂等的工作条件。这些助学金将在某种程度上取代英国大学的奖学金。这项政策将使更多的人能够在较短的时间内获得特别援助，尽管这将涉及减少大学长期奖学金的数量。助学金计划为某些行业或专业提供了短期强化学习的机会。

为了吸引外国工程技术人员到英国接受英国的工程技术培训，英国文化教育协会于 1947 年 4 月开始实施短期助学金计划（Short-Term Bursary Scheme），其主要目的是使诸如工业工人、技术人员、社会工作者或地方政府官员等人员能够在英国生活三至六个月，并在英国从事正常工程技术和社会工作。该计划在 1948—1949 年得到了很大发展。由于英国文化教育协会本身资金有限，协会减少了对留学生的奖学金计划的范围，以便为工程技术助学金提供经费。因此，1948—1949 年短期助学金计划下的奖学金数量从 105 个增加到 125 个，研究生奖学金从 361 个减少到 275 个。助学金和奖学金这两项资助的可用资金被视为一个整体，英国文化教育协会的海外代表可自行决定提交奖学金或助学金候选人。

英国文化教育协会认为，适当减少奖学金来增加助学金计划是一个时代的标志，"助学金计划的重要性是显而易见的"与商船海员一样，它涉及海外社区的一个重要部分，超出了通常的学术奖学金的范围，而且由于大部分助学金都是发给体力劳动者的，这些大部分人来英国不存在语言困难。

助学金和给留学生的奖学金的区别在于奖学金通常为一至两年，助学金为三至六个月。1951—1952 年英国文化教育协会向在英国大学攻读研究生的海外学生颁发了 243 份奖学金，并为短期培训的工程技术人员颁发了 163 份助学金。1952—1953 年，颁发了 207 个奖学金和 187 个助学金。

下表是学英国文化教育协会助学金获得者人数的区域分布。殖民地和欧洲人数较多，没有针对美国开展助学金计划。

表 12 英国文化教育协会助学金区域分布（1945—1955）

区域	47-48	48-49	49-50	50-51	51-52	52-53	53-54	54-55
殖民地	1	12	27	39	46	48	47	12
英联邦	1	3	9	19	19	3	12	43
美国	0	0	0	0	0	0	0	0
拉丁美洲	0	4	8	13	5	16	13	16
中东	5	13	19	29	16	41	25	39

远东	0	0	6	4	9	3	23	15
东欧和中欧	5	11	15	27	8	19	22	21
北欧和西欧	11	33	22	38	22	31	34	40
南欧	7	16	23	28	38	26	17	21
总计	30	92	129	197	163	187	193	207

1945—1947 年还没有实施助学金计划，在 1947 年开始实施助学金计划时全世界只有 30 个名额，到 1955 年时，助学金计划已达 207 人。十年医学和科学人数基本上占一半之多。1948—1949 年内，英国文化教育协会共向来自 40 个国家的 105 名工程技术人员提供助学金。105 名中，大多数人从事工业职业，被安排在飞机、电气和机车工程等行业。还有少数助学金获得者是社会福利工作者和地方政府官员。

下表是学英国文化教育协会助学金经费来源。年度报告中 1947—1950 三个年度中没有区分助学金的经费来源。从下表中可以看出，助学金最大的来源是外交部的拨款，用于对外国的技术培训。其次是殖民地事务部的拨款，用于培训来自殖民地的工程技术人员。除了外交部的拨款一直在增加之外，联邦关系部和殖民地事务部的拨款受政策影响波动较大。

表 13 英国文化教育协会助学金经费来源（1945—1955）

部门	47-48	48-49	49-50	50-51	51-52	52-53	53-54	54-55
联邦关系部				3266	2172	759	1746	1230
殖民地事务部	5441	13306	15393	9631	12224	7216	5885	7240
外交部				14046	14474	21290	25568	25310
总计	5441	13306	15393	26943	28870	29265	33199	33780

1945—1955 年 10 年间 3056 人获得英国文化教育协会颁发的奖学金，1198 人获得助学金。总体来说，和其他国家相比，英国文化教育协会提供的奖学金很少。1951—1952 年英国文化教育协会共接待了 3709 名来自国外的交流人员，不包括仅使用学生福利设施的殖民地学生和其他海外学生。这些人包括联合国和科伦坡计划研究金的持有者、英国文化教育协会奖学金和助学金的持有者、外国政府提供的奖学金的持有者、参加短期课程团体考察团的人员以及个人交流人员。在个人访问专家中，18% 由英国文化教育协会提供资金援助，其余全部由海外政府和机构或私人资助。在 3709 人中，747 人是教师或主要与教育有关，868 人与社会科学有关，998 人与自然科学、工程和医学有关。[1]

---

[1]《年度报告 1951—1952》, p.2

二、课程

英国文化教育协会通过与英国各个大学合作，为来英国留学、交流和战争期间难民和盟国军队开设各种课程。课程主要有三类，协会课程、机构课程和大学暑期学校。协会课程是英国文化教育协会单独开设的课程，机构课程为协会和英国大学或者其他机构联合开设的课程，大学暑期学校是英国大学开设的暑期培训课程，协会负责在海外招生。

1942—1943年牛津大学的管理机构大学英国文化教育协会周会（Hebdomadal Council）[1]成立了一个委员会，由校长和各学院院长组成的，负责从大学内部处理大学和协会的事务。剑桥大学校长随后成立了一个具有类似目标的委员会，由圣约翰学院院长担任主席。随后在伦敦大学成立了一个委员会。英国文化教育协会一直与所有大学保持密切联系。牛津、剑桥和伦敦大学的这些新委员会除了在大学和协会之间就一般教育政策问题提供直接和令人满意的联系外，还应在解决影响学生、考试和其他教育问题方面发挥非常有益的作用。[2]

1942年12月，协会首次被授权向驻扎在英国的美国军队提供其配备的各种文化设施。1942年夏天，在阿瑟·古德哈特教授（Professor Arthur Goodhart）的建议下，牛津大学为自治领和美国军官举办第一次休假课程（Leave Course）。当时，美国人还没有准备好参加，这些课程只有自治领和欧洲军队参加。加拿大人发现这些课程具有价值，建议在剑桥和其他地方举办类似的课程。不久之后，美国当局要求协会为其在英国各地的部队组织和协调休假课程。在这些安排下，英格兰、威尔士、苏格兰和北爱尔兰的每所大学都在合作。有些课程每月开一次，有些课每隔一段时间开一次，有些课一年开几周，剑桥大学是十八周。课程通常持续六天或四天。其中一些课程由加拿大人和美国人以同等比例参加，另一些课程完全由美国人参加。[3]

表 14 英国文化教育协会课程参加人数区域分布（1945—1955）

区域	45-46	46-47	47-48	48-49	49-50	50-51	51-52	52-53	53-54	54-55
殖民地		6	28	28	69	70	37	52	33	17
英联邦		0	7	129	104	171	80	122	126	93
美国		15	0	539	404	323	270	247	23	25
拉丁美洲		0	0	15	12	26	18	65	12	9
中东		2	64	64	88	99	126	50	56	117
远东		0	4	16	19	33	6	22	39	10
东欧和中欧		114	307	201	114	213	154	165	137	160

---

[1] Hebdomadal 意为"每星期的"。国内有学者翻译成"董事会周会"，共有18名委员，每周例会。
[2] 《年度报告 1942—1943》，p.11
[3] 《年度报告 1943—1944》，p.75

北欧和西欧		859	591	563	811	627	673	460	589	523
南欧		103	98	187	196	191	169	167	136	155
总计	4651	1099	1099	1742	1817	1753	1533	1350	1151	1109

1945—1946 年参加课程的人数高达 4651 人，是因为协会为在英国休假的盟军人员举办的课程。1945 年后盟军逐渐离开英国，因此，后面课程人数下降。

1948—1949 年度英国文化教育协会还负责伯明翰大学、利兹大学、伦敦大学、诺丁汉大学、牛津大学、圣安德鲁斯大学和南安普敦大学学院等七所英国大学开办的暑期学校的协调和招生工作。暑期学校六周的课程有 487 名美国人和 204 名来自其他国家的学生参加。1949—1950 年度参加英国文化教育协会开设的课程人数达到战后的顶峰。1948—1949 年度在英国文化教育协会课程中美国学生突然增多，是因为英美两国实行了"英国大学暑期学校联合项目"（Joint Programme of Summer Schools）。1952 年开始，参加英国文化教育协会课程的人数逐年减少。

表 15 英国文化教育协会课程参加人数经费来源（1945—1955）

学费	45-46	46-47	47-48	48-49	49-50	50-51	51-52	52-53	53-54	54-55
协会支付					186	198	104	39	12	6
自费					1631	1555	1429	1311	1139	1103
总计					1817	1753	1533	1350	1151	1109

1948—1949 年度英国文化教育协会为 869 名交流人员安排了学习课程，与前一年的 905 名相比有所减少，但在 1947—1948 年，总人数的三分之二是英国文化教育协会的交流人员，而在 1948—1949 年，接受协会资助的比例下降到 39%。英国文化教育协会开设的课程学习者绝大多数是自费，少数由英国文化教育协会支付课程学费，同时协会支付学费的人数在 1954—1955 年度已近减少到只有 6 人，在 1949—1950 年，英国文化教育协会为 1817 名课程学习者总共支出了 18291 英镑，用于课程的各项支出，到 1954—1955 年度，这部分开支已经没有了，表示协会的政策逐渐由免费提供转向付费教育。

1945 至 1955 十年间，17304 人参加了英国文化教育协会在英国国内开设的课程。

三、福利

前文已提到 1933 年 6 月英国成立学生工作委员会负责调查英国为海外学生提供教育和培训的情况。学生工作委员会于 1935 年 1 月 24 日正式向议会提交报告，建议应设立一些机构负责提供他们抵达英国后的福利。

对于引进来的学生、科学家和交流人员，英国文化教育协会采用了各种途径照顾和款待，以确保这些人员回到各自的国家之后，仍然能保持对英国的友好态度。"对这些学生给予良好接待的重要性再怎么强调也不为过，因为他们一般都具有很高的知识水平。当他们年纪较大时，预计会有相当一部分人在他们自己的国家会成为杰出之士，一些人可能会影响那里的政策。他们中的大多数人都是自费来的，或者是在政府或教育机构的资助下来的。"[1]

英国文化教育协会认为"在英国，福利工作在海外学生中的重要性很难夸大。他们来自世界各地，包括在未来国家事务中具有决定性重要性的男性和女性。过去被带到这个国家的许多学者今天都担任着非常重要的职务。如果海外学生受到不礼貌的对待，甚至是冷漠或漠不关心，那么他们留在这里对这个国家的价值可能会失去。"[2]

虽然英国留学生福利工作的重要性和机会日益增加，但早期由于缺乏资金，这种扩展受到限制。英国文化教育协会设立了专职机构负责学生的福利。1946 年1 月本来由学生部负责的社会福利工作被转移到国内部（Home Division），国内部设立学生福利署（Student Welfare Department），负责英国文化教育协会学生和某些其他海外学生的一般福利，并为他们提供各种学习、旅行和娱乐设施。

战后，到英国留学的海外学生人数稳步增加。到 1949 年底，超过 1 万人来英国留学。1948 年，为了改善和协调在英国的海外学生的福利，英国政府召开了多部门联席会议。英国文化教育协会被英国政府认定为"唯一一个全方位关注这些学生的官方机构"。

大约在同一时间，殖民地事务部国务大臣决定要求英国文化教育协会"对殖民地留学生的福利负责，殖民地学生可利用的设施应与其他学生所享有的设施同等待遇"。之前，殖民地学生一直由殖民地事务部负责管理。英国文化教育协会拟备了一项计划，然后与有关政府部门协商制定。该计划扩大其在伦敦以外中心的海外学生福利设施，并增加在伦敦的工作，以满足在伦敦殖民地学生的需要。该计划从 1950 年 1 月 1 日至 1954 年 3 月 31 日期间实施。殖民地学生的福利工作主要依靠《殖民地发展和福利法》（the Colonial Development and Welfare Acts）提供的资金顺利进行。其大部分费用由殖民地发展和福利基金支付，但联邦关系部和外交部都同意为此拨款。

因此，1950 年 1 月 1 日，英国文化教育协会从殖民地事务部接管了在英国的所有殖民地学生的住宿和福利。当时，在英国的殖民地学生越来越多，1939 年有

---

[1]《年度报告 1947—1948》，p.13

[2]《年度报告 1948—1949》，p.15

300人来自殖民地，1946年大约有1000人，1951—1952年有5000多人，这些学生中，五分之二持有政府奖学金，五分之三是自费留学生：这些学生一半居住在伦敦，一半分散在各省、苏格兰、威尔士和北爱尔兰；五分之二的自费学生在大学就读，五分之三在其他机构。这促使了协会海外学生服务工作的大规模扩张。

英国文化教育协会认为学生福利工作应包括："学生抵达时的接待，协助办理所有所需的各种手续，提供临时住宿和长期居所，并组织一些入门课程，使学生熟悉英国的日常生活；组织讨论会、国际学生小组、讲座、周末和假期课程、考察、英语课以及各种社交活动，使学生能够与英国人接触；并与志愿团体合作，邀请学生参观英国家庭；以及解决海外学生的个别问题和疑问"。

英国文化教育协会通过四种途径解决学生的福利问题：第一，接待和安顿，包括住宿安排，住宿问题是关键；第二，组织假期课程、考察和观光；第三，建立学生中心；第四，努力激发英国公众对海外学生福利的更广泛兴趣，鼓励学生在英国家庭中居住，并利用其他与英国人民友好交往的方式。

对于学生，首先是出发前的信息服务和奖学金提供，然后是在学生从飞机轮船下来一踏上英国的那一刻，英国文化教育协会负责学生的接机接站和临时住宿服务，再是学生在英国的学习、住宿、娱乐活动，最后是学生返回国内的联系工作。

许多学生在离家前得到了咨询意见，这可能是由于殖民地对英国文化教育协会的接待和住宿安排进行了更多的宣传。[1]英国文化教育协会专门组织编辑了《如何在英国生活》一书，在英国文化教育协会有代表的所有国家出售。

（一）迎宾服务

迎宾服务是指英国文化教育协会安排专人在机场或者港口迎接抵达英国的学生或者学者，并为他们提供临时住处。"他们从世界各地到达英国，通常是深夜，通常是星期天，他们在前往英国50个城镇的途中需要得到协会的帮助"。

在移民局和海关、警察和铁路工作人员的合作下，英国文化教育协会的接待工作有了很大改善，包括为从马赛陆路而来的学生提供的安排。在1951年，英国文化教育协会共在机场码头等迎接了2600名来英国的学生，其中2200多名来自殖民地。

1950—1954五年中，英国文化教育协会工作人员在学生抵达英国时接待了15769名海外学生。其中，近14000人来自殖民地。

表 16 英国文化教育协会接机接站的学生人数（1950—1955）

年度	外国学生	英国殖民地学生	英联邦国家学生	总计

---

[1]《年度报告 1951—1952》，p.54

1950	246	1950	65	2261
1951	252	2214	134	2600
1952	247	2730	120	3097
1953	248	3258	141	3647
1954	268	3771	125	4164

（二）临时住所

"当殖民地学生在这个国家的最初几天里，一切对他们来说都是陌生的时候，没有必要强调帮助他们的重要性。他们在早期阶段所遇到的困难往往会影响他们在英国的全部体验"。

殖民地事务部和英国文化教育协会意识到殖民地事务处认识到，为刚到英国的学生提供临时过渡宿舍是必不可少的。英国文化教育协会通过其区域代表和地区官员，能够帮助这些学生找到临时住处，并提供文化联系和便利设施。1951 年和 1952 年，殖民地事务部提供资金，英国文化教育协会在 8 月和 9 月 "入境高峰期"住宿压力最大的时期临时购置莫里旅馆 (Moray Lodge)，满足学生临时住宿需要。每年大约 1000 多名殖民地学生在登陆英国后立即抵达伦敦；英国文化教育协会不得不为其中 600 多人安排临时住所，其中 300 多人去了莫里旅馆。1953 年，英国文化教育协会在兰开斯特门开设了一家新的旅馆。从 8 月中旬到 10 月初的七个星期里，700 多名学生在这家旅馆临时过渡。

在这项工作中，英国文化教育协会还从外部组织，如扶轮社（Rotary Clubs），热心公益的个人，以及它自己的工作人员那里得到自愿帮助，他们中的许多人无偿地把业余时间用于这项工作。

1950—1954 五年中，英国文化教育协会帮助大约 6500 名学生在抵达英国时找到了临时住所，其中近 5500 名来自殖民地（详见附录 6）。

（三）长租公寓

英国文化教育协会和新闻界广泛关注的一个问题是为海外学生提供合适的住宿。1951 年初，英国文化教育协会被迫关闭曼彻斯特的伍德斯托克（Woodstock Hostel）旅馆，当时发生了抗议活动。1951 年 6 月和 7 月协会试图让已经在汉斯新月公寓居住的殖民地学生搬出为新来的学生腾出房间，也引发了冲突，再次引起了公众对留学生住宿这一问题的关注。

1950 年 1 月 1 日，英国文化教育协会接管了殖民地事务部运营的伦敦的三家男子招待所和一家女子旅馆。在 1948 年的会议中，双方商定，伦敦殖民地事务部的招待所共有 460 张床位，应改为一所新的男生招待所和一所女生招待所，总共提供 250 张床位。计划在 1951 年关闭纽卡斯尔和爱丁堡的两个小旅馆。根据上文提到的政策，这三家男子招待所在年内关闭，取而代之的是 10 月在汉斯新月（Hans Crescent）开设的一所容纳 200 名男子的按照现代大学宿舍的标准规划和配备的公寓楼。汉斯新月公寓旨在为一些殖民地新生提供第一学年的住宿；并在假期到伦敦游学的殖民地学生提供临时住所（1951 年到英国游学的殖民地学生人数接近 900 人）。

英国文化教育协会在伦敦、汉斯新月和科林汉姆花园管理的旅馆，分别能容纳 220 名男性和 35 名女性。由于伦敦有超过 2500 名殖民地学生，这些宿舍不足以解决住宿问题。

鉴于难以为海外学生（包括附属于工业公司的研究人员）找到合适的住处，英国文化教育协会与大学和其他有关方面达成协议，决定提供一些大学宿舍。在乔治·吉百利（George Cadbury）的慷慨帮助下，伯明翰塞利橡树报春花山（Primrose Hill, Selly Oak, Birmingham）第一家公寓于 1947 年 9 月开业。到 1948 年 1 月，它已经住满，有来自 17 个国家的 33 名学生。后来英国文化教育协会收购了曼彻斯特的德斯托克（Woodstock），作为该地区的旅馆。

在牛津大学，1948 年 3 月开放的布莱克大厅（Black Hall）为海外交流人员和留学生提供图书馆、接待室和餐厅，并提供短期课程，使现代大学的学生能够在英国学习古代大学的生活。

在讨论向殖民地学生提供住宿计划时，英国各机构认为，鉴于隔离殖民地学生的做法不可取，如果可以避免的话，宿舍不应只供殖民地学生使用。人们认识到，理想情况下，应将旅馆住宿视为一种临时必要措施，这样便于学生在找到大学宿舍或私人家庭或寄宿处之前有住宿的地方。英国文化教育协会决定，如果殖民地学生必须入住公寓，公寓应尽可能达到与大学宿舍相当的标准。

英国文化教育协会提供的公寓有一个特点是，英国学生与海外学生混住，没有隔开这些学生。"学生福利部原则上将不同国籍的人相互混合，并尽可能地融入英国元素。民族隔离有危险，特别是在基于肤色的情况下。英国文化教育协会的经验表明，许多来自殖民地的学生带着一些怀疑来到这个国家，但这种怀疑很快就消失了，取而代之的是，一旦他们知道自己被平等对待，或者至少根据他们的个人能力和特点，他们就会心存感激，渴望合作。然而，如果不同的群体分开，特别是在肤色的基础上，每一个都会加强对其他群体的怀疑，所有人都可能成为反英宣传的目标"。[1] "尤其在伦敦，这个问题可能最为严重，因为那里的留学生

---

[1]《年度报告 1947—1948》, p.13

人数如此之多，而且鼓动不满的机会也很大"[1]

有人还建议，"通过使公寓成为住宿学生的用餐和娱乐场所，并进一步发展英国文化教育协会经营的住宿中心的社交设施，可以取得很大成就。"在利兹地区办事处初次尝试为海外学生提供一个公共休息室，用于学生会谈和讨论，实验证明非常成功，后来在全国推广。

（四）娱乐活动

英国文化教育协会还负责组织度假旅游、课程、讲座和讨论小组等。学生福利署的某些活动也向殖民地事务部的学生、印度研究生以及英国文化教育协会海外代表、苏丹政府和其他公认当局推荐的学生提供。

1945—1946 年度，学生福利署为 38 个国家 378 名留学生，43 名加拿大学者，268 名法国助教，以及许多殖民地和印度学者和许多自费留学生提供了服务。在伦敦，150 名学生参加了英国文化教育协会组织的四次讲座，分别是"伦敦历史""威斯敏斯特大教堂""伦敦博物馆"和"议会的宪法和惯例"，并安排了各种社交活动。学生福利署还安排了伦敦教育之旅、两次医学生电影放映和一些学生活动，包括参观公立学校和中学、伯明翰天文台和利物浦潮汐研究所。英国文化教育协会官员在英国各地为海外学者开展了类似的活动。

由英国文化教育协会安排但主要由学生支付的各种考察访问和假期课程的价值在于，它们不仅使来自世界各地的学生能够在一起生活一段时间并相互了解，同时也使学生们能够看到他们所学科目的一些实际方面，访问英国的许多不同地区，并与英国公众的广泛接触。光是每期假期课程就收到 1000 多份申请，从 1950 年到 1953 年的四年间，近 6500 名学生参加了这些课程。

1953 年，英国文化教育协会向在伦敦的海外学生发出了 9500 多份邀请，邀请他们参加家庭聚会或在社团和俱乐部与英国人接触，近 1700 名学生通过这种方式结交了新朋友。

通过这些活动，"总的来说，协会尽了一切努力确保学生们看到了代表英国和英国生活的地方，认识了代表英国和英国生活的人。"[2]

（五）关系维护

对来英国交流访问的科学家，英国文化教育协会在伦敦设立"科学家交流协会"（Society for Visiting Scientists）。该协会是在英国文化教育协会的倡议下于 1943 年 7 月成立的，旨在为来英国交流访问的知名科学家提供娱乐休闲中心和设

---

[1]《年度报告 1947—1948》，p.14
[2]《年度报告 1946—1947》，p.38

施。英国文化教育协会任命了一个小型工作委员会起草政策和章程，科学家交流协会设在位于旧伯灵顿街（Old Burlington Street）的楼宇。小型工作委员会由英国及其盟国的科学家组成，由英国皇家学会提名的 F.G.Donnan 教授担任主席，负责与英国文化教育协会商讨建立科学家交流协会的事宜。斯马茨元帅（Field-Marshal Smuts）担任名誉协会主席的职位。[1]

"英国文化教育协会学者协会（The British Council Scholars' Association）的成立是为了让那些持有奖学金的人在回国后保持相互联系以及与英国文化教育协会的联系。"[2] 到 1949 年在 18 个国家设有分支机构，有 339 名成员。

表 17 英国文化教育协会接待自费学生和外国政府学者学科分布（1945—1955）

学科	45-46	46-47	47-48	48-49	49-50	50-51	51-52	52-53	53-54	54-55
人文艺术	15	38	18	21	31	52	10	62	49	48
教育	12	20	6	8	10	15	10	11	33	21
医学	12	19	13	87	102	93	80	83	167	199
科学	13	20	15	16	18	30	61	78	105	96
社会科学	7	6	1	2	3	4	11	20	6	10
其他	21	17	1	18	11	26	7	38	42	60
总计	80	120	54	152	175	220	179	292	402	434

英国文化教育协会利用这些组织强化了与留学生和学者的后续联系。

除了获得英国奖学金的留学生和殖民地学生之外，英国文化教育协会还协助安置和照顾一些自费留学生以及许多从外国政府获得奖学金的学生。英国文化教育协会向驻伦敦大使馆和公使馆的文化专员提供援助和咨询服务。如 1948-1949 年度中，75 名学生以这种方式获得了帮助。

[1]《年度报告 1943—1944》，p.93
[2]《年度报告 1947—1948》，p.37

第三节　教育任命

其目的是促进英国和海外大学之间的联系和交流，以实现互惠互利。英国文化教育协会已为海外大学和其他高等教育机构，特别是英语语言和文学、英国历史和机构，以及其他人文、技术和科学学科的空缺职位找到并推荐了英国候选人。

1942—1943 年对教师的需求日益增加，使得寻找工作人员的任务比以前更加艰巨，英国文化教育协会继续寻找各种可能的征聘方法。由英国文化教育协会或通过英国文化教育协会任命海外职位的教育和行政岗位清单包括：伊斯坦布尔大学教育学院和开罗大学的 3 名教授和 2 名讲师；在土耳其 Halkevis 和学校工作的 14 名英语讲师，伊斯坦布尔英国女子高中的 3 名女教师；23 名英国学院英语讲师，3 名南美学校教师。

1941 年 3 月至 1945 年 3 月，通过英国文化教育协会，37 名英国教授和讲师被派往外国大学和高等教育中心。到 1947—1948 年度，英国文化教育协会推荐英国候选人担任外国大学的 42 个职位，主要是教授和讲师职位，由英国文化教育协会资助。其中，有 10 个是在 1947—1948 年间资助增加的。

同时，许多外国大学和教育当局依靠协会推荐英国学者或研究人员填补这些国外大学的相关职位。协会直接聘用约 250 名教师，并资助 30 名教师在外国学校工作。协会要进行英语教学推广，需要向外国大学和教育当局推荐派遣英国学者或研究人员填补国外大学的相关职位，因此，协会意识到，"与英国各大学，与教育委员会的关系，必然是密切的"。[1]

---

[1] 《年度报告 1942—1943》，p.11

第四节　海外学校

英国文化教育协会支持海外学校主要有两个目标：一是确保每一个英国在海外的儿童（包括马耳他和塞浦路斯）都有机会接受英国教育。第二个目标是尽可能确保外国教育机构能很好地教授英语。为此目的，英国文化教育协会向国外，特别是近东的学校提供了大量援助。协会主要工作是挑选教师、提供教育事务咨询和协助，聘用英国教师担任外国大学的英语教席（参见前文的"教育任命"相关论述）。

1940—1941 年度报告总结了英国文化教育协会在各国开展的工作，主要工作为向英国儿童提供教育和与当地人民直接接触[1]。

早期，英国文化教育协会通过提供资金支持的方式资助一些学校和大学进行活动。以埃及为例，1943—1944 年度英国文化教育协会在埃及向下列学校提供大量资金援助：

表 18 英国文化教育协会在埃及资助的海外学校（1943—1944）

省会	资助的学校
Cairo	Victoria College
	School of the Immaculate Conception
	St. George's English College
Alexandria	the British Boys' School
	the Scottish School for Girls
	St. Andrew's Scottish Boys' School
	the Sacred Heart British Girls' School
Heliopolis	the English School
	St. Austen's College
	St. Clare's Girls' College
Suez	the British School
Port Said	the British School, Boys' and Girls' sections

同时，英国文化教育协会还在埃及创办和控制着亚历山大市圣保罗英国男童学校（St. Paul's British Boys' School）以及开罗附近的 Maadi 和 Gezira 预备学校。

中东有许多学校得到了英国文化教育协会的资助。毫无疑问，"英国式教育对这些国家的政治稳定具有重要价值，因为英国式教育认识到个性发展和社会责

---

[1]《年度报告 1940—1941》，p.53

任感的重要性。事实上，有人曾就某些国家提出，在这些方面发展教育是其政治和经济生活健康发展和稳定的先决条件。英国文化教育协会认为，通过以英国教师为核心，按照英国的路线维持的学校，英国可以为未来的和平与繁荣做出巨大的贡献，而不必花费太多的总维持费用"。

1941 年 3 月至 1945 年 3 月，英国文化教育协会控制了地中海地区的 8 所学校，在该地区资助了近 100 所学校，并以其他方式在该地区和其他地方提供了同样多的援助。

第五节　教育推广路径

"虽然英国文化教育协会的整个工作都渗透着教育目的，但它的某些活动在严格意义上可以称为教育活动。"[1] 教育推广和艺术、科学、语言等推广活动密不可分。

教育推广分为英国国内和海外两方面的工作。在英国国内，教育推广主要是将学生和学者吸引到英国，并为这些学生提供课程、福利和支持。教育推广有着和其他推广不同的特殊性。在海外的教育推广的主要目的是吸引外国学生赴英留学，因此教育推广主要实施在英国国内。

在前文的艺术推广、科学推广、医学推广和工程技术推广中，已经提及英国文化教育协会颁发奖学金吸引外国学生赴英留学。英国文化教育协会提供的资助主要有三种，奖学金、助学金和联合国研究金等。然而，和其他国家相比，在教育推广方面，英国不具有优势和竞争力。比如前文提到的奖学金和助学金，1951—1952 年度英国文化教育协会共向在英国大学攻读研究生的海外学生颁发了243 份奖学金，为短期培训颁发了 163 份助学金。根据联合国教科文组织公布的数字，美国提供的类似奖学金奖项数量超过 4000 个；法国政府提供的数字约为1200。[2] 因此，数量太少，英国教育在海外的教育推广大打折扣。英国主要依靠英联邦国家的教育交流计划和英国殖民地事务署的项目为英联邦和殖民地学生提供留学服务。早期，英国主要的留学群体来自殖民地和印度巴基斯坦等。在英国国内，英国文化教育协会通过关注学生的福利问题，解决学生的住宿问题，组织假期课程、考察和观光等措施，增进留学生对英国的信任和友好。英国文化教育协会通过与英国各个大学合作，为来英国留学、交流和战争期间难民和盟国军队开设各种课程，这些培训课程促进了协会的教育推广。

在海外，除了在海外举办教育展览、教育讲座、出版书刊宣传英国教育之外，英国文化教育协会主要借助英国大学、联合国教科文组织、英联邦大学会议等推广英国教育。

英国文化教育协会在联合国教科文组织诞生初期一直担任其秘书处，因此协会籍教科文组织之便利，行推广英国教育之实。英国文化教育协会与教科文组织

[1]《年度报告 1946—1947》, p.20
[2] British Council Annual Report 1951—1952, p.2

的诞生有着密切的关系。从 1942 年到 1945 年 11 月，英国文化教育协会担任同盟国教育部长会议执行局以及书籍和期刊委员会的秘书处工作。1945 年 11 月 1 日—16 日，根据盟国教育部长会议（Allied Ministers of Education Conference，后来的教科文组织）建立一个永久教育和文化组织的提议，在伦敦举行了联合国会议（ECO/CONF）。在会议上，英国文化教育协会参与制定了教科文组织的章程。会议结束时，三十七个国家签署了《组织法》，联合国教育、科学及文化组织（UNESCO）从此诞生。英国文化教育协会部门的负责人和其他协会成员随后代表英国与教科文组织打交道。自 1946 年以来，英国文化教育协会总干事和主席罗纳德·亚当爵士（Sir Ronald Adam）[1] 是联合国教科文组织执行委员会的成员，曾担任两年教科文组织主席，通过联合国教科文组织极大促进了英国教育的推广。

由于大多数国家对于外国组织推广教育非常谨慎，因此，英国文化教育协会在大多数国家的教育推广是以"文化公约"（cultural conventions）的形式代表英国合法开展工作。

英国文化教育协会在大部分海外国家的工作通常通过签订技术、科学或文化谅解备忘录使得协会的活动合法化和正式化。这些协议最初是由盟国教育部长会议提出的。协议允许两国政府在促进彼此国家发展方面进行合作，包括交流、学历认可以及书籍和电影的使用。

文化公约的目的为"通过友好交流与合作，在各缔约国的文化中促进尽可能充分的理解各自国家的知识、艺术和科学活动以及另一国的生活方式"[2]；协议继续规定如何执行。文化公约列出了九种主要的合作形式，即在大学和其他教育机构促进相互学习语言、文学和历史；在对方领土上自由建立文化机构；促进大学教师、学校教师、学生的交流；提供奖学金和助学金；鼓励学术团体与教育和专业组织（包括技术和社会组织，如工会）之间的合作；尽可能相互认可学位和学历以及职业资格（如医学）；假日课程的开发；通过邀请或补贴鼓励文化、技术和专业团体互访；通过艺术、印刷品和口语的媒介，共同传播彼此的文化知识。

文化公约最早于 1948 年使用。1948 年 3 月《布鲁塞尔条约》的五个签署国（英国、法国、比利时、荷兰和卢森堡）之间的关系在这方面最为密切。截至 1953 年，英国先后和法国、比利时、荷兰、卢森堡、挪威、捷克斯洛伐克、巴西、希腊、意大利等外国政府签订九项文化公约，除巴西外，其余都是与欧洲各国政府签订的。

---

[1] 罗纳德·亚当在英国文化教育协会 1934—1955 年 21 年间担任长达 9 年的主席和总干事。

[2] "promoting by friendly interchange and co-operation the fullest possible knowledge and understanding in their (i.e., the contracting States') respective countries of the intellectual, artistic and scientific activities as well as of the ways of life of the other country"

公约通常规定任命一个混合委员会（Mixed Commission）。混合委员会一半成员由一国政府任命，另一半由另一国政府任命。混合委员会每年至少举行一次会议，定期审查这些协议进展情况，并向各国政府提出进一步发展的建议。

英国文化教育协会是英国政府执行这些协议的主要代理人，通常担任文化公约混合委员会英国代表团团长，负责执行英国与外国之间的文化公约，并为混合委员会提供秘书处。[1]

英国文化教育协会在苏联和中国采用文化交流方案（Cultural Exchange Programmes），开展的活动必须在严格的互惠规则下由双方规定和同意。

---

[1] British Council Annual Report 1948—1949, p.13

第五章 英国文化教育协会语言推广活动

英国文化教育协会在 1943—1944 年度报告中总结了其英语推广主要有四个目标：

1）在国外提供长期的教学服务，其教学条件将足以吸引最优秀的人群。2）提供有效的教学服务，使国外的外国人和在英国的盟国人员有机会学习英语。3）除了在海外英国学院、英语教学中心和亲英社团学习英语外，推动国外其他英语学习途径。4）将海外研究生和其他学生引吸引到英国留学。[1]

早期英国文化教育协会将英语推广归类于"教育服务"(Educational Services)中。根据早期年度报告对英语推广活动的描述，英国文化教育协会早期的英语推广主要包括五个方面：1）促进海外英国文化教育协会教学中心、其他英国中心以及外国大学和学校学习英语、了解英国生活和英国制度；2）通过安排长期和短期的教学课程，为外国英语教师的培训提供便利；3）应海外大学、学校和其他教育机构的要求，推荐合适的英国人选担任英语语言和文学、英国历史和制度以及其他人文、科学或技术学科的空缺教学职位；4）为能够来英国的研究人员、英语教师和研究生提供便利；5）通过设立和管理考试中心，在海外国家赞助英国测试机构的考试。

英语世界地位并非一蹴而就，英语在全球的成功传播有着诸多因素，其中英国文化教育协会对英语的推广和培育功不可没。因此考察英国文化教育协会早期的语言推广具有借鉴意义。本研究通过阅读英国文化教育协会的年度报告，归纳英国文化教育协会对英语进行推广的举措和路径。

---

[1]《年度报告 1943—1944》，p.122

第一节 语言推广动因

英国文化教育协会 1940 年的皇家宪章规定，其主要目标之一是"促进国外对英语语言的更广泛了解"，从而赋予了英国文化教育协会语言推广的使命。英国文化教育协会语言推广的目的是教授英语和鼓励英语学习，但教授英语不是终极目标，而是将英语作为一种手段来"欣赏英国对艺术和科学、教育以及对英国国家的秩序和管理机构作出的特殊贡献和成就"[1]。

语言推广不仅是在推广语言，还是科学、艺术、文化教育等推广的载体。1934 年，泰瑞尔勋爵（Lord Tyrrell）明确指出了英语推广这一目标，当时他作为英国文化教育协会的第一任主席，在给《泰晤士报》编辑的一封信中写道："我们认为英语教学应该放在我们活动的首位，因此，我们考虑了一些鼓励英语学习的方法。但是，我们充分意识到，学习我们的语言只是打开了一扇通向更广阔领域的大门，也就是说，欣赏英国对艺术和科学、教育以及对我们国家的秩序和管理机构作出的特殊贡献。我毫不犹豫地说，当今世界大部分地区都处于困惑和兴奋的状态，我们向其他国家展示自己的人生观的机会和必要性前所未有，这样，它就可以作为对今世后代将要提出的任何想法的明确贡献，放到共同的资源库中。"

起初，英国文化教育协会将它的工作定义为"国家阐释(national interpretation)"，英国文化教育协会把机构推广的内容概括为"文化资源"(cultural resources)，文化资源包括智力、艺术、科学、政府、教育和发明等，语言还没有囊括其中，语言从属于教育。

这种国家阐释，是比文化宣传更令人高兴的说法，意味着国家利用整个国家的文化资源来达到国家优势。"文化资源"一词可被视为包括一个国家过去和现在在智力、艺术、科学、政府、教育和发明领域的所有成就，以及一个国家过去的历史和现在的生活方式所体现的无形但强大的力量——民族个性。因此，英国文化教育协会的任务是描绘一幅历史和现在的画卷，用一只公正的手公正地绘制。[2]

英语教学和英语推广还是保持和维系英国影响力的重要手段。最开始，英国文化教育协会很少在英国殖民地推广英语教学，因为英语学习是殖民地政府和大

---

[1] 《年度报告 1951—1952》，p.4
[2] 《年度报告 1940—1941》，p.16

学学院的正常教育责任（但英国文化教育协会在塞浦路斯的英国学院破例地直接向学生教授英语）。但到了二战以后，随着各殖民地不断独立，英国政府和英国文化教育协会开始重视殖民地的英语学习和推广。在印度、巴基斯坦和锡兰，有关英语研究和英语的问题成为协会一个主要的关注点。

在 1953 年左右，英语的地位还只是一种英联邦语言 (Common language)，英国政府推广英语以维系英联邦的完整。1953 年 2 月 27 日 Mr.Gordon Walker 议员在"英语简化拼写提案"(Simplified Spelling Bill) 议会辩论上说：

这个问题还有一个重要的联邦视角。这与首相决定把钱投入基本英语时的想法有关。两者背后有着相同的理念。英联邦最重要的一个环节是英语将继续被英联邦接受为官方教育的共同语言。如果这不存在，英联邦将一蹶不振。如果英联邦的人聚集在唐宁街 10 号，他们必须有翻译，整个英联邦关系就会消失。英语作为英联邦的一种共同语言不会在一夜之间消失；它有了一个巨大的开端。但是，如果我们设置障碍，不尽我们所能鼓励英联邦所有地区的英语教学，我们不能保证这种情况会永远持续下去。[1]

如果我们不尽我们所能使这些国家的英语学习变得容易，我们将逐渐减少英语在英联邦保持正常的官方教育交流手段的机会，因为现在英语在这方面的生存取决于学习意愿，我们不再有权决定印度的学校应该教什么，等等。这都是他们自愿的行为。我们应该做的比我们现在做的更多。如果我能把这个放在这里，帮助这些国家的英语教师们教学的话。我们应该比现在投入更多的钱和精力。

为了使英语成为一种被逐渐认可为英联邦的共同语言，英语拼法将逐渐被认可。这将减少学习英语的努力，顺便说一句，可以避免发音上的许多陷阱，这些陷阱对于印度或非洲的人来说是非常严重的，因为他们在学校里学英语的时候没有来过英国，那里的老师也经常没去过英国。英语口语和书面语之间的巨大差异开始成为维持英语作为真正的共同语言的一个非常严重的障碍。[2]

同时，协会认为"英语教学是扩大英国与其他国家联系的主要手段"[3]。推广英语可以促进英国的贸易。"在所有国家中，英国最依赖世界贸易，也最不能疏远他人。英语语言在中东的传播，以及通过语言和文学，更好地了解英国文化、制度和产品，对相互贸易具有直接的好处"[4]。1951—1952 年度报告认为英国图书出口价值从 1939 年的 310 万英镑上升到 1951 年的 1490 万英镑，更重要的是，

[1] Hansard-Commons Chamber,Volume 511，Column 2432, 1953 年 2 月 27 日
[2] Hansard-Commons Chamber,Volume 511，Column 2433, 1953 年 2 月 27 日
[3]《年度报告 1998—1999》, p.28
[4]《年度报告 1950—1951》, p.22

正如《金融时报》所观察到的那样，出口畅销书往往是教育书籍，特别是英语教学方面的指南[1]。"

最后，英国文化教育协会的语言推广也是英国政府赋予的任务。比如在丘吉尔执政英国时期，丘吉尔力推基本英语（Basic English）项目，协会也"已采取步骤将基本英语作为一种国际辅助语言加以推广。"[2]

在内阁委员会讨论基本英语（Basic English）后，英国首相于1943年3月9日在下议院宣布英国政府关于发展基本英语作为辅助国际和行政语言的政策。英国外交部通过英国文化教育协会承担基本英语推广的主要责任。英国政府组建了一个跨部门委员会，由英国文化教育协会提名一名主席。"英国文化教育协会将在切实可行的范围内，在任何可能需要基本英语教学的领域，将基本英语教学列为其活动之一，以作为国际交流的辅助媒介。这将是对英国文化教育协会为促进英语教学而开展的更一般性活动的补充，而不是替代"。[3] 英国文化教育协会开展的主要活动是安排将普通英语和外语的科学、技术和一般文献翻译成比基本英语，并增加基本英语教学手册的供应。

[1]《年度报告1951—1952》, p.4
[2]《年度报告1944—1945》, p.157
[3]《年度报告1943—1944》, p.122

第二节　英语教学

在英国文化教育协会语言推广初期，英语在世界上的地位才刚起步。例如，即使到了 1950-1951 年，西班牙大学里也没有专门学习和研究英语的院系；在比利时和其他一些国家，教授英语只是大学日耳曼语课程的一部分，即使在拉丁美洲，英语系也是刚刚建立。

因此，促进中小学和大学的英语教学一直是早期英国文化教育协会的主要目标之一，而且"显然应该是其主要目标之一"。1942-1943 年英国文化教育协会认为"协会的教育兴趣首先在于英语教学"[1]，"在任何时候，都有数千名学生在协会的帮助下直接或间接地学习英语"。[2]

在 1946-1947 年中，英国文化教育协会决定"原则上不从事小学英语的直接教学，认为这最好在该国的学校进行，英国文化教育协会的任务是与有关国家的教育部合作，应协助提高英语教学水平。这是通过协助选择合适的教师、与当地教育当局合作在外国开办暑期学校，以及将教师带到英国参加课程，有时还与英国教师合作来实现的。要实现英国文化教育协会的目标，还有许多工作要做。"[3]在一些国家，英国文化教育协会认为，由于该国学校的低水平以及当地社区对保留英国学校的高度重视，不应放弃直接教授英语。

1947—1948 年英国文化教育协会的教育工作稳步发展。在英国文化教育协会运作的国家，重点是培训英语教师。英国文化教育协会 1949—1950 年度报告开始英语教学作为目录中单独的一部分。1956—1957 年资助爱丁堡大学建立应用语言学学院。1960—1961 年度报告系统总结了机构成立以来的英语推广活动。

1948—1949 年 44 个英国文化教育协会控制的英国学院和 29 个受援助的亲英社团控制的中心均开展英语教学，但英国文化教育协会认为直接参与初级英语教学工作是次要的，主要重点是更高级的工作，特别是教师培训。除了语言教学外，大多数英国学院还提供广泛的活动，旨在鼓励人们对英国生活和思想的兴趣。在 1948—1949 年期间，有 44803 名学生参加常规教学课程，26012 名成员只参加课外活动。与英语教师保持联系的最重要的方法之一是提供假期课程（vacation

---

[1]《年度报告 1942-1943》, p.11
[2]《年度报告 1942-1943》, p.11
[3]《年度报告 1946-1947》, p.16

courses），为英语强化教学提供机会，讨论与英语作为外语教学有关的问题，并介绍有关英国人生活和背景的材料。在这一年中，在海外 22 个国家举办了 32 所暑期学校，共有 1600 多人参加。欧洲国家 18 个课程的工作人员得到了英国派出的讲师的协助，在某些情况下完全由这些讲师组成，并安排了 50 名讲师和 4 名学生助理到国外的暑期学校上课。英国文化教育协会负责大多数暑期学校的组织，但在许多国家，国家教育当局的合作是该计划的重要组成部分，并确保了课程的广泛宣传。为那些对英国生活某一方面特别感兴趣的人设立的学习小组（Study Group），例如教师、律师、银行雇员或当地政府官员，在英国文化教育协会海外工作中发挥着越来越大的作用。

1949—1950 年协会认为"从长远来看，世界对英语的需求只有通过其他国家的教育当局通过其自身的教育系统提供充分有效的教学才能得到满足。解决办法不能在于英国文化教育协会试图无限规模地进行直接指导"。因此，协会逐渐放弃了直接英语教学。负责协调海外信息政策的希尔部长（Dr Hill）在 1957 年和 1959 年发表的两份白皮书，史称《希尔报告》[1]。《希尔报告》建议在世界各地的英国学院直接教授英语转变为培训教师如何教学。

英语教学总体可以分为两类，国民教育体系内的英语教学和国民教育体系外的英语教学。

国民教育体系内的英语教学包括海外学校和海外大学的英语教学和英语教职岗位的任命，招收研究生等。英国文化教育协会主要通过三种方式促进国民教育体系外（大学和学校以外）的英语教学：（1）在英国文化教育协会教学中心和亲英社团的课堂上，讨论和讲座不仅有助于教授英语，而且有助于传播对英国文学和生活的兴趣。（2）开设假期课程，主要为英语教师提供英语语言、英国生活和背景的强化教学。比如 1947—1948 年度这些课程在奥地利、比利时、捷克斯洛伐克、丹麦、芬兰、法国、匈牙利、意大利、荷兰、挪威、瑞典和瑞士举办。共有 800 人参加，从英国派来 52 名讲师和 10 名学生助理帮助这些课程。（3）英国文化教育协会为国外政府工作人员、个人、机构和政府提供教育方面的信息和咨询服务 [2]。

英语教学涉及三教问题，即教师教材教法。英国文化教育协会从成立一直到 1940 年，英语推广在三教问题上没有大的发展。二战时期，英国文化教育协会在英国给滞留在英国的海员、盟军官兵、欧洲各国难民提供英语教学，使得协会的

---

[1] The White Paper Cmnd.225
[2] 《年度报告 1947—1948》, p.8

英语推广获得长足的进展，协会开始专门研究英语推广的三教问题。1940 年 8 月 28 日，在政府各部门的一次会议上，决定由英国文化教育协会负责平民和盟军商船船员的教育和文化福利。"向外国人民和因战争紧急情况而居住在英国的外国人教授英语，是一个特殊而困难的教育问题。协会坚信，而且似乎不言而喻的是，掌握英语对确保这些人员正确了解英国有重大帮助。这种知识的扩展是与外国人民发展永久文化关系的最可靠的方法。"[1] 向外国人教授英语的方法问题长期以来一直是一个激烈争论的问题。这样促使英国文化教育协会 1940 年建立英语教学委员会，研究对外英语教学法，建立一套健全英语教学体系。

1940 年英国文化教育协会成立英语教学委员会，对协会的英语推广提供专业指导[2]。委员会由牛津大学希腊语研究专家吉尔伯特·默里教授 (Gilbert Murray) 担任主席。在教法方面，英语教学委员会认为英语教学方法研究是首要的任务，建议英国文化教育协会建立专门的英语教学法培训机构，研究对外英语教学法，建立一套健全和可辩护的英语教学体系。

1941 年协会第一次在雷丁大学为前往哥伦比亚的一组教师开设了英语教学法培训课程。英国文化教育协会希望英语教学委员会"研究最有效的英语教学方法，研究最有效的方法向外国人教授书面英语和口语。"[3]

1952—1953 年度报告认为"在过去，英语在教学时被视为一门严格的学术科目，类似于希腊语和拉丁语，过分强调笔试，过分注重语法细节。在未来，理解和被理解，其次是流利的阅读，将是最重要的；这些修订后的目标需要一种新的方法。"[4]

在教师方面，英语教学委员会建议英国文化教育协会建立一支常设工作人员和教师队伍，颁布海外教师服务条件，对协会任命的教师进行适当的培训。英国文化教育协会的政策主要是尽可能鼓励和协助外国学校、大学和成人教育团体发展英语教学。因此，它特别重视帮助海外英语教师完成任务的学校活动。根据这项政策，英国文化教育协会在其海外中心为英语教师组织定期短期课程和学习小组，并在海外和英国举办假期课程。除了学习语言、文学、英国生活和制度外，所有这些课程的一个重要内容是详细讨论教学方法和教材。例如，1942—1943 年波兰政府要求英国文化教育协会协助为战后的波兰中学培养英语教师，并与教育委员会和苏格兰教育部合作，为选定的教师制定了为期四个月的培训课程计划。

---

[1] 《年度报告 1940—1941》，p.27
[2] 1940 年的英语教学委员会（Committee on English Teaching）成员详见附录。
[3] 《年度报告 1941—1942》，p.93
[4] 《年度报告 1952—1953》，p.36

除了教学科目的指导外，他们还将接受波兰政府关于波兰科目（包括波兰语）的指导。

1941—1942 年度英国文化教育协会试图满足海外英国学院和亲英社团对英语讲师和教学人员的要求。由于对人力的需求日益增加，"这项任务一直是一项艰巨的任务。英国文化教育协会已考虑了所有可能的征聘方法，并准备接纳年龄稍大的男子参加其工作。还尽一切可能考虑妇女的就业问题。已试图不降低任用标准，因此一些地区要求增加人员的要求没有得到充分满足。在即将到来的一年中，整个征聘问题必然会达到一个关键阶段"[1]。

由英国文化教育协会或通过英国文化教育协会任命海外职位的教育和行政任命的岗位其中包括：伊斯坦布尔大学的五位英国教授；英国文化教育协会驻瑞典、比利时、刚果和哥伦比亚的代表；美洲西班牙语国家首席代表和首席代表助理；中东地区的英国学院 12 名讲师；中东和土耳其的 5 个行政岗位；科英布拉大学（Coimbra）、乌普萨拉大学（Uppsala）和蒙得维的亚（Montevideo）大学的讲师；英 - 巴文化协会的 6 名讲师；哥伦比亚英国学院 4 名讲师；圣地亚哥、瓦尔帕莱索（Valparaiso）和康塞普西翁（Concepcion）等学校的校长或教师。

在英国文化教育协会的"敦促下"[2]，1948 年伦敦大学教育学院[3]成立应用语言系，这是当时英国唯一一个专门从事外语教学研究并进行海外培训的专门部门，为英语的海外推广提供理论研究，开始培养海外英语教学志愿者和教师，解决海外英语推广师资短缺问题。除了培训海外本土的英语教师之外，英国文化教育协会直接向海外派遣英语教师从事英语教学。如，1950—1951 年度，通过英国文化教育协会在国外正规教育机构中工作的英国英语教师人数为 150 人。

教材方面，早期英国文化教育协会很少关注。在下文中，二战时期英国文化教育协会曾出版了波兰语、捷克斯洛伐克语、荷兰语和挪威语版等语种的《基本英语》（Basic English）教材。1941—1946 年间英国文化教育协会开展了图书出口计划，其中图书出口有限公司还负责向世界各地的学生提供课本，特别是剑桥考试的课本。1945—1946 年英国文化教育协会的一名工作人员编写了一本初级英语手册（Handbook of Elementary English），并在埃塞俄比亚政府出版社印刷，这是第一本用阿姆哈拉语[4]编写的外语教科书。5000 册由教育部出版，供学校使用，另有 3000 册由埃塞俄比亚军队出版。

---

[1] 《年度报告 1941—1942》，p.93
[2] 《年度报告 1968—1969》，p.12
[3] 爱丁堡大学（1957 年）和利兹大学（1960 年）也分别成立了应用语言学系。
[4] 阿姆哈拉语 (Amharic) 是埃塞俄比亚的官方语言。

第三节　英语考试

英国文化教育协会首先推广英语考试。随着语言熟练程度的提高，参加剑桥英语证书考试（Cambridge Certificate of Proficiency）的学生数量大幅增加，1943年期间，在英国有近600名考生参加了剑桥英语证书考试，其中大部分是盟国成员。

1945年期间，英国和海外的4000多名学生和教师参加了剑桥英语证书考试初级证书和熟练证书的考试。1945年12月，英国首次举行了一次高级考试，当时有16名考生参加了考试，其中10名是英国文化教育协会的教师，获得了英语学习文凭。

经过协会的推广，这些英语考试在欧洲越来越流行，英国文化教育协会负责在比利时、捷克斯洛伐克、法国、荷兰和意大利开设新的测试中心。1945—1946年度中，共有842名考生（517名协会学生和325名外部学生）参加了协会的考试。很多国家开始将剑桥英语考试作为英语教师的从业资格之一。如，在巴西，剑桥英语熟练程度证书1951年被正式确认为巴西学校英语教师的资格。

1946年英国文化教育协会继续通过设立和管理考试中心，在海外国家赞助英国考试机构的考试。1946年12月，24名考生中有17人通过了英语学习文凭考试。在1946年6月和12月，有486名海外考生通过了能力考试，1180名海外考生通过了初级证书考试。1947年6月，有407名海外考生成功报考英语水平证书考试，1038名海外考生成功报考英语水平证书考试。

其次，英国文化教育协会开始开发自己的考试。"虽然电影和图书馆书籍可能是教育药丸的糖衣表面，但考试是其本质，英国文化教育协会被要求进行具有世界声誉和恒定标准的英国考试。"[1]

1941年英语教学委员会建议英国文化教育协会和剑桥大学合作开始海外考试开发。英国文化教育协会自1941以来与剑桥大学的地方考试联合会（Local Examinations Syndicate，UCLE）合作，在海外开发和提供英语语言测试，包括英语测试组（English Language Test Battery）和雅思考试（IELTS）。该项目由地方考试联合会和澳大利亚IDP集团[2]共同管理。

---

[1]《年度报告1952—1953》，p.38

[2] IDP教育集团由澳大利亚政府1969年出资建立，是全球最大留学服务公司之一，前身为澳大利亚教育国际开发署。IDP全球业务涉及留学服务、雅思（课程）考试和发展调研三大领域，为有志留学美国、澳大利亚、英国、加拿大、新西兰等英语（精品课）国家的学生提供留学服务。同时，IDP也是IELTS（雅思考试）三大主办方之一。

第四节　英语期刊

英国文化教育协会创立了《英语语言教学》等期刊，强化英语教学研究，助力英语推广。

英国文化教育协会在创立著名的《英语语言教学》之前，已经在在部分国家如土耳其和瑞典做了创办英语教学期刊的相关尝试。

为满足土耳其人对英国信息和英语的需求，协会"1941—1942 年一项重要的创举是推出了两种英语周刊。"英国文化教育协会 1941 年在土耳其创办《英语副刊》（The English Supplement to Realite）和《你会说英语吗？》（Do You Speak English?）两份周刊，由 S.Balister 担任主编，专门针对土耳其读者群。前者介绍英语文学和文化，后者关注英语学习。当时，"它们是土耳其唯一专为土耳其读者编写出版的英文期刊。"[1] 英国文化教育协会在开办英语周刊的同时，资助土耳其唯一的英文期刊《商会杂志》（Chamber of Commerce Journal）以改善其外观和发行量，并使其内容多样化。

1943 年，协会在土耳其办的《英语副刊》第 93 期之后更名为《评论》（Review），由周刊改为月刊，成为一份独立的英语和土耳其语双语文化期刊，"这是土耳其唯一一份包含英文文章的月刊"。《你会说英语吗？》周刊内容有所改进，发行量有所增加，"已经成为土耳其文化生活的一个永久特征"。

1945 年 4 月双语周刊《你会说英语吗？》在出版第 231 期后停止出版。

1943 年英国文化教育协会在瑞典创办英语学习刊物《Things English》。1944 年售出 54700 本，每年订阅量为 7374 册，大部分在中学，已进入瑞典英语教学的各个领域。1947 年《Things English》在斯堪的纳维亚半岛各地发行，发行量增至 11000 份，比 1945—1946 年增加了 50%。1947—1948 年协会的英文期刊《Things English》达到了纸张定量供应所允许的最大发行量 9500 份。

"作为英国文化教育协会总体政策的一个组成部分，"协会 1946 年 10 月编辑和出版 (English Language Teaching Journal) 第一期，专门介绍英语作为外语的教学，是当时"唯一一本专门研究海外英语教学问题的英国期刊"，主编是霍恩比 (A.S.Hornby)。霍恩比于 1922 年从伦敦大学学院毕业，随即从事英语教学和科研

---

[1]《年度报告 1941—1942》，p.42

工作。1930 年到日本教英语。1940 年英国文化教育协会委派他到中东担任语言顾问和教师。1942 年回到英国后,他继续为英国文化教育协会工作,1946 年创办了《英语语言教学》。[1]

1949—1950 年,《英语语言教学》一年发行八期,总发行量现已达到每期 6736 份,其中 73% 是付费订阅者。1960 年"这本期刊在国际上享有盛誉,发行量很大,随着其在英语教学和英语学习领域的权威地位的确立,它已经成熟,并交由牛津大学出版社作为独立期刊出版,协会继续与它的方向保持联系。"

英国文化教育协会还在在印度出版了一份季刊,该季刊专门讨论英语教学问题。它是为英语教师设计的,第一期在 1954 年 5 月出版。

从 1946 年 1 月 1 日起,英国文化教育协会接管了盎格鲁 - 希腊评论,该评论先前由盎格鲁 - 希腊信息服务局(Anglo-Greek Information Service)出版。本期刊包含英国和希腊著名作家在文学、艺术、音乐、科学等方面的贡献。该书由希腊文学评论家乔治·卡辛巴利斯(George Katsimbalis)编辑,他是一位著名的现代希腊诗歌英译译者。《评论》在希腊同类期刊中发行量最高,自从被英国文化教育协会接管以来,它的范围大大扩大,并在严肃的知识界引起了更广泛的兴趣。1947 年英国文化教育协会在希腊创办了《盎格鲁 - 希腊评论》(Anglo-Greek Review),这是一本文化期刊,"其发行量超过任何希腊文学评论期刊"。

---

[1] https://warwick.ac.uk/fac/soc/al/research/collections/elt_archive/halloffame/hornby/life/

第五节　语言推广路径

英语教学是英国文化教育协会早期语言推广的重点。早期，英国文化教育协会通过提供资金支持的方式资助一些机构和大学进行活动，开展英语语言教学。协会采用的主要方法如下：

1. 在国外建立新的或支持现有的英国文化中心和英国学院。

2. 鼓励国外新的或现有的亲英社团。

3. 鼓励并在必要时组建英国海外学校。

4. 鼓励外国学校和大学开设英语。

5. 鼓励所有上述机构和其他机构学习英语。

6. 从海外国家招收本科生或研究生，在英国接受教育、学习或工业培训课程。

7. 通过新闻服务、电影、文学发行、展览、讲座、音乐会和戏剧表演等媒介向海外公众广泛传播。[1]

一、英国学院

英国学院 (British Institutes) 是英国文化教育协会早期在各国建立的教育和研究中心。

英国学院最初并非英国文化教育协会创设。在英国文化教育协会创建成立之前，英国学院已经在意大利和法国存在。1918 年，一群英国在意大利的居民、意大利亲英人士和意大利教授在佛罗伦萨成立了一个英国学院。当时在意大利建立的其他英国学院因缺乏管理和资金而消失。但佛罗伦萨英国学院在英国政府的资助下幸存下来，并于 1923 年获得英国皇家宪章。1927 年，英国在巴黎成立了一所英国学院，作为英国大学和索邦大学之间的联系纽带。20 世纪 20 年代英国政府的各种报告（如前文提到的蒂利委员会建议在海外一些国家的首都建立英国学院等）欢迎成立英国学院的建议，但建议外国人学习英语的合适地点是在他们的学校和大学。

1934 年英国文化教育协会成立后，首先利用巴黎和佛罗伦萨已建立的英国学院开展英语教学，并在欧洲等地区推广英国学院模式。到 1941 年，英国文化教育协会已在马耳他、塞浦路斯、巴勒斯坦、埃及、伊拉克、西班牙、葡萄牙、法国、

---

[1] 《年度报告 1940—1941》，p.22

意大利、希腊、南斯拉夫、保加利亚和罗马尼亚等国设立了英国学院。1941 年仅埃及一个国家，英国就建立了 10 个英国学院。1942—1943 年协会在海外建立了 28 个英国学院，1945 年英国文化教育协会成立十周年时，已在全世界建立 99 个英国学院。

从 1941 年夏天德国占领东南欧到 1945 年春天，英国学院的学生和成员总数从 5890 人增加到 24700 人，平均从 293 人增加到 633 人 [1]。1945—1946 年英国文化教育协会海外最著名的英国学院之一是位于马耳他的瓦莱塔（Valetta）的英国学院，约有 3000 名成员。

英国文化教育协会所建立的英国学院不单纯是英语语言学习中心。

埃及英国学院的主要目标是填补过去 15 年中大多数英国官员从埃及撤走所造成的部分空缺。直到 1925 年，大多数埃及公务员在其职业生涯的许多阶段都与英国人密切接触，但最近，新一代公务员已经成长起来，他们从未见过英国人，与英国人交谈过，也从未与英国人共事过。因此，许多埃及人从未有机会了解英国。这些英国学院旨在提供设施，使任何埃及人都能与英国人保持联系，了解他们的思想和想法。[2]

从上面的引文可以看出，英国学院"应该成为英国的一个缩影，成为所在国英国文化和思想的投影仪。"[3] 因此，英国学院有图书馆、阅览室、俱乐部等，有社交活动、游戏阅读、舞蹈、远足、辩论、体育课等。

1951—1952 年英国文化教育协会在其自己的英国学院和中心，向拉丁美洲以外 11 个国家的 18500 名付费成人学生教授英语、文学和英国习俗等。其中，大约 28% 是大学和其他学生，23% 是专业人士律师、医生、公务员、陆军和空军军官等，22% 与工商业有关。

1959 年的希尔报告 (Hill Report) 建议取消英国学院的直接英语教学，改为面向英语教师的教学。[4] 英国学院从 1993—1994 年开始在年度报告中消失。

二、亲英社团

早期，在拉美地区的推广活动主要是通过亲英社团进行，比如 1940—1941 年度报告附录列出了拉美地区阿根廷、智利、秘鲁等国的 22 个主要亲英社团。在欧洲地区主要通过英国学院进行。英国学院与亲英社团的区别在于，英国学院直接受英国控制，亲英社团是对象国建立的社团，受到英国文化教育协会的资助。二

---

[1]《年度报告 1944—1945》，p.7
[2]《年度报告 1940—1941》，p.50
[3]《年度报告 1940—1941》，p.24
[4]《年度报告 1983—1984》，p.37

战前，英国文化教育协会资助了"不少于 250 个亲英社团，其中许多在法国、德国、荷兰和斯堪的纳维亚"。[1]

鼓励海外机构和社团从一开始就是英国文化教育协会的主要活动之一。除了佛罗伦萨和巴黎的两个著名的英国学院、许多欧洲国家存在的众多社团以及布宜诺斯艾利斯和蒙得维的亚的两个成熟的文化社团之外，在英国文化教育协会的支持下，一些重要的较新的机构已经或正在组织起来，特别是开罗的盎格鲁—埃及联盟，里约热内卢、圣保罗、圣地亚哥和利马的文化协会和南京的中英文化协会。[2]

英国文化教育协会在拉丁美洲的语言推广主要依赖于亲英社团。1940 年拉丁美洲的亲英社团总共有 8000 多名学生，雇用了 100 多名英语教师。[3]

亲英社团中最有代表性的社团是在布宜诺斯艾利斯成立已久、自给自足的阿根廷英国文化协会 (Argentine Association of English Culture in Buenos Aires)。布宜诺斯艾利斯的阿根廷英国文化协会是拉丁美洲亲英社团的先驱，是拉丁美洲最大的亲英社团。它 1927 年由马尔科姆·罗伯逊爵士（Sir Malcolm Robertson，1941 年担任英国文化教育协会第四任主席）在那里任职时就成立了，拥有 800 名会员和 5000 名学生。罗伯逊爵士曾任驻阿根廷大使，在布宜诺斯艾利斯组建了南美洲第一个也是最繁荣的亲英社团——阿根廷英国文化协会。

阿根廷英国文化协会一直是自给自足的，处于非常良好的财务状况。到 1941 年 9 月，该协会年底有 709 名会员；在这一年中，共有 4064 名学生注册。最高出勤人数为 3261 人。这些学生上课时，平均每班 26 至 29 人。在 3261 名学生中，762 名为 6 岁及以上的儿童，协会特别关注儿童班的组织和适当运作。该协会使用自己的英语教学教材《阿根廷英语丛书》（the Argentine English Series），该丛书被协会外的学校和私人教师广泛使用。

协会的图书馆藏书超过 5000 册。阅览室有 35 种英文期刊。在这一年中，共有 17 次关于一般科目的讲座，3 次用西班牙语，其余用英语。其中五个涉及英国领土。电影放映很受欢迎，英国文化教育协会提供了 6 部纪录片。观众喜欢看风景片或文学片。该协会总共雇用了 42 名工作人员，其中包括 29 名教师。[4]

1941 年是拉丁美洲扩张和巩固的时期。几个新的文化社团已经开业，所有社团的学生和成员总数已增至 14000 多人。尤根·米林顿·德雷克爵士（Sir Eugen Millington-Drake）在蒙得维的亚担任英国大臣八年后，被借调到协会任职，成为协会

---

[1] 《年度报告 1940—1941》，p.25
[2] 《年度报告 1936—1937》，p.5
[3] 《年度报告 1940—1941》，p.77
[4] 《年度报告 1941—1942》，p.45

第一位西班牙语美洲首席代表。1945—1946 年英国文化教育协会拉丁美洲首席代表尤根·米林顿·德雷克爵士（Sir Eugen Millington-Drake）在四年的成功工作后辞职。在他任职期间，所有拉丁美洲国家都建立了亲英社团，英国文化教育协会的工作进展迅速。

为什么需要类似亲英社团这样的机构？因此，在这些不适宜建立办事处或派遣协会代表的国家或者区域，英国文化教育协会采用支持和资助当地机构，与当地机构合作开展语言文化推广。

1942—1943 年协会在海外和 36 个亲英社团合作。英国文化教育协会在拉丁美洲开展工作的文化社团数量从 1941 年 3 月的 27 个增加到 1945 年 3 月的 46 个，成员和学生总数从 1942 年 3 月的 17348 个增加到 1945 年 3 月的 33344 个，平均人数从 581 个增加到 725 个。[1]

1951—1952 年与英国文化教育协会有联系的拉丁美洲亲英社团和协会共有约 34000 名学生。

第六章 英国文化教育协会书刊推广活动

在海外推广英国图书期刊是英国文化教育协会的一项主要活动。英国文化教育协会开展了一些图书推广项目,通过图书馆、书评计划、书展等增加英国在海外图书市场的份额。英国文化教育协会通过图书推广,促进了英国图书出口贸易,提高了英国学术和思想的可用性和知名度,有力促进了英国科学、艺术、教育、英语语言教学和推广。

第一节　书刊推广动因

英国文化教育协会成立后意识到"国外英语书籍的稀缺性，特别是自二战以来出版的书籍，以及对它们的需求，会让人感到惊讶，许多国家的英文书籍一直令人遗憾地短缺"[1]。同时，英国文化教育协会认为"图书期刊推介是英国文化教育协会一切工作的基础"[2]，通过图书期刊，也极大促进了艺术、科学、教育和英语的推广。英国文化教育协会将图书期刊推广比作是"向海外派遣的价廉物美、经久不衰、影响深远的大使"，"事实上，在生活和思想的任何方面，印刷文字都能作出贡献"[3]。

英国文化教育协会最开始推广图书的目的和用意主要有以下几点：

第一，推广图书期刊以支持英国在海外的各种文化关系。在 1944—1945 年度报告的引言部分，阐述了文化关系，协会认为文化关系可以通过图书促进人们之间的相互理解，图书是深层次文化交流沟通渠道[4]。

第二，英国政府和英国文化教育协会都非常重视在海外推广英国书籍。英国政府认为图书期刊对于传播英国的文化思想具有极其重要的作用，因此加大了向海外推广英国书籍和期刊的支持力度。英国文化教育协会认为图书是最能反映和代表英国，"是英国文化和教育成就的有效投射"[5]。

第三，图书期刊推广是英国在发展中国家援助方案（British Aid Programme）的一个组成部分[6]。无论是二战时期给滞留英国的外籍人士提供书刊还是二战后作为英国政府的代理人在发展中国家开展"图书推广计划""教科书复本借阅计划""低价图书计划""图书馆发展计划""非洲教科书项目"等，还是作为世界银行等国际组织的代理人开展的图书推广项目，这些项目都带有援助性质，是图书援助，具有人道主义色彩，为协会增加了良好形象。

第四，图书期刊推广是英国文化教育协会维持生存的重要经济来源。"图书推广有助于接触广泛的受众，也增加了协会的收入。"

---

[1]《年度报告 1940—1941》, p.31
[2]《年度报告 1941—1942》, p.14
[3]《年度报告 1951—1952》, p.72
[4]《年度报告 1944—1945》, p.8
[5]《年度报告 1977—1978》, p.44
[6]《年度报告 1976—1977》, p.44

第五，图书期刊推广是维系协会语言文化推广可持续性发展的重要因素和重要载体。协会的图书馆和海外国家的图书馆需要英语图书；协会的科学、文化、艺术、教育和语言等推广活动需要图书期刊的支持。英国文化教育协会认为"如果没有书籍，协会的任何工作都不会有多大进展"[1]。1960—1961 年度报告认为苏联和中国的英语书籍在许多国家大量出现，让英国有图书推广的紧迫感。协会认为语言传播后必须推广英语书籍，"开展英语教学方面的工作后的进一步的任务就是帮助英国书籍和期刊流向全世界的英语阅读公众。""书籍是英语教学中的一个重要资源"[2]。"弥尔顿告诉我们，一本好书是大师精神的宝贵生命之血。在许多海外国家，英国书籍不仅是传达我们了解英国信息的媒介，也是学生和其他人获取知识的基本工具"[3]。

第六，英国文化教育协会意识到"图书推广是增加书籍出口的一种方式"[4]。通过英国文化教育协会和英国出版商协会的多年合作推广，"全世界都在阅读英国书籍，有英文版和翻译版。没有其他国家的出版业靠出口其产品的36%生存。"[5]英国文化教育协会图书期刊顾问委员会主席斯坦利·恩温爵士（Sir Stanley Unwin）著名的格言"贸易随书而来"（trade follows the book）已成为一条公理，在医学、科学和技术领域，这一格言更适用于期刊，因为研究的速度太快，书籍无法完全跟上。

---

[1]《年度报告 1940—1941》, p.31
[2]《年度报告 1983—1984》, p.16
[3]《年度报告 1983—1984》, p.16
[4]《年度报告 1977—1978》, p.44
[5]《年度报告 1982—1983》, p.34

第二节 图书期刊推广阶段

一、创设初期的图书期刊推广活动（1934—1940）

前文提到蒂利委员会于 1921 年 2 月提交报告建议在海外建立英式学校和英国机构，开展英语技术文献和其他书籍的传播，以及在一些国家的首都建立包括英国学院和图书馆的英国中心。这些活动也正是后来英国文化教育协会所开展的推广活动。

英国文化教育协会从成立伊始就组建了图书与期刊咨询委员会，由 Stanley Unwin 担任主席，由来自外交部、旅游协会等五人组成。同时专门成立了"选书人小组"(Panel of Book-Selectors)[1]，负责甄选适合语言文化推广的书刊。尽管从一开始就成立了图书与期刊咨询委员会，因为经费严重不足（1935—1936 年政府拨款预算中书刊只占 318 英镑），书刊推广工作没有大规模开展。

图书和期刊委员会最开始的工作主要集中在艺术方面，较少涉及科学。1939年 3 月开始创办协会的第一份期刊——《今日英国》期刊，介绍英国的戏剧、艺术、电影和音乐等。

创设初期，协会的主要任务之一在英国学院建立协会自己的图书馆；在亲英社团、国外大学、教学机构等援建图书馆。因此，为这些图书馆捐赠和提供英国图书和期刊，尤其是介绍英国科学和技术的图书，成为协会的主要任务之一。

1937 年，协会联合英国 117 家出版商，向 51 个国家的 663 家机构提供了2800 种普通、学术、专家和技术期刊[2]。1936—1937 年协会在 37 个国家的 97 个机构建立了大众图书馆；向 11 个国家的 20 个机构提供了专业科学书籍，以弥补这些图书馆中英国科技书刊的不足；给这些图书馆提供英国书目信息，鼓励外国出版社进行书评。在专家和国家图书委员会的协助下，编制了一份名为《英国文明与制度》的参考书目和一份标准图书清单，该清单构成英语图书馆的基础。图书馆与信息局和协会联合编制了一份精选的英国标准科技图书清单，分发给各国科技机构的图书管理员。[3]

除了从出版商采购图书之外，英国文化教育协会还委托英国出版商出版图书，

---

[1]《年度报告 1936—1937》，p.14
[2]《年度报告 1936—1937》，p.7
[3]《年度报告 1936—1937》，p.7

协助英国出版商参加海外书展。1940—1941 年度，英国文化教育协会委托朗文出版社出版了一套题名为《英国生活与思想》（British Life and Thought）的插图丛书，丛书有效传播了英国的文化。

早期的图书和期刊工作主要集中在文学、艺术和教育方面，较少涉及科学。1940—1941 年度报告中英国文化教育协会认为"协会越来越认识到，过去很少注意向国外宣传英国科学、医学和工程的活动和成就"[1]。协会的目标之一，目的是让其他人民更好地了解英国对科学、工程和医学的贡献。[2]

科学咨询委员会成立后第一件工作就是以多语种出版了《科学月报》和《英国医学公报》期刊。

二、二战期间的图书期刊推广活动（1940—1945）

在二战期间，英国文化教育协会向海外提供了大量书刊，但"协会通常不提供直接涉及战争或政治宣传问题的书籍"。[3]1941—1942 年度报告中将英国文化教育协会在海外的推广活动按类型分为书刊、《今日英国》期刊等十一种活动，书刊排在所有活动类型首位。

1940—1944 年纸张短缺严重影响到期刊，限制了图书期刊的规模和发行量，"外国对英国书籍的需求不断增加，这是很自然的；至少在某些方面，英国的声望取决于我们的供应能力。……协会认为书刊出口远不止是一个出口贸易问题。保持质量、品种和数量对所有关心维护英国海外声誉的人都有直接的利益。"

在纸张严重短缺实行供给配置的情况下，协会仍于 1941—1942 年扩大了图书和期刊部，加强了图书期刊推介工作。后来协会成立了一个单独的出口（出版）部门。随着工作的扩大和人员的增加，图书和期刊部被分成成三个办公室，图书办公室、期刊办公室、出版物办公室，三个办公室由一名主任管理。1943 年底，每个办公室人员和工作大大增加，以致于整个图书和期刊部变得臃肿。于是三个科室成为独立的部门，每个科室都有自己的主任。

但英国文化教育协会在二战期间的图书期刊推广活动主要集中在向滞留在英国国内的外籍人士提供书刊文献等。

1942—1943 年英国文化教育协会开展了图书出口计划。

1943—1944 年协会的图书贸易的销售由朗曼斯格林有限公司（Longmans, Green&Co.Ltd.）和英国出版商协会（仅限销售《国际公会丛书》）负责[4]。

---

[1] 《年度报告 1940—1941》, p.119
[2] 《年度报告 1940—1941》, p.43
[3] 《年度报告 1940—1941》,p.94
[4] 《年度报告 1943—1944》, p.113

1945 年 4 月协会不再赞助月刊 Gecit-Review 的出版。1945 年，英国文化教育协会停止出版其报纸《塞浦路斯邮报》（the Cyprus Post）。这份报纸是作为战时措施开始的，因为岛上没有其他英文报纸，但在和平时期，英国文化教育协会对商业报纸的管理被认为是不可取的 [1]。

三、战后的图书期刊推广活动（1946—1954）

二战后，作为英国政府的代理人为海外开发署在发展中国家开展了一系列重大图书推广项目，如"图书出口计划""图书馆发展计划"等。同时作为世界银行等国际组织的代理人开展的图书推广项目。这阶段是英国文化教育协会图书期刊推广的高潮时期，将在后文详述各个图书推广项目。

当时英国并不是仅有英国文化教育协会一家机构在做英国图书期刊的海外推广。同期，英国政府有一个机构，即由海外国务部（Overseas Departments of State）资助中央新闻办公室（Central Office of Information），它也向海外提供出版物。中央新闻办公室为英国大使馆和高级专员办事处的阅览室提供英国报纸和期刊，制作参考资料，包括一本英国综合手册，出版两本杂志、一些插图小册子和一系列小册子，比如 The British Way（英国方式），其目的是简单而真实地解释英国公务员、英国司法或英国警察的工作方式。中央新闻办公室提供的出版物不仅有英文版本，而且有多种语言版本，包括主要的亚洲语言版本。中央新闻办公室出版物全部支出约为英国文化教育协会的两倍，超过 30 万英镑。因此，英国试图通过官方印刷或官方赞助的出版物在海外获得理解和支持的总成本不到每年 50 万英镑。

1946 年协会的新闻和电影部（Press and Films Department）转移到中央新闻办公室，英国文化教育协会某些负责提供建议和监督材料制作的工作人员并入中央新闻办公室。英国文化教育协会决定应利用中央新闻办公室制作和采购材料。但英国文化教育协会保留了部分工作人员，以协调海外需求，并安排获得所需物资。英国文化教育协会将继续为其特殊目的委托拍摄纪录片，但将通过中央新闻办公室获得。

从 1947—1948 年开始英国文化教育协会负责代表英国挑选英国出版商提供的书籍在国际博览会上展出。1948 年 3 月，第一批书展在布拉格和维也纳成功开幕 [2]。

当时在协会工作的 70 个国家中，大多数国家特别是亚洲和非洲对英语学习材

---

[1]《年度报告 1945—1946》，p.21
[2]《年度报告 1947—1948》，p.23

料、专业英语书籍和期刊的需求巨大且不断增长。协会的 100 个图书馆平均藏书量大多不到 2 万册，但每年大约借阅量为 150 万册。

从 20 世纪 40 年代起，英国文化教育协会发展了一个广泛的图书馆网络，为学生、教育专业人士和公众提供信息和印刷资源。英国文化教育协会在 1955 年运营 90 家图书馆。

第三节　图书推广

英国文化教育协会为了推广图书期刊而开展了一些大型的图书推广项目，如图书出口计划，公共图书馆计划，海外出版计划等。还在非洲等局部地区开展了一些小型项目，如 1947—1948 年在塞拉利昂开展乡村书箱计划等，每月借出约 1000 本书。

一、主要图书推广项目

英国文化教育协会作为英国政府的代理人为海外开发署在发展中国家开展了一系列重大图书推广项目，如"海外书评计划""图书推广计划""图书馆发展计划"等。同时作为世界银行等国际组织的代理人开展的图书推广项目。1934—1954 年这阶段是英国文化教育协会图书期刊推广的高潮时期。这些项目"将英国书籍送到学生和其他主要用户的手中，否则他们可能没有此类材料，或者可能不得不依赖不合适的替代版本或盗版。"

（一）海外书评计划（1936—）

为了推广英国图书，推广英国的艺术、科学、文化、教育、语言等，英国文化教育协会实施了一个大型推广项目——海外书评计划（Overseas Reviews Scheme），在自己创办的期刊和外国书刊媒体上刊登书评，介绍英国的书籍。

海外书评计划主要是在外国期刊上发表英国书籍的评论（主题限于科学、技术、医学和社会科学领域）。

英国文化教育协会在自己创办的期刊上刊登书评，介绍英国的科学书籍。比如《英国医学公报》第二卷共 314 页，包括 48 篇原创文章、347 篇文章摘要和 107 篇书评。英国 41 种主要医学期刊的全部文章都在《英国医学公报》期刊指南部分编入索引。

因为期刊版面有限，无法刊发大量书评，因此英国文化教育协会还专门出版了《科学评论》(Science Comment)，每月刊登从 50 多家学术出版社和专业出版社中挑选的科学书评和摘要。[1]

英国文化教育协会还在阿尔及尔、阿根廷、比利时刚果、巴西、智利、哥伦比亚、哥斯达黎加、厄瓜多尔、海地、印度、马耳他、墨西哥、摩洛哥、尼日利亚、

---

[1]《年度报告 1944—1945》, p.150

巴勒斯坦、葡萄牙、瑞典、瑞士、土耳其、乌拉圭和苏联等国的重要报纸和刊物上刊登书评，"这些书评似乎刺激了英国图书的销售需求，以及翻译权的询盘"。[1] 作为交换，协会安排在英国杂志、专业期刊和普通期刊上刊登对外国书籍的书评。[2]

海外书评计划"在关闭办事处的地区，提供了一种手段，使新的英国创意作品和英国科学技术研究成果广为人知"[3]。

表 19　英国文化教育协会书评计划统计（1949—1950）

区域	寄出的图书种类			发表的书评		
	人文	科技	总计	人文	科技	总计
殖民地	502	65	567	303	65	368
英联邦	1091	185	1276	652	79	731
拉美	678	541	1219	602	316	918
中东	147	0	147	79	0	79
远东	0	21	21	0	10	10
东欧	3	24	249	0	167	167
德国与奥地利	312	353	665	130	215	345
西北欧	3892	2833	6725	2433	1915	4348
南欧	1717	1159	2876	1237	1109	2346
总计	8342	5403	13745	5436	3876	9312

1951—1952 年度中，有 10247 篇英国和英联邦书籍评论发表在海外期刊或广播节目上。在 1953—1954 年度，英国文化教育协会共向海外发出了 9148 部图书，收到了 7308 篇评论，向海外图书馆员和学生推荐 784 份参考书目。

（二）图书出口计划（1941—1946）

1940 年时协会已在海外至少 500 个机构中建立或增加了英语图书图书馆。[4] 大量图书馆的建立和图书馆藏书量的需要也催生了英语图书期刊推广和出口的需求。英国政府也认为图书期刊对于传播英国的文化思想具有极其重要的作用，因此加大了向海外推广英国书籍和期刊的支持力度。

为了迅速满足对英国书籍的巨大需求，向海外书商展示和销售的大量图书，英国文化教育协会与财政部、外交部、贸易委员会出口信贷担保部、出版商协会和国家图书委员会进行了密切合作，推出"图书出口计划（Book Export Scheme）"，英国文化教育协会成立了图书出口有限公司（B.E.S.Ltd.）负责图书出口。这项计划是英国政府首次向出口图书贸易提供直接官方援助。英国文化教育协会认为"图书出口贸易是英国唯一一个与海外传播有直接关系的行业"[5]。该

---

[1]《年度报告 1944—1945》, p.134
[2]《年度报告 1944—1945》, p.134
[3]《年度报告 1947—1948》, p 24
[4]《年度报告 1940—1941》, p.31
[5]《年度报告 1942—1943》, p.72

计划旨在鼓励在外国书店销售具有文化价值的英国图书；举办具有商业价值和声誉价值的书籍展览；在外国报刊上对英国书籍进行评论，鼓励出售翻译权，并为在国外出版英国书籍的原文或译文作出其他安排。

图书出口计划的目的是鼓励外国书店销售具有一定文化价值的英国图书，"希望随着时间的推移，英国图书将变得像过去德国同类书籍一样容易买到"[1]。

图书出口计划采取三个措施：（1）为英国书籍的销售提供总体刺激和官方鼓励措施；（2）克服英国图书贸易普遍无法向国外出售或归还图书的问题；（3）克服汇率波动和外国客户无法获得英镑所造成的困难。

该计划的机制如下：英国文化教育协会邀请英国外交使团提交或批准一定数量的被派驻国认可的知名英国书商名录，将图书出口计划的条款传达给这些书商，向他们提供了该计划的书籍清单，并通过国家图书委员会从这些清单中订购。

为此，国家图书委员会1940年3月出版了第一份月度图书清单，包含上一个月在英国出版的英国作者著作，并附有著作内容提要。这份清单仅限于英国文化教育协会和国家图书委员会认为具有某种文化价值的书籍。主要收录了非小说类图书，小说类只包含了著名书籍的重印本和廉价版本。

图书出口有限公司还负责向世界各地的学生提供课本，特别是剑桥考试的课本。海外学生不可能通过出版商订购剑桥考试指定考试辅导材料，因为其中许多已经绝版，必须找到替代品。图书出口有限公司与剑桥考试委员会就批准的替代品保持联系，并库存了剑桥熟练程度和文凭考试所需的所有书籍[2]。

英国出版商可获得出口信贷担保部门的担保，在大多数情况下，除其他优势外，还可以保证付款。英国文化教育协会以低价从英国出版商处采购书籍，然后销售给外国书商。外国书商承担运费和成本，书商可以当地货币付款。如果外国书商在六个月内无法出售订购的书籍，他可以将其退还给英国文化教育协会当地的代表。因此，外国书商在同等的销售或退货条件下获得订购的优势。

图书出口计划原计划首先在东南欧实施。二战使得无法东南欧实施，因此英国文化教育协会首先在拉丁美洲实施该计划。但拉丁美洲的贸易条件和东南欧有显著不同，无论沟通和物流时间也很长。该计划1941年在哥伦比亚、秘鲁、乌拉圭以及伊朗实施。

1946年初，英国政府决定撤销图书出口计划，取消1941年作为战时措施引入的延长信贷期限和销售或退货便利[3]。图书出口有限公司在欧洲以外的所有地

---

[1]《年度报告1940—1941》, p.97
[2]《年度报告1945—1946》, p.110
[3]《年度报告1945—1946》, p.12

区的活动也被削减，因为随着战争结束和正常条件的恢复，订单和付款可以通过贸易以通常的方式进行。1948—1949 年英国文化教育协会根据政府的意愿将其职责移交给中央新闻办公室，不再直接负责海外图书销售。

图书出口有限公司在奥地利、捷克斯洛伐克、匈牙利、波兰、意大利和希腊等国暂时保留。在条件尚未恢复正常的土耳其，图书出口有限公司仍在实施一项转售计划，即从书店、大学和学校接受订单，并将书籍发送给书店、大学和学校出售。

二战结束后，欧洲每个国家的情况不尽相同。英国与比利时、丹麦、芬兰、荷兰和挪威之间或多或少可以进行正常贸易，这些国家不再需要实施图书出口计划。

由于货币困难，与中欧国家恢复正常贸易仍然是不可能。为了迅速满足这些国家对英国书籍的巨大需求，图书出口有限公司将价值 5000 英镑的书籍空运至奥地利、捷克斯洛伐克、匈牙利、波兰和希腊等国。一批类似的货物通过铁路运往意大利。这些书在这些国家中展出并出售给书商，由此产生的订单发送给英国出版商。

自 1945 年 8 月法国政府分配英镑用于进口书籍以来，图书出口有限公司在法国一直与巴黎的专业人士办公室合作。到 1945 年 10 月 31 日，法国政府最初拨给从英国进口书籍的 10 万英镑已经用完。法国政府不时地分配更多的款项，因此到 1946 年 3 月 31 日，总共花费了近 20 万英镑将英国书籍进口到法国。

图书出口计划很好地实现了其目的，该计划在南美各州、英属西印度群岛、埃塞俄比亚和北非等地区发挥了很好的作用，打开了或维系了英属西印度群岛、塞浦路斯、埃塞俄比亚、阿根廷、乌拉圭、智利和巴西等国的图书贸易市场。在二战期间，英国文化教育协会通过图书出口有限公司安排的图书销售达 458679 英镑。1951—1952 年度报告认为英国图书出口价值从 1939 年的 310 万英镑上升到 1951 年的 1490 万英镑，增长近 5 倍。更重要的是，正如《金融时报》所观察到的那样，出口畅销书往往是教育书籍，特别是英语教学方面的指南[1]。"

（三）海外出版计划（1949—）

英国文化教育协会开展的一项规模更大的同类活动是海外出版计划（Overseas Publishing Scheme）[2]。英国文化教育协会发现，在海外销售最好的书籍往往不一定能客观反映英国，不一定是最好的英国图书。同时，外国出版商不愿意发行英国的一些篇幅较长或者科学艺术专业书籍。"一些国家的出版商可能会发现在财

---

[1] 《年度报告 1951—1952》，p.4
[2] 该项目有些类似于目前我国开展的中华文化或学术外译项目。

务上不可能发行我们的一些好书，但如果支付了高额翻译费，他们可能愿意承担大部分成本。这样的安排有很大的优势，可以确保译文是好的——许多译文都糟糕得离谱。良好的生产和合理的价格也可以得到保证"。

因此，英国文化教育协会开始资助海外出版计划。1949 年期间，在这一计划上做了许多有价值的工作，尽管对中国的海外出版计划不得不搁置。英国文化教育协会在意大利安排出版了大约 70 本书，其中包括标准医学著作和一系列英国经典著作。希腊也做出了类似的安排，其中还包括英文诗歌的双语版本，意大利语和希腊语的译本已经开始出版。一位西班牙出版商得到了文本和插图的协助，完成了他的《勃朗特》版本，并安排了土耳其语、波斯语和印度斯坦语的翻译。

（四）公共图书馆发展计划（1943—1992）

在英国文化教育协会交流语言推广、科学、文学和艺术思想及材料的工作中，其图书馆占有特殊地位。1951—1952 年度报告以"协会图书馆"总结了其图书馆建设工作。图书馆是几乎所有海外议会办公室或中心的可视中心。讲座、音乐会、电影展和展览等都是孤立的事件，仅限于某个时间点，但图书馆是一项持续的活动，只有在协会办事处本身关闭时才会停止 [1]。

在英国文化教育协会成立之初，出版商协会授予图书馆特权，使其能够以特别折扣获得书籍，供海外使用，这一特权确认了图书馆在促进其目标方面的重要性。这项有远见的折扣宽减，使协会的图书馆比任何其他依赖公帑的图书馆的藏书更为经济。英国文化教育协会的图书馆系统已发展成为世界上分布最广的图书馆网络，拥有近 90 万册。1945 年之前，协会的重点更多地放在向外国机构，包括亲英社团提供书籍上，而英国文化教育协会自己维护的图书馆大多设在其英国学院中，其中大部分主要是英语学习中心。虽然英国文化教育协会工作的财政拨款总额从 1947—1948 年的 350 万英镑下降到 1951—1952 年的 265 万英镑，从 1947—1952 年，分配给英国文化教育协会图书馆和提交给其他图书馆的书籍的采购金额从 81000 英镑下降到了 20000 英镑以下。其中，只有大约 1500 英镑被分配给了图书推广，几乎都在殖民地（1947—1948 年的相应数字为 19000 英镑，远远超过一半在国外）。

英国文化教育协会图书馆的藏书量因国家而异，视当地需要而定，但国外的藏书量有某些共同特点。海外的协会图书馆本质上是一个特殊的图书馆，不是因为它为外国专家服务，而是因为它的特殊用途。

协会的图书馆藏书有几个鲜明的特点。第一，藏书大部分为英语及其教学方

---

[1] 《年度报告 1951—1952》，p.46

面的作品以及各个时期的英国文学书籍，尤其是诗歌、散文和戏剧方面最重要的当代作品，因为协会认为"小说是了解英国人生活方式的一个很好的渠道，但在实际选择中，更倾向于严肃的小说"[1]。在科学、医学和技术方面，协会图书馆倾向于收录那些英国对有关国家具有特殊贡献的书籍。

第二，英国文化教育协会图书馆一般只允许收录英国作者的作品，但"对于公平和有用地处理英国文明或文学任何方面的作品，作者的国籍和出版地点无关紧要"，也予以收录。

第三，图书馆的藏书还避免政治宣传，"只有在图书馆与信息服务部门共享的地方，才允许使用'政治'书籍"[2]。

第四，图书馆藏书更新速度较快，因为"图书馆必须添置新材料，否则它们就不再重要了"。英国文化教育协会图书馆的阅览室收藏英国最新报纸、周刊和月刊。根据图书馆读者的已知需求和兴趣，尽可能提供具有充分代表性的英国期刊文献。从英国出版商获得的书籍和期刊大部分用于维护英国文化教育协会的图书馆。

1948—1949年殖民地的图书馆政策已发生改变。在界定政策的通告第14段中，殖民地事务处和财政部规定，英国文化教育协会今后不应在殖民地建立或维持公共图书馆，并应在各方面情况允许的情况下尽快将其在这方面的责任移交给其他当局。[3]英国文化教育协会不再负责"建立或维护公共图书馆[4]。英国文化教育协会逐步将在殖民地建立的图书馆移交给当地政府。在西非、东非和西印度群岛的附属领土，英国文化教育协会建立了一些图书馆，并正在逐步将这些图书馆移交给地方委员会。

1950年藏书超过5千册的图书馆有近50家，其中15家图书馆藏书超过1万册，还有许多较小的图书馆。1951—1952年英国文化教育协会在国外的图书馆藏书90万册。最大的四个图书馆是里约热内卢、罗马、巴黎和塞拉利昂弗里敦。每月平均借阅量最大的是巴塞罗那、巴黎、马德里和印度尼西亚万隆的协会图书馆[5]。

1951—1952年度报告认为"可以合理地得出结论，这些图书馆在书展、评论服务（在这一年中，有10247篇英国和英联邦书籍评论发表在海外期刊或广播）、书目服务（包括英国图书月报）以及英国文化教育协会自身的教学工作的支持下，

---

[1]《年度报告 1951—1952》，p.46
[2]《年度报告 1951—1952》，p.46
[3]《年度报告 1948—1949》，p.58
[4]《年度报告 1948—1949》，p.23
[5]《年度报告 1951—1952》，p.4

对英国图书出口价值从 1939 年的 310 万英镑上升到 1951 年的 1490 万英镑起到了实质性的推动作用 [1]。"

二、代表性出版物系列

英国文化教育协会自己的出版物以中文、德文、意大利文、阿拉伯文、日文版和波斯文等多语种出版。协会自己的出版物始于 1939 年，在战争期间扩展到十九种语言，并牢固确立了三个著名的系列——英国的艺术、英国的科学和英国的生活与思想。所有英国文化教育协会出版物和宣传册均由格林·朗曼斯通过正常的图书交易渠道进行销售。

1940—1941 年度，英国文化教育协会委托朗文出版社出版了首套题名为《英国生活与思想》（British Life and Thought）的插图丛书。从此，英国文化教育协会先后出版了《国际公会丛书》、《英国贡献》、《英国的科学》、《英国成就》、《今年的工作》等多套系列丛书，丛书有效传播了英国的文化。在这一年中，五本新宣传册以英语、四本波兰语、两本土耳其语和四本西非方言伊博语发行；七个修订版以英文印发；16.3 万册被送往海外供协会使用或赠送给精心挑选的图书馆、学校等，8.5 万册通过书店出售。

1942—1943 年协会的《国际公会丛书》（International Guild Books）在这一年度开始以多种盟国语言出版。1942 年 10 月，英国出版商协会为协会出版了前 12 本《国际公会丛书》。该系列最初仅限于英国盟国的语言，到 1943 年 3 月，已出版了以下几卷：

表 20　英国文化教育协会《国际公会丛书》图书系列（1943）

书名	作者	译名	语种	定价
Come and See Britain	Guy Ramsey	看看英国吧	捷克语、荷兰语、希腊语、挪威语和波兰语	1s
The Life and Growth of the British Empire	J. A. Williamson	大英帝国的生活与发展	捷克语、荷兰语、希腊语、挪威语和波兰语	9d
The British Empire	H. V. Hodson	大英帝国	希腊语、挪威语和波兰语	9d
The British System of Government	W. A. Robson	英国政府体系	捷克语、荷兰语和波兰语	1s
British Ships and British Seamen	Michael Lewis	英国船舶和英国海员	荷兰语	1s

在《英国生活与思想》（BRITISH LIFE AND THOUGHT）系列中，1943 年

---

[1]《年度报告 1951—1952》，p.4

增加了一本 John Price 撰写的新书《英国工会》（British Trade Unions），定价 1 先令。

在《英国贡献》（BRITISH CONTRIBUTIONS）系列中，朗曼斯（Longmans）为协会出版了第二卷《英国对波斯研究的贡献》（British Contributions to Persian studies）。

在 1943 年协会还在朗曼斯出版社出版了新系列《英国的科学》（SCIENCE IN BRITAIN），定价 1 先令，该系列以英语、西班牙语、葡萄牙语和俄语出版。

表 21　英国文化教育协会《英国的科学》图书系列（1943）

书名	作者	译名
British Agricultural research: Rothamsted Experimental Station	Sir John Russell	英国农业研究：罗瑟斯特德实验站
The Royal Institution	Thomas Martin	英国皇家学会
The Steam Turbine and other Inventions of Sir Charles Parsons	R. H. Parsons	查尔斯·帕森斯爵士的蒸汽轮机和其他发明
Science Lifts the Veil	Sir William Bragg 等	揭开科学面纱（广播讲座）
The History of X-Ray Analysis	Sir Lawrence Bragg	X 射线分析的历史
The Spirit of English History	A. L. Rowse	英国历史的精神

1943 年英国文化教育协会还承担了英国标准协会出版的两本重要的西班牙语图书的部分费用：La Practica Industrial Britanica 和 Productos Britanicos:Guia para Compadors。

1943—1944 年协会还出版了新的系列丛书《英国成就》（BRITAIN AD-VANCES），全部以英语、西班牙语和葡萄牙语出版。该系列旨在举例说明英国各行各业具有社会价值的成就，并将英国描述成为一个进步的、最新的社区。照片插图（每册书包含 25 至 30 幅）是一个重要特征。首次出版发行 12 种，后来陆续又出版了 18 个分册。1945—1946 年协会通过 Longmans，Green&Co.Ltd. 以 12 种语言出版了 41 种小册子销往 63 个国家。

协会还出版了《今年的工作》系列（The Year's Work），介绍英国各行各业的新发展。比如 1949—1950 年第二辑《年度音乐作品》在艾伦·弗兰克 (Alan Frank) 的编辑下发行，由特雷温 (J. C. Trewin) 编辑的《剧院年度作品》首次亮相，罗杰·曼维尔博士（Roger Manvell）和约翰·莱曼 (John Lehmann) 共同编辑第一辑《电影和文学年鉴》于 1950 年出版。

第四节　期刊推广

一、英国文化教育协会期刊推广历史

早期，英国文化教育协会将英国图书期刊推介工作归类为"The Printed Word"。英国文化教育协会从成立伊始就组建了图书与期刊咨询委员会，设立了图书与期刊部。1939年，图书与期刊部只有两名工作人员，处理图书和期刊。

英国文化教育协会并不是从机构创建之时就创办自己的期刊。在协会建立之初，英国文化教育协会一直推广英国国内出版的图书、杂志报刊、学术科技期刊。1936—1937年度报告开始提出推广期刊的目标："增加英国期刊的发行量。"

在推广的过程中，协会认识到"我们自己的出版物很少"，英国文化教育协会发现"还有一些空白需要填补…有必要通过自己的一些出版物来补充这些内容，填补英国出版公司、学术团体或政府信息服务机构出版物未涵盖的重要空白。"英国文化教育协会先后创办了《今日英国》推广英国文化艺术，《科学月报》《英国医学公报》《英国农业公报》等期刊大力推介英国的科学技术成就。在土耳其、瑞典等国家尝试创办了一些英语教学周刊和杂志，促进英语教学。在土耳其、瑞典等成功的经验基础上，为了促进海外英语教学学术研究，创办了《英语语言教学》等学术期刊。

1940—1941年度"英国出版商自愿以大大降低的价格提供期刊"，英国文化教育协会向英国学院、海外亲英社团、英国殖民地、英国的各中心、世界各地的大学等机构提供了35347份英国期刊和报纸，涵盖从普通日报和政治评论到《自然》《画室》《飞行》和《时尚》等流行、文学、技术性或学术性的期刊专业期刊，同时还向滞留英国的各盟国军人、外交人员和平民提供多语种期刊。

英国文化教育协会大规模发行期刊的目的有两个方面：（1）期刊——特别是插图期刊——是全面了解当今英国生活的最佳方法，不受政府影响，因此是英国学院不可或缺的，在任何学校都很有用。（2）科技期刊和学术期刊是向海外传播研究和技术最新发展的最快、最有效的手段[1]。

经验表明，鉴于对专业学科的重视，书籍和期刊的支出应该大致相同；有些

---

[1]《年度报告1944—1945》，p.131

学科的知识通过期刊比通过书籍更好地跟上时代。[1] "与书籍相比，期刊更能反映当下的思想和观点，而对于科学工作者或技术人员来说，期刊是他与其他工作者保持联系并了解当前发展的重要渠道。" [2] 与其他国家的同行交换期刊也是科学界和学术界的普遍做法；英国文化教育协会已经安排了近 3000 次这样的交流。

英国文化教育协会大力推介书刊，除了增加英语的文献占有量之外，还有其深层次目的。因为英国文化教育协会认为"期刊的特殊之处在于，今天的"学术期刊"刊载着明天教科书的素材（the periodical has a spccial part, for the so-called "learned periodical" of to-day carries the material for the text book of to-morrow）" [3]。英国文化教育协会在推介医学英文期刊时发现，"英文版对学习英语的外国医生很有用"。

表 22　英国文化教育协会创办的期刊（1934—1954）

期刊	创刊时间	种类	语种	主题
Britain To-day	1939	月刊	多语种	介绍英国的艺术
Monthly Science News	1941	月刊	多语种	呈现英国科学新进展
British Medical Book List	不详	月刊	多语种	介绍英国医学书籍
British Medical Bulletin	1943	三期	多语种	展示英国医学最新动态
British Agricultural Bulletin	1948	双月刊	多语种	展示英国农业技术
British Book News	1942	月刊	多语种	介绍英国图书
Science Films Progress	不详	月刊	英语	介绍英国电影
Science Comment	1944	月刊	多语种	介绍英国科学
Music	1945	月刊	多语种	介绍英国音乐
English Language Teaching	1946	季刊	英语	英语教学
The Arts and Education	不详	月刊	多语种	介绍英国艺术和教育
British Science News	1947	月刊	英语	介绍英国科学进展

英国文化教育协会的期刊定位明确，服务于特定目的和领域。上述期刊针对协会的艺术、科学、英语三大业务领域。同时，英国文化教育协会创办了协会期刊、员工刊物、协会通讯等服务于机构管理。

二、英国文化教育协会创办的期刊

上表中很多期刊已在前几章节中做了介绍。1955 年的年度报告中英国文化教育协会还在发行的期刊有《英国图书新闻》《英国医学公报》《英国医学图书目录》和《英语语言教学》四种期刊。本章中重点介绍《英国图书新闻》等图书推广期刊。

---

[1] 《年度报告 1951—1952》，p.59

[2] 《年度报告 1948—1949》，p.10

[3] 《年度报告 1944—1945》,p.129

（一）《英国图书新闻》（1942）

《英国图书新闻》（British Book News）是英国和英联邦国家出版的图书月刊指南，以鼓励在国外阅读和使用英国图书。《英国图书新闻》的主要目的是提供具有永久价值的权威参考书目，由国家图书委员会（National Book Council）负责出版。每月免费发行16000份。《英国图书新闻》每月刊登大约250种书（包括儿童图书）的推荐书评，供许多国家的图书馆和图书购买机构使用，它是英国出版的所有主题的最佳图书的重要宣传来源。1944年和1945年的合订本由朗文出版社出版。

《英国图书新闻》是在图书馆协会、Aslib和许多专业图书馆员的帮助下编纂的，其中包括英国出版的唯一一份涵盖所有知识领域的精选、分类和注释图书清单。在多伦多公共图书馆、堪培拉和开普敦国家图书馆、新西兰国家图书馆服务局和其他当局的协助下，英国图书新闻1948年已扩大到涵盖英联邦出版的图书。1948年1月，协会承担了期刊编辑的全部责任。从1954年1月开始，它还发布了重要新期刊的公告。从1973年1月起，《英国图书新闻》以全新的形式出现，每期约250本精选图书，列出了400多本即将出版的图书信息注释主题列表，并刊登英国出版界新闻。每月委托专家撰写一到两篇书目文章，内容广泛，如欧洲法律、热带医学、新约、土木工程、印刷和印度历史。

1982—1983年英国文化教育协会"确认了儿童图书的出口潜力"，正式决定每年出版两期《英国图书新闻儿童图书专刊》（British Book News Children's Books，BBN）[1]。

《英国图书新闻》月刊在1984—1985年里评论了2500种书，该杂志的发行量增加了13%。这些评论缩短了篇幅，增加了报道范围，也更容易用于图书选择。从1985年3月开始，《英国图书新闻儿童图书专刊》出版频率翻了一番，达到每年四次，涵盖更多主题，覆盖面更广。

1987年4月英国文化教育协会重新出版《英国图书新闻》，每月列出约1000本即将出版的图书，向全球8500家图书馆和图书购买者发行。

（二）其他刊物

期刊《即将出版的英国书籍》（British Books to Come）于1944年出版，1945年底，世界各地63个国家的书商、图书管理员和个人都能定期获得该期刊。从1946年1月起，期刊封面印刷了彩色封面。1945—1946年发行量翻了一番。[2]

---

[1]《年度报告1982—1983》，p.17
[2]《年度报告1945—1946》，p.12

第五节 图书期刊推广路径

上文中提到的英国文化教育协会实施的各种图书推广计划"只能在某种程度上满足当地的需要",因此,英国文化教育协会试图以一切可能的方式鼓励当地的图书贸易。英国文化教育协会通过援建图书馆、举办展览和评论刊物、提供图书信息和培训、设立专职机构和专职岗位来推广英国书籍和期刊。协会通过设立图书推广部(Book Promotion Department),通过举办图书期刊展览、每月出版《英国图书新闻》、编辑和分发专家注释图书清单以及海外评论计划,提高海外读者对英国图书的兴趣。

同时英国文化教育协会特别注意学术和技术出版物的供应以及英国和外国学术团体之间的期刊交流。特别是安排了英国学术团体和苏联科学院、中国等之间的期刊交流。其他途径如英国文化教育协会通过培训海外图书馆管理人员和邀请海外出版商或图书管理人员赴英参观考察,宣传和推广英国的图书馆及图书,提高海外对英国图书的认知。

一、建图书馆

图书馆需要藏书量,因此,英国文化教育协会采用建图书馆的路径帮助增加英语的文献量需求量,促进英国图书期刊的推广。比如 1948—1949 年时,英国文化教育协会的海外大大小小的图书馆总共藏书超过 21.5 万册[1]。

"英国文化教育协会的一项传统任务是在无法随时获得英国书籍和期刊的国家提供这些书籍和期刊。通过其遍布全球的图书馆网络,英国文化教育协会不仅鼓励人们阅读英国书籍,而且还鼓励人们购买英国书籍;图书馆还为向发展中国家转让专门知识提供了一个机制,也是获取英国资源的一个重要途径。在一个书籍、期刊和其他学习材料严重短缺的世界,英国文化教育协会的图书馆和图书援助方案具有至关重要的意义[2]。"

从一开始,英国文化教育协会的主要任务之一就是在亲英社团、英国学院建立包含英国图书的通用图书馆,为国外大学或其他机构的图书馆增加英国科学和技术图书。到 1942 年时,英国文化教育协会在至少 500 个机构中建立或增加了包

---

[1] 《年度报告 1948—1949》,p.10
[2] 《年度报告 1982—1983》, p.33

含英国图书的图书馆。这些图书馆需要相当数量的藏书，需要英国各出版商的合作与支持。

英国学院是英国文化教育协会早期在各国建立的教育和研究中心。每个英国学院都配有图书馆、阅览室等。1945年英国文化教育协会成立十周年时，已在全世界建立99个英国学院。图书馆数量多，图书需求量大，因此，英国学院图书馆是英国图书期刊推广的首选。随着英国文化教育协会在海外的图书馆援建和推广，协会图书馆服务和工作以及英国图书馆学的名声在海外得到了确立和广泛认可。"我们在海外的图书馆继续在协会的工作中发挥重要作用，在许多国家，英国文化教育协会对大多数人来说都是指英国文化教育协会图书馆。"

二、年度图书展览计划

由于展览使广大公众能够看到和处理比其他方式更多的书籍，因此展览是英国文化教育协会书籍宣传推广活动的一个主要部分。除了其主要目的之外，它们还激发兴趣，支持英国文化教育协会在其他领域的活动，如英语教学和科学教育，并加强与涉及主题的海外组织的联系[1]。英国文化教育协会通过参加国际书展和举办年度巡回主题展进行图书期刊宣传和推广。英国文化教育协会与出版商协会保持密切联系，平均每年负责约270个英国书刊展览。展览的规模各不相同，从法兰克福书展（这是同类书展中最重要的国际图书交易活动）近6000种图书的英国展台，到几十本书的小型展览，主题涉及从考古学到航空学、从计算机到犯罪学的一般或专业图书和图书馆主题等。

（一）国际书展

英国文化教育协会一直负责英国的海外国家图书展览事务。自1946年开始，英国文化教育协会应英国出版商协会的要求，同意在国际贸易博览会上组织图书展区以来，它几乎负责所有英国图书的海外展览。在交易会上，这些书由英国文化教育协会挑选并展出，出版商免费提供[2]。

从1952年开始，英国文化教育协会代表英国参加法兰克福书展[3]，并负责英国的图书展位。法兰克福书展是世界上规模最大、最重要的图书活动[4]。协会还代表英国参加开罗、巴林、博洛尼亚、新加坡华沙、贝尔格莱德、耶路撒冷、北京

[1]《年度报告1984—1985》, p.43

[2]《年度报告1948—1949》. p.10

[3] 法兰克福书展 (Frankfurt Book Fair) 是德国举办的国际性图书展览，1949年由德国书业协会创办，每年10月第一个星期三至第二个星期一在法兰克福举行，为期6天。其展览宗旨是允许世界上任何出版公司展出任何图书。一年一度的法兰克福书展是全球规模最大的出版行业展会，1976年起设立主宾国。

[4]《年度报告1977—1978》. p.44

和新德里等国际书展。

（二）主题图书巡回展览

主题图书巡回展览（Thematic Touring Exhibitions）提供了一种手段，向精心挑选的目标受众推广一个单一主题的150—350本书。展览主题由协会咨询委员会、海外代表和出版商协会图书发展委员会共同决定，展出的图书由英国文化教育协会或其外部顾问独立挑选，英国出版商免费提供这些主题图书。主题巡回展览以固定的主题选定与主题相关的图书，在世界各国巡回展出。

三、合作推广

在海外推广英国书籍是英国文化教育协会的一项主要活动，在这一领域协会与英国海外开发署、英国出版商、世界银行等有着密切的合作。

英国海外开发署一直是英国文化教育协会的重要合作伙伴和经费来源。英国文化教育协会一直作为其代理人管理和实施三项计划，公共图书馆发展计划、低价图书计划和图书推广计划，进行海外图书馆建设和英国图书推广。

英国文化教育协会和英国出版商协会合作密切。英国出版商早就认识到英国文化教育协会的工作对他们的巨大价值，尤其是其展览对其出口销售的支持。英国出版商认为，英国文化教育协会是英国出版商在市场上成功销售的重要支持。

英国出版商每年免费提供价值约20万英镑的书籍展览，这些书籍都是由英国文化教育协会有关部门挑选的，其中大部分最终被协会自己的图书馆吸收。出版商们需要英国文化教育协会海外办事处提供的关于当地问题和英国图书贸易机会的稳定信息流。英国文化教育协会通过从海外英国文化教育协会办事处收到的有关新书出口机会、教育发展、不断变化的进口法规或版权问题的信息定期传达给出版商协会。

除了直接联合出版商推广英国图书之外，英国文化教育协会还充当中间人，协助外国出版商与英国图书版权所有人就翻译权的出售进行谈判。

第七章 英国文化教育协会的
推广方式与策略

　　前面几章分门别类论述了英国文化教育协会在全球的艺术、科学、教育、英语、书刊等推广活动和推广路径，回答了"推广什么"和"如何推广"等问题。本章从总体上讨论英国文化教育协会的推广目标人群，推广策略，试图回答"向谁推广"，"如何推广"等问题。

第一节　目标人群

根据英国文化教育协会的推广活动，总体来说，其主要目标人群为学生、专家和技术人员。但英国文化教育协会的目标人群在不同时期不尽相同。具体可分为二战前、二战期间和二战后三个不同阶段。二战前主要对象为海外英国学院和亲英社团的学习者；二战期间，主要推广对象为在英国外籍滞留人士、难民、海员和盟国军人等。二战后，英国文化教育协会开始对特定精英和专家群体有选择性的开展推广活动。

一、二战前的目标人群

在推广的初期，英国文化教育协会尽一切可能针对一切对象利用各种计划传播和推广英国的文化。二战前主要对象为海外英国学院和亲英社团的学习者，还有英国在海外的旅居人士。在前面各章节已经详细论述，此处不再赘述。

二、二战时的目标人群

二战时期，英国文化教育协会并没有因为战争的原因而停止推广活动，相反这一阶段的推广活动对英国文化教育协会以后的工作有着重大影响和促进作用。

二战期间，受战争的影响，前往英国的留学生较少。1942—1943 学年开始时，只有 70 名留学生开始或继续他们的学业，这些学生来自阿富汗、阿根廷、巴西、智利、中国、哥伦比亚、塞浦路斯、埃及、希腊、冰岛、印度、马耳他、巴勒斯坦、波斯、新西兰、秘鲁、葡萄牙、西班牙、南非、土耳其、乌拉圭、西非、西印度群岛和南斯拉夫等国。因此，二战期间，英国文化教育协会在英国国内的重点工作是盟军和难民的教育服务工作。

战争导致盟军和难民大量涌入英国。据估计，到 1940 年，仅在伦敦就有多达23.6 万名成年外国人寻求庇护；此后，随着盟军和商船陆战队成员、直布罗陀人等整个社区的成员以及最终组织完善的外国军队的出现，这些外国人的数量有所增加。同时，随着二战席卷欧洲和近东的大片地区，英国文化教育协会此前在法国、波兰、希腊和许多其他国家的工作被转移至英国国内。

早在 1939 年 10 月，英国文化教育协会就考虑通过"何种方式欢迎、款待心烦意乱的流亡者，并确保他们受到礼貌、同情、慷慨和礼貌的对待"。

战争爆发时，大量外国人涌入英国。1939 年秋天，许多波兰公民来到英国，

1940 年夏天,挪威和低地国家遭到德国入侵,最后法国崩溃,大批法国人流亡英国。除了外国难民之外,还有大批盟国军队,滞留在英国的各国外交人员、外国平民、滞留留学生、流亡人士、商船船员、各国海员等及其他们的家眷。

为在英国外籍滞留人士、难民和军人服务工作成为二战时英国文化教育协会的主要任务之一。1941—1942 年度报告中对英国文化教育协会这方面工作进行了全面报告。英国文化教育协会为什么关注这些暂居英国的外籍人士的福利并推广英国的语言和文化,是因为英国文化教育协会意识到:

"必须记住的是,成千上万的这些外国人都处于极度沮丧的状态。他们国家的崩溃、与家园和家庭的分离、未来的不确定性以及对英国的空袭加剧导致了极大的沮丧。因此,在与他们中的许多人打交道时,协会不得不协助确保他们的心态,他们对英国建立某种程度的喜爱,以此为基础,使他们能够学习英语和了解英国的生活方式。很明显,当他们掌握了英语并对他们的临时家园有感情时,他们会对英国和盟国共同战争努力的价值将不可估量地增加,同样显而易见的是,有了这些好感,当他们最终回到自己的土地上时,他们将更适合鼓励他们的国家对英国的友好理解"。[1]

为了满足同盟国流亡人士的需要,1940 年 8 月 28 日,英国海军部、战争办公室、航空部和内政部等部门召开的联席会议决定这些部门共同拨款,由英国文化教育协会负责向在英国的各国外交人员、外国平民、滞留留学生、流亡人士、盟军官兵、欧洲各国难民、商船船员、各国海员等及其他们的家眷提供教育和文化福利。

英国议会向英国文化教育协会拨款,由英国文化教育协会负责管理战争难民、盟军、商船船员的文化和教育福利。英国海军部、战争办公室和航空部也提供拨款,英国文化教育协会负责向在英国的盟军提供英语教学、职业技能培训、英国观光等福利活动。同时,盟国政府也和英国文化教育协会保持着经常性的联系和合作,通过与英国内政部合作,英国文化教育协会向滞留英国的各国外交人员及家属、各国留学生等提供英语教学等服务。

到 1940 年底,协会对"哪些教育和文化方法是开展这项工作的最佳方法已很清楚"[2]。英国文化教育协会在英国各地建立地区办事处和国家中心,为上述人员提供英语教学、教育培训服务、文化娱乐和生活便利等服务。这些办事处由英国文化教育协会在伦敦新设立的一个部门负责管理,该部门最初被称为常驻外国人部 (Resident Foreigners Division),很快更名为国内部 (Home Division)。

---

[1] 《年度报告 1940—1941》, p.131
[2] 《年度报告 1940—1941》, p.132

英国文化教育协会在英国各地建立各个国家中心（如波兰中心、法国中心等），这些中心的工作由四名地区官员负责，总部分别设在伦敦、埃克塞特、利物浦和爱丁堡，英国文化教育协会招募了相当数量的教师和助理（有偿和自愿）在全国各地工作。所提供的援助（根据需要而有所不同）除设立中心外，还包括提供教师、教材、书籍、期刊、音乐会、讲座、电影放映、海报、游戏、收音机、唱机、唱片、乐器、体育训练、观光旅行等。还向同盟国的学生提供了一些补助金。

英国文化教育协会针对不同的人群开展了有针对性活动。

（一）平民

外籍平民的费用由英国文化教育协会承担。平民大致可以分为：1.战争难民，主要是比利时、捷克斯洛伐克、荷兰、法国、挪威和波兰，还有其他国家的难民。这一部分难民基本上都是 1940 年 5 月 9 日或之后到达英国，由英国卫生部负责提供住处。2.战前难民，主要是奥地利人、德国人和捷克斯洛伐克人。3.战争爆发至 1940 年 5 月期间抵达英国的难民，这类难民中绝大多数是波兰人。4.从直布罗陀撤离的人。第一类难民大部分安置在伦敦地区，第二类和第三类分散在英国各地。第四类分布在 30 个中心。根据英国卫生部的申请，英国文化教育协会向为直布罗陀撤离者设立的 30 个中心提供与前三类战争难民相同的教育和文化活动。英国文化教育协会与各盟国政府、战争难民委员会和志愿协会共同合作解决难民问题。英国劳工部国际分部负责难民就业工作，盟国政府提供资金，福利协会负责改善难民生活条件的工作，协会负责提供教育和文化设施。

英国文化教育协会对平民采用的方法主要如下：

（1）开展英语教学。协会面临的第一个问题是为这些难民找到合适的场地上英语课。协会采用英国学院的模式，尽可能利用当地教育部门，和当地教育部分合作，解决校舍和教师问题。只有当地方教育部门无法提供协助时，英国文化教育协会聘任协会自己的教师，并寻找办公场所。

（2）提供书刊。在举办英语教学和其他课程的场所给平民免费分发英语书籍和期刊。

（3）放映电影。英国文化教育协会提供投影仪和放映员，为平民组织了电影放映，主要是在伦敦，通常是在星期天，电影放映一般包括一部故事片、英国文化教育协会的短片（一些是英文的，一些有外语字幕）、一部动画片。

（4）讲座和音乐会。在一些国家中心，协会安排关于英国生活和制度的讲座，举办了灯笼讲座和音乐会。"在确定急需提供音乐的地方，提供了唱机和唱片"[1]。

---

[1] 年度报告 1940—1941, p.134

（5）其他活动。为了使这些场所尽可能吸引人，英国文化教育协会布置了英国国王和王后以及盟国领导人、盟国国旗彩色海报和照片，提供了各种游戏娱乐活动。

（二）商船船员

1940 年 10 月，大量挪威、荷兰、比利时、希腊、法国和波兰商船海员因战争而滞留在英格兰东北部和西北部、西南部和南威尔士等地，"商船船员是英国面临的一个重大问题，而英国当时没有对这些海员提供特别照顾和接待"[1]。

通过盟国政府、盟国和中立国海员委员会（Allied and Neutral Seamens Committee）、海员使团（Missions to Seamen）、英国海员协会（British Sailors' Society）和英国文化教育协会的共同努力，到 1941 年 4 月，大多数港口都有专门供盟国海员使用的房间。

英国文化教育协会意识到"对于海员，可以采用与平民大致相同的方法，但有一个很大的区别，即海员是一个流动人群，而平民是固定的"[2]。不可能为海员组织定期固定的英语课程。除了在港口，一些海员只能呆上几个星期，有些海员可以住上几个月。和平民相比，海员非常希望提高他们的英语知识，他们的教育水平很高，尤其是丹麦人和挪威人。海员们对文学书刊有着极大的需求，特别希望协会能提供他们自己语言的书刊，"而这是当时很难满足的"。

英国文化教育协会对海员采用的方法主要如下：

（1）开展英语教学。英国文化教育协会在海员中尝试了"基本英语"教学实验。英国文化教育协会出版了波兰语和捷克斯洛伐克语版的《基本英语》（Basic English）教材。1940 年底，又出版了荷兰语版和挪威语版《基本英语》教材，费用由荷兰、比利时、挪威等国政府和英国文化教育协会共同承担。

（2）书刊。英国文化教育协会调动国内出版和翻译资源，出版了一批多语种的外文书籍，以盟国各语言介绍有关英国各个方面。免费向海员提供了英语教学课本、字典和短语书。

（3）电影放映。电影放映会在全国各地组织，特别是在利物浦，周日的放映会有 400 至 500 名盟国国民观看，其中绝大多数是海员。"电影放映的需求和范围几乎是无限的。这些电影是最好的间接英语教学方法之一"[3]。

（4）娱乐和文化接触。在伦敦和利物浦，英国大学、学生组织、合作运动组

---

[1] 年度报告 1940—1941, p.135
[2] 年度报告 1940—1941, p.136
[3] 年度报告 1940—1941, p.138

织、扶轮社（rotary club）和工人教育协会为盟军军官、政府官员和海员组织了一些娱乐和文化活动。

（三）国家中心

英国文化教育协会 1940 年最早在伦敦和利物浦开设波兰和捷克斯洛伐克国家中心，为波兰和捷克斯洛伐克的难民、外交人员、留学人员、军人等提供服务。

英国文化教育协会 1940 年 7 月最早在伦敦建立波兰国家中心——"波兰人之家"（英文名称为 Polish Hearth[1]），为波兰在英国的难民、外交人员、留学人员、军人等提供服务。英国文化教育协会在波兰人之家开办英语课，定期举办英国和波兰艺术家的音乐会和周日的茶点舞会。波兰流亡政府也在波兰人之家与其他国家政府打交道，接待他国政要。

1941 年 1 月捷克斯洛伐克英国学院（Czechoslovak Institute）在伦敦由英国外交大臣揭幕成立，成为英国捷克斯洛伐克文化生活的主要中心。

法国英国学院（Institut Français）1941 年从英国议会获得一笔拨款，由英国文化教育协会管理。英国文化教育协会是该学院的执行和财务委员会成员之一，该学院是法国文化的中心。

英国文化教育协会在利物浦租用蒙塔古·伯顿爵士（Sir Montague Burton）的房屋建立盟国中心（Allied Centre，伯顿爵士象征性收取每个月 1 便士[2]的租金），于 1941 年 4 月由肯特公爵夫人殿下揭幕正式开放。该中心为盟国的国民提供英语教学和娱乐活动。该中心在正式开放两周后被空袭炸毁。

挪威海员中心（Norwegian Seamen's Centre）于 1941 年 12 月 7 日由挪威国王 H.M.King Haakon 在伦敦揭幕开放。英国文化教育协会为中心提供了图书馆、电影放映机和无线广播设备等设备，安排英语课程、音乐会和讲座等。

（四）学生和儿童

在英国的盟国和其他国家的学生及儿童的教育被认为是一个日益严重的问题。

除了个人资助外，英国文化教育协会向伯明翰大学支付了 30 名学生的费用，供这些学生参加英语、英国生活和制度等课程。英国文化教育协会向自由法国军事学院、比利时寄宿学校、捷克斯洛伐克寄宿学校、波兰寄宿学校和撤离到英国法兰西学院附属学校提供了援助，为这些学校的儿童指定英语教师，并提供书籍和教材，资金一般由各国政府支付。应英国卫生部的要求，还向直布罗陀撤离者

---

[1] Hearth 在英文中有两个意思，第一是壁炉，第二是温暖舒适的家。可见英国文化教育协会在国家中心命名上用意一语双关。

[2] 1971 年之前，1 英镑等于 20 先令，1 先令等于 12 便士。

的收容中心提供了服务。

（五）盟军航空部队（Allied Air Units）

英国航空部非常重视通过直接和间接的方法向盟军飞行员教授英语。英国航空部委托英国文化教育协会开展这项工作，费用由英国航空部承担。英语教学方面，英国文化教育协会向航空部各个单位提供了 24 名教师。除了英语课程外，这些教师组织有关英国生活和制度的讲座。1940 年秋，航空部指示皇家空军部队如果需要英国文化教育协会提供给盟军飞行员的书刊，就直接与英国文化教育协会联系。英国文化教育协会收到大量请求提供书刊。英国文化教育协会向 100 多个皇家空军部队驻地、维修单位和医院提供了书刊。这些书刊包括：a）学习英语的书，b）关于英国人生活和思想的书籍，c）为初学者准备的简写英语书，d）英国期刊和报纸，e）盟国的期刊和报纸，f）各盟国语言的书籍。

（六）盟国陆军（费用由战争办公室承担）

1941 年 4 月，战争办公室要求英国文化教育协会调查在英国服役的盟军部队的教育和文化需求，并委托英国文化教育协会提供教育服务。英语教学方面，英国文化教育协会向战争办公室推荐了八名教师到波兰军队教授英语。提供书刊方面，英国文化教育协会向波兰和捷克斯洛伐克军队提供波兰语和捷克斯洛伐克语版的《基本英语》教科书，费用由英国文化教育协会承担。定期向他们分发期刊和外文书籍。1941 年英国文化教育协会获得 200 英镑的匿名捐款，使得协会能够为每个国家的盟军军队提供一个小型英语图书馆。

（七）敌国侨民

1940 年 7 月 13 日，英国政府在马恩岛（Isle of Man）开设了哈钦森拘留营（Hutchinson internment camp，俗称"P"营），拘押 1200 多人所谓的"敌国侨民（enemy aliens）"，即当时居住在英国的德国、奥地利和意大利护照持有人。哈钦森营的被拘押者（Internees）集中了艺术家、教授、作曲家、作家、出版商、记者和律师等，因此英国政府委托英国文化教育协会负责哈钦森拘留营的文化宣传，费用由英国内政部承担。英国文化教育协会开展的工作主要有：

（1）提供书刊。英国文化教育协会在哈钦森营建立了图书馆。集中营指挥官在与侨民协商后提交图书清单，英国文化教育协会对这些图书清单进行了检查和补充。英国文化教育协会提供的书籍主要包括教育和技术书籍以及英国经典著作。

（2）讲座。英国内政部请求英国文化教育协会安排有关英国人生活和制度的讲座。1941 年度英国文化教育协会安排七名人员，每位开展八次讲座。

英国文化教育协会给上面 7 类人提供了教育服务和福利资源，其中提供书刊资源是协会的重要工作之一。1944 年英国文化教育协会向英国学院和亲英社团、海外大学和其他学术机构、外国学校和政府部门、殖民帝国的学校以及海外港口的海员中心、欧洲、意大利和中东、英国的自治领和盟军武装部队、中立商船和盟军平民中心提供了大量图书和一千多种期刊，其中"绝大多数是学术性、科学性或技术性的"[1]。

（八）伤员病患

英国文化教育协会还针对外籍伤员病患开展了"医院送书刊计划（Hospital Literature Scheme）"的推广活动。"每当盟国患者在英国任何地方住院时，协会都会得到通知，以便向这些患者提供阅读材料。"[2]

当外籍海员在英国住院时，英国文化教育协会会派人前去探访并赠送英语书籍和期刊。1942—1943 年英国文化教育协会开始向住院的自治领、盟国、殖民地和印度国民，特别是海员分发书籍和期刊。这项计划在英国所有主要港口实施。1942—1943 年第一季度，在 Tyneside 港口，英国文化教育协会向 27 个国家的 267 名患者赠送了 1964 包文献。在克莱德赛德（Clydeside），文学作品被分发给美国、阿拉伯、比利时、巴西、加拿大、中国、丹麦、芬兰、法国、希腊、印度、纽芬兰、巴勒斯坦、波兰、南非、苏联、瑞典和西印度海员。医院送书刊计划于 1946 年 3 月结束。到那时为止，供应给住院病人的期刊数量不断减少。

英国文化教育协会 1940—1941 年度报告认为向盟军、外国难民提供教育和福利资源，不是在做善事和施舍，"协会提供的服务绝不是慈善性质的，因为他们完全能够照顾自己。"[3] "将驻扎在英国的盟军社区视为难民。这是一个深刻的误解。"[4] "英国公众并不总是意识到盟军的高智商——例如，捷克旅至少有一半的职级有大学学位。"[5] 二战时期协会国内部的上述这些工作对协会的发展有着重要的意义。

首先是英国文化教育协会获得和积累了宝贵的针对外国人教授英语的教学经验。英国文化教育协会年度报告认为"向外国人民和因战争紧急情况而居住在英国的外国人教授英语，是一个特殊而困难的教育问题。协会坚信，而且似乎不言而喻的是，掌握英语对确保这些人员正确了解英国有重大帮助。这种知识的扩展

---

[1]《年度报告 1944—1945》, p.131
[2]《年度报告 1943—1944》, p.86
[3]《年度报告 1940—1941》, p.11
[4]《年度报告 1940—1941》, p.11
[5]《年度报告 1940—1941》, p.12

是与外国人民发展永久文化关系的最可靠的方法。"[1] 向外国人教授英语的方法问题长期以来一直是一个激烈争论的问题。这样促使英国文化教育协会 1940 年建立英语教学委员会，研究对外英语教学法，建立一套健全英语教学体系。这些为外国人提供英语教学的经验，不仅有助于在战后在各个国家的语言推广，还为后来的维和人员英语教学、行业英语教学、叙利亚危机等难民提供语言教学积累了经验。英国文化教育协会也获得和积累了宝贵的图书推广经验。为外国人提供图书期刊的经验，有助于在战后在各个国家的图书期刊推广，也使得协会积累了其他语言推广机构不具有的推广经验和优势。

其次是建立了外国人对英国和协会的良好印象。国内部培养这些外国人在战争结束离开英国时"有以英国为'家（Home）'的好感"。协会在二战的推广经历使得"其与伦敦盟国政府、国家中心的持续关系、当地官员与全国各地外国人的联系以及其作为众多政府部门和盟国社区之间联系纽带的地位，它向协会提供了非英国社区的一般看法，这是任何其他机构都不具备的。"[2]

同时，国内部的活动代替了因战争而无法开展活动的英国文化教育协会驻各国的办事处和英国学院，同时也为更多的战前英国文化教育协会活动没有触及的国家开办了"国家中心"（national centres），从而为战后英国文化教育协会能顺利进入这些国家设立代理机构或办事处奠定了基础，也使得协会积累了其他语言推广机构不具有的推广经验和优势。"现在是在英国的盟国政府为战后在其本国进行重建而开始布局人员培训的计划的时候了。他们在过去三年中与协会的密切关系使向协会的寻求帮助成为自然。"[3]

最后，1983—1984 年度报告在协会成立五十周年时总结过去经验时认为"在二战期间，协会学会了如何作为其他组织的代理人（agent）运作。作为英国武装部队的代理人，它为盟军士兵提供的文化和教育服务为它在战后和平时期作为其他组织和政府部门的代理人服务提供了一个宝贵的先例"。[4] 英国文化教育协会承接了联合国、世界银行、英国殖民地事务部、英联邦关系部以及后来的海外开发署等机构的项目和资金，作为这些机构的代理人，在全世界开展活动。

二、二战后的目标人群

当二战结束时，英国文化教育协会又开始关注暂时驻扎在英国还没有撤离的美军和联邦军队。"1943—1944 年在许多重要的发展方向中，有四条值得特别注

[1]《年度报告 1940—1941》, p.27
[2]《年度报告 1940—1941》, p.11
[3]《年度报告 1942—1943》, p.7
[4]《年度报告 1983—1984》, p.36

意：在中国开始有效的工作，医学的重要性日益提高，海外对英国音乐的兴趣日益浓厚，以及为驻英美军提供的服务。"战后，英国文化教育协会除了"引进来"的学生或专家群体服务之外，英国文化教育协会还延续了在战时为盟国海员展开的工作，探访在港口的各国船只，为船员安排游览名胜，通过电影、讲座和课程，以及参观博物馆等当地中心，提供或安排关于英国及其语言的指导。"从协会的角度来看，这项工作是有价值的，因为从数量上讲，海员是从海外来到英国的工匠阶层中最重要的群体。"[1] 作为一项政策，英国文化教育协会尽最大努力欢迎、帮助和指导来自海外的文化、教育、技术和工业交流人员，"并在机会出现时"向海外工匠团体提供其资源。

乍一看，像英国文化教育协会这样的组织与来到这个国家的商船海员有什么关系并不十分明显。"但将自己局限于学术或专业课程肯定是错误和愚蠢的。即使是那些我们自费带到这里的人，我们也越来越倾向于接触工匠阶层。一般的外国工人很难指望出国旅行。因此，从这个词的良好意义上讲，当他们回来时，他们可能会在他们的同伴中施加相当大的影响"。[2]

值得注意的是，英国文化教育协会为赴英留学的学生和到英国的海员这两个群体提供不同顺序的补充服务——主要是为海外学生提供娱乐住宿等福利服务，将其"教育"留给从事该行业的人，如大学；以及为商船海员提供"教育"服务，将其福利留给从事该领域的人，如娱乐餐饮住宿行业[3]。

1948—1949 年度英国文化教育协会官员在英国港口访问了 873 艘来自 29 个国家的船只的 5897 名海外海员。

1948—1949 年海外工作的主要影响是专家、学生和无法访问英国的普通公众。为了协助英国文化教育协会的海外工作人员，从英国定期提供文化信息，无论是书籍、纪录片、留声机唱片、印刷品或期刊，还是讲座，以及偶尔参观展览、艺术和文学、管弦乐队，戏剧和芭蕾舞团，或个别艺人或指挥家。

英国文化教育协会优先考虑的是确保三个主要群体在英国有他们需要的联系，并确保英国在教育和科学、英语和信息服务、书籍和艺术方面提供的最好的东西能够迅速和经济地提供给他们。这些群体是：

(1) 当今的决策者、(2) 他们的潜在接班人,(3) 特别是在英国援助方案的背景下，是那些需要技术技能的人。[4]

---

[1]《年度报告 1948—1949》，p.44
[2]《年度报告 1949—1950》，p.38
[3]《年度报告 1949—1950》，p.38
[4]《年度报告 1988—1989》，p.9

英国文化教育协会在 1988—1989 年的年度报告中总结了机构的目标人群：

英国文化教育协会的工作所依据的原则首先与人有关。正是通过决策者、有前途的年轻人以及那些在其国家的社会、经济和文化发展中发挥具体作用的人，协会才能在国外宣传英国的价值观、专门知识和优秀品质。我们能够通过在英国和国外的综合办事处网络，以及时间、金钱和专业知识的创造性投资来实现这一目标。在 1988—1989 年度，我们 60% 的资源用于将人员带到英国，派遣英国专家出国，并在英国和海外的专业人员和机构之间建立联系。[1]

英国文化教育协会主席大卫·奥尔爵士 (Sir David Orr) 在 1988—1989 年度报告中写下这样一段话：

在年轻一代中，我们接待了成千上万的毕业生，他们正在英国求学，在这个过程中拓宽了他们的视野，结交了朋友，建立了他们将在整个职业生涯中保持的专业联系。这些年轻人涌入英国对我们具有相当长期的重要性。他们将产生新的领导人，推动他们国家的行政、政策、经济、创新和学术生活。(原文即为黑体) ……英国外交部拟增加奖学金计划，将为英国带来有才华和前途的年轻人，否则他们可能会去其他地方。[2]

英国文化教育协会在推广中不断精选目标受众人群，使得推广具有针对性。英国文化教育协会主要目标是年轻人，因为他们是"明天的领导人"。[3] 同时"海外的年轻人正在一个英国无法获得它曾经享受的关注的世界里成长。"[4] 年轻人是自己国家未来的领导人和决策者。[5]

2001—2002 年度报告认为，"年轻人越早开始学习英语，他们长大后发音就越好，他们就越有可能对英语和其他语言以及其他文化采取积极的态度。"[6]

2005—2006 年英国文化教育协会年度报告首次对目标受众采用以下分类：

T1 高层决策者 (T1 High-level decision-maker)；T2 关键影响者或领先专业人士 (T2 Key influencer or leading professional)；T3 有潜力的人 (T3 People with potential)。[7]

在 2008—2009 年度报告中，英国文化教育协会将语言文化推广受众分为三个

---

[1]《年度报告 1988—1989》, p.22
[2]《年度报告 1988—1989》, p.3
[3]《年度报告 1985—1986》, p.7
[4]《年度报告 1986—1987》, p.10
[5]《年度报告 1993—1994》, p.20
[6]《年度报告 2001—2002》, p.24
[7]《年度报告 2005—2006》, p.65

主要群体：[1]

表 23　英国文化教育协会目标人群分类

目标群体	英文名	策略
领导层	Leadership level	通常为他们提供量身定做的方案
影响层	Influence level	通常通过大规模和地方性方案
上进层	Aspirant level	通常通过在线互动、英语教学、考试和服务

在 2009—2010 年度报告中英国文化教育协会将语言文化推广受众分为三个主要群体：

上进层（Aspirants）即有抱负的人通常是接受教育的年轻人，或者是那些刚开始职业生涯的人士。这一类群体以百万计，他们可能是自己网络中的意见形成者，也可能成为影响者；

影响层（Influencers）是在职业中如日中天的或成熟的专业人士、教育工作者、艺术家、科学家、社区或商业领袖以及政策制定者。这对我们来说是一个关键的群体，特别是通过他们，我们可以接触更多的人，并最大限度地发挥我们的影响；

领导层（leaders），虽然这一群体在我们的目标受众中所占的比例很小，但它对于让我们接触更广泛的群体和使我们能够有效地运作是必不可少的。[2]

2010—2011 年英国文化教育协会年度报告对目标受众采用以下分类：

• 社会和社区的领导人，是带来教育和文化政策变化并使我们能够与更多人联系的人；

• 影响者，是职业专业人士、教育工作者、艺术家、科学家和商业领袖，他们与我们一起工作，以最大限度地发挥我们工作的影响；

• 有抱负者（Aspirants[3]），通常是正在接受教育或开始职业生涯的年轻人。他们是意见形成者，有自己的网络，他们有潜力成为下一代的领导者和影响者。[4]

2013—2014 年英国文化教育协会年度报告将目标人群分成三类人：

我们的工作对象主要有三类：在各自领域有影响力的人，如教育工作者和社区领袖；接受教育或开始职业生涯的年轻人；以及少数在各自领域有领导作用的人。[5]

英国文化教育协会在国际上针对那些正在接受教育或开始职业生涯的人。同

---

[1]《年度报告 2008—2009》，p.4

[2]《年度报告 2009—2010》，p.13

[3] Aspirants 这个词早在 1943—1944 年度报告中就出现了，然后在 2008—2011 年间的年度报告中一直出现，以后的年度报告中没有出现了。但在机构计划中 2008—2016 一直出现。

[4]《年度报告 2010—2011》，p.15

[5]《年度报告 2013—2014》，p.12

时还与社区内有影响力的人合作,通常是职业生涯中期的专业人士、教育工作者、艺术家、科学家、社区和商业领袖以及政策制定者。英国文化教育协会认为"通过我们的工作,我们提高了人们对英国在日益重要的市场上所能提供的东西的认识"[1]。

英国和其他国家之间的人员流动是实现英国文化教育协会目标的极为有效的途径。我们把预算的三分之二投资于此。通过关注那些在所选领域有影响力或将有影响力的人,我们发现个人接触是进一步与英国联系的最佳催化剂。[2]

---

[1] 《年度报告 2013—2014》, p.7
[2] 《年度报告 1985—1986》, p.24

第二节　推广方式

总体而言，英国文化教育协会的语言文化推广路径主要有书面传播（Printed Word）、口头传播（Spoken Word）和视觉宣传（Visual Aids）三种。书面传播通常使用的媒介是书刊推广，口头传播在本书主要指以人际传播为主的人员交流进行推广，视觉宣传主要指通过举办展览，拍摄和放映电影等。

一、口头传播（Spoken Word）

（一）人员交流

"英国文化教育协会多年来一直积极发展与各个国家的文化关系，经验表明，个人在这些关系中的个人影响极其重要。因此，英国文化教育协会越来越重视一方面挑选合适的英国文化教育协会工作人员和英国人在世界各地区服务，另一方面从这些国家吸引合适的个人访问英国。毫无疑问，从长远来看，增进个人之间的个人接触是消除误解的最大贡献"。[1]

以人员交流促进推广和传播，在加深英国和其他国家之间的了解与友谊，促进交流与合作，增进理解与互信起到重要作用。人员交流在前面各章节均有提及，是英国文化教育协会推广活动的重要途径和实现方式。人员交流分为两个方向，引进来和派出去。引进来是指英国文化教育协会通过颁发奖学金或其他方式，吸引外国留学生和学者来到英国留学或者交流。派出去是指英国文化教育协会派出英国人士到国外担任职位，开展讲座或者交流等。

1. 引进来

"英国文化教育协会在海外和国内的活动密切相关。英国文化教育协会的目的是向海外人士解释英国。了解英国最好的地方是英国。因此，英国文化教育协会花钱将选定的交流人员带到英国。"[2]

早期，英国文化教育协会将所有赴英人员称为"来访者"（visitor）。英国文化教育协会资助访问英国的交流人员大致分为四类：1. 资助具有高学历或技术资格的研究生在英国留学一年，获得协会奖学金来英国留学的学生称为"英国文化教育协会学者（British Council Scholar）"；2. 助学金（bursar）获得者，为专业人士、

---

[1]《年度报告 1952—1953》，p.24
[2]《年度报告 1948—1949》，p.11

技工等，在英国接受三个月技术工程培训；3. 参加英国文化教育协会举办的各种课程，在英国接受数周短期课程培训的外国人；4. 外国专家。

后来，英国文化教育协会为了为了便于管理，将来英国留学和交流的人员分成三类，课程、学生和交流人员（Courses, Students, Visitors），并分别成立了课程部、学生部和交流人员部。课程部负责在英国为海外人士举办短期课程，通常为期三周，并收取课程费用。学生部负责颁发研究生奖学金（一至两年）和短期助学金（三至六个月）。交流人员部负责外国专家和专业人员的交流，此时 Visitor 仅指外国交流人员。

除了前文讨论过的留学生，协会除助学金获得者和联合国研究金获得者之外，还负责接待了自费留学生、游学人员、访问学者等。

1945 年大约 80 名自费学生或者外国政府奖学金资助的学生来到英国留学，1950 年为 175 名，1954—1955 年为 534 名。为了满足日益增加的自费访英群体，1947 年 3 月英国文化教育协会交流人员部新成立了一个部门，负责组织专业和技术团体的交流访问，这些国外团体人员经费自付，英国文化教育协会协助他们安排在英国的考察活动，协会提供的福利服务包括抵达时的会议和登记安排、配给文件、住宿、医疗保险、探病、安排与有关的特别旅行以及出发时的送行。该部门在 1947 年 3 月一个月里负责安排 12 名瑞典航空学生的访问英国；来自斯堪的纳维亚的 23 名教师；19 名挪威技术学生；10 名葡萄牙学生；来自瑞典的 14 名园艺学生。有了专门的部门之后，英国文化教育协会在这方面的工作显著加强。1946—1947 年度应专业研究委员会的邀请来英国并了解英国生活的个人交流人员人数为 564 人，是前一年的两倍多，英国文化教育协会为这些交流人员安排了广泛的访问和个人接触计划。

1945—1955 年 10 年间，英国文化教育协会总共接待了 35726 名到英国的留学生和交流人员。其中赴英国参加培训课程的人员最多，共 17304 人（含 1945 年的盟军人员 4651），其次是交流人员 6477 人。战争的影响在 1945—1946 年的数字中是显而易见的，当时在 5426 名海外交流人员中，有 4651 名美国、自治领和欧洲盟军人员参加了休假课程。第二年，交流人员人数降到 2187 人，恢复到较正常的状态，交流人员在随后几年稳步上升，在 1954—1955 年度略低于 4000 人。

从区域上看，1945—1955 十年间，来英国交流最大的群体由来自欧洲国家，特别是北欧和西欧地区的交流人员组成，大约占总数的一半。这其中的一个原因是，英国邻近且交通便利，这使得大量欧洲人有可能来参加短期课程或学习旅行。战后的几年里，急于恢复联系的欧洲国家为英国提供了约四分之三的海外交流人员。1950 年左右，由于东欧国家的退出和中国学者的流动停止，交流人员发生了地域变化。来自德国、奥地利和南斯拉夫的交流人员人数有所增加；来自缅甸、印度尼西亚、泰国以及后来的日本的学生抵消了中国学生的减少。

表 24　英国文化教育协会人员交流区域分布统计（1945—1955）

区域	课程	游学	BC 学者	自费生	交流人员	助学金	联合国研究人员	10 年总计
殖民地	340	586	339	5	810	232	99	2411
英联邦	832	37	235	38	730	109	1118	3099
美国	1846	19			35		43	1943
拉丁美洲	157	227	421	198	655	75	131	1864
中东	666	85	291	918	542	187	375	3064
远东	149	74	471	226	582	60	328	1890
东欧和中欧	1565	211	321	145	848	128	195	3413
北欧和西欧	5696	1349	522	187	1705	231	236	9926
南欧	1402	319	456	391	570	176	151	3465
盟军人员	4651							4651
总计	17304	2907	3056	2108	6477	1198	2676	35726

其次来自英联邦和殖民地的交流人员是第二大群体，占总数的五分之一到四分之一。其余主要来自中东、远东和拉丁美洲。来自英联邦的交流人员人数急剧增多。

面对剧增的交流人员，英国文化教育协会的相应支付却急剧减少。英国文化教育协会主要通过联合国及其专门机构的研究金和奖学金方案、安排外国政府奖学金和私人学者、开办自费课程和考察团实现逐渐减少资助最开始，到英国的访问人员多为受到英国文化教育协会的资助的特邀人员，在 1947—1948 年，英国文化教育协会人员交流工作总共花费了 27.9 万英镑：其中，19.2 万英镑用于奖学金和助学金，6.7 万英镑用于短期交流人员，2 万英镑用于课程。1947—1948 年，英国文化教育协会接待的来访者中有四分之三以上是英国文化教育协会的特邀人员。到 1952—1953 年度，只有不到六分之一的人得到了英国文化教育协会的经济资助，英国文化教育协会用于短期交流的费用降至 8000 英镑。

在 1945—1946 年度，有 66% 的交流人员获得英国文化教育协会全额或部分资助。1954—1955 年度，这一数字下降到 16%，自 1945 年以来，由英国文化教育协会以外的其他来源资助的学者人数增加了五倍。这反映出这一时期协会工作的重要趋势，即英国文化教育协会越来越倾向于作为英国或外国政府部门、联合国各专门机构等代理人为这些组织的项目交流人员开展工作。

2. 派出去

与"引进来"相对应的是"派出去"，英国文化教育协会派出英国专家在国外授课、讲座或交流。派出英国专家在外国学校或者大学担任教职已在前几章中有关教育任命论述中提及。本节主要论述巡回讲座和短期互访。

（1）巡回讲座

英国文化教育协会邀请了英国各行各业的知名人士赴海外开展讲座。英国文化教育协会从一开始就开展巡回讲座的目的除了推广英国的成就之外，还有其深层次的动机。第一是加强了交流联系。协会认为，在一些讲座中，讲座本身不那么重要，"主要目的是促进专家之间的个人联系。"[1] 其次是扩大英国的竞争力和影响力。"有时有人说，如果海外国家需要英国专家的服务，他们应该为此付费。他们经常这样做，但由于从货币短缺到实际贫困等各种原因，海外国家不能总是为他们需要的英国专家付费。此外，这是一个竞争激烈的世界，如果英国不提供，其他国家通常会提供。例如，英国工业联合会代表团强调有必要向拉丁美洲大学派遣喷气发动机和电子技术等学科的一流讲座人员，而其他国家正在不遗余力地提高其影响力"[2]。最后，这些讲座活动"通常直接或间接地触发明确的'后续'行动，如吸引海外专家到英国进行进一步的学习和研究；外国政府或机构出台新政策；教学方法得以改革；专业协会之间的联系加强。它们还可能催生对英国材料、书籍、电影、科学仪器的订单"。

因此，英国文化教育协会从创设初期就成立了讲座咨询委员会，负责巡回讲座工作。巡回讲座工作的模式为，英国文化教育协会的海外代表首先对每个国家的需求进行评估，并向当地政府部门、当地专家组织和英国各使馆代表团咨询。代表提出的讲座需求在伦敦总部得到协调，以符合当前的优先事项和可用资金。英国文化教育协会的讲座咨询委员会随后就每项提案的提出专业意见，并推荐候选人。最后，相关政府部门（外交部、联邦关系部和殖民地事务部）就项目的任何政治方面提供咨询，以避免讲座引发政治争议。

英国文化教育协会采用四种主要方法开展巡回讲座。第一，协会从英国向国外派遣英国专家在海外开展巡回讲座，通常为期长达六个月，被称为伦敦赞助之旅（London-sponsored tours）；第二，根据大学交流计划派遣学者交流，英国文化教育协会（与外国政府、英国和海外大学合作）协助大学教师进行不同时间长度的互访，互访期间开展讲座；第三，由海外代表安排自己的讲座项目，海外代表经常邀请和安排恰好在他们所在地区的交流访问的英国专家开展讲座。

大多数由伦敦赞助的专家的主要目的是为高级别专业观众提供专业讲座；创造专家咨询的机会；并应要求向海外政府和机构提供建议。然而，并非所有英国

---

[1]《年度报告 1948—1949》,p.20
[2]《年度报告 1952—1953》,p.65

文化教育协会的讲师都是专家，听众也非都是专业人员。英国学院和亲英社团负责组织通过大众讲座。巡回讲座都会通过其他相关活动得到加强，如书籍和期刊的供应、英国广播公司或地方电台的广播、小型展览、新闻文章和纪录片。

在 1936—1937 年度，英国文化教育协会共派出 19 位英国知名人士在丹麦、挪威、瑞典、芬兰、荷兰、比利时、法国、奥地利、捷克斯洛伐克、匈牙利、南斯拉夫、保加利亚等国家举办讲座。英国文化教育协会在无法举办现场讲座的国家提供灯笼讲座（lantern lectures），由英国文化教育协会工作人员编写讲座脚本，供当地讲座者使用；提供英国及爱尔兰旅游和工业发展协会准备发行的广播演讲副本；以及演讲的留声机记录等。

在 1938 年 10 月至 1939 年 4 月期间，英国文化教育协会共派出 33 位讲座人员在海外进行了 36 次讲座，讲座大部分在欧洲。讲座一般在文化中心、英国学院或亲英社团进行。这项工作一直持续到 1940 年夏天，战争的加剧使得大部分讲座工作无法进行。下表列出了 1942—1943 年期间英国文化教育协会在国外进行的巡回讲座的详情，由于受战争影响，1942—1943 年的讲座派出人数很少，仅限于瑞典、葡萄牙和西班牙三个国家。

二战后巡回讲座逐年增加。1944—1945 年 20 个讲座，1945—1946 年度 77 个讲座，1946—1947 年度 107 个讲座，1947—1948 年共组织了 117 次讲座旅行，1948—1949 年度安排了 151 次巡回讲座，1950—1951 年度英国文化教育协会共派出 130 名讲座人员在 54 个国家进行了 209 次讲座。

表 25 英国文化教育协会海外巡回讲座（1942—1943）

专家	专家介绍	访问国家	讲座主题
T. S. Eliot	诗人	瑞典	诗歌、演讲和音乐 戏剧中的诗歌
W. G. Holford	利物浦大学城市设计教授	瑞典	城市重建与现代英国建筑
C. D. Darlington, F.R.S.	约翰·因内斯园艺研究所所长	瑞典	细胞学 达尔文主义
Sir Ronald Storrs	爵士	西班牙	荷马、圣经、但丁和莎士比亚
Father M. C. d'Arcy, S.J.	牛津大学坎皮恩学院院长	西班牙和葡萄牙	现代世界的基督教信仰 民主的未来 教育等方面的基督教理想
Thomas Bodkin	伯明翰大学贝博美术教授	西班牙和葡萄牙	英国绘画
Brig. H. W. B. Cairns	牛津大学外科纳菲尔德教授	西班牙和葡萄牙	脑外科
R. A. McCance	剑桥大学医学教授	西班牙和葡萄牙	婴儿生理学及其与预防医学的关系 矿物质营养的进展和问题
Brig. F. A. E. Crew, F.R.S.	爱丁堡大学动物遗传学教授	瑞典	性别比例 医学进展 疾病生物学

英国文化教育协会在 1952—1953 年度共有 18285 英镑的赞助海外讲座旅行预算，安排了大约 100 次旅行。这些讲座的地区分布和预算分配如下：欧洲 35 次，占占经费预算的 18%；英联邦 18 次，预算 38.4%；殖民地 20 次，占预算 21.9%；其他国家 27 次，占 21.7%。这些讲座主题中 40% 为科学、工程、医药和农业，教育和社会学 22%，文学、历史和时事占 18%，艺术占 16%，其他占 4%。

这些讲座，除少数例外情况外，英国文化教育协会仅支付讲座专家在海外的旅费和生活费，派出的讲座专家免费提供服务。在某些情况下，费用由受访国家或对英国感兴趣的专家组织分担；在其他情况下，英国文化教育协会可以以低廉的费用获得独立出国的专家的服务。此外，英国文化教育协会经常（每年 20 至 30 次）在海外提供政府援助和设施，实际费用由其他组织支付。

（2）短期互访

英国文化教育协会先后实施了几个大型的短期互访交流项目。1949—1950 年度实行英联邦内大学教师互访计划；1951—1952 年度在欧洲实施大学交流计划。

1948 年在牛津大学举行的第六届英联邦大学大会（Congress of Commonwealth Universities）上，增加英联邦大学内部交流访问受到了广泛关注。83 所英联邦大学的代表出席了会议，与会代表认为，如果一名大学教师连续从事同一职位工作若干年，如果他能在英国或英联邦国家的一所大学休一年的假期，将会很有价值。虽然通常各国政府支付的工资将支付他的生活费用，但需要额外的补助金来支付旅费。会议敦促提供旅费补助，以便利英联邦大学教师和学者之间的交流。大会批准了一项交流计划，根据该计划，可为三类人提供拨款，以支付英国与其他英联邦国家之间的旅费：一、渴望到另一英联邦国家休假的经验丰富的大学教师，二、大学希望邀请其进行短期访问的国际知名学者，三、希望在海外学习的研究奖学金持有人。这项英联邦计划由副校长和校长委员会、英联邦大学协会、殖民地大学间高等教育协会和英国文化教育协会大学咨询委员会的联合委员会代表管理。英联邦关系部的议会秘书邀请英国文化教育协会管理英联邦内大学教师互访计划。该计划于 1949—1950 学年启动。

应会议的要求，英国文化教育协会设立了一个特别基金，从中拨款，以支付这些交流访问的旅费。1950—1951 年度，有 33 名大学教师根据这一计划访问了英国，他们来自 18 所英联邦大学。到 1953—1954 年度结束时，英国文化教育协会已向英国、加拿大、澳大利亚、新西兰、南非、印度、锡兰和巴基斯坦的 258 名大学教师和研究人员提供了旅费资助。

计划认为，如果国际知名的学者和科学家能够不时访问英联邦，并与年轻教师和研究工作者就各自的课题进行会晤，将有助于英联邦的学术研究。因此，1950—1951 年度一位英国学者访问了英联邦大学。

英国文化教育协会还在其他国家实施了类似的大学教师互访计划。英国文化教育协会安排英国大学教师与下列国家进行交流访问：奥地利、比利时、芬兰、法国、德国、意大利、荷兰、挪威、葡萄牙、西班牙、瑞典和瑞士。访问通常持续约一至三周，主要目的是让访问学者或杰出科学家能够会见自己研究领域的其他工作者，并讨论常见问题。每年以安排总共约50次此类访问交流。被邀请者的派出取决于提出邀请的大学。

访问次数每年由英国和有关欧洲国家商定，每个国家以本国货币支付访问费用的一半。因此，派遣国支付交流人员到发出邀请的大学的回程费，而接受国支付在本国境内的任何额外旅行费用，在欧洲国家，外国大学提供招待费。在英国，招待费由受邀的大学承担。

除了这些短期访问外，英国文化教育协会还不时作出安排，进行为期较长的交流访问，例如从六周到一学期，以便访问者能够在一所或多所大学持续授课。这些访问证明非常成功，但由于财政限制，后来不得不放弃。

1951—1952 年度根据大学交流计划，75 名来自国外的大学教师和研究人员访问了英国大学，31 名英国大学教师访问了海外大学。英国大学交流计划的费用由英国和海外大学、海外政府和英国文化教育协会分担。

二、书面传播（Printed Word）

英国文化教育协会认为，"各国人民之间最持久的接触必须通过书面文字进行"[1]。第六章已近详细描述了英国文化教育协会的书刊推广工作，利用书刊推广艺术科学教育语言等活动也散见于各章。笔者认为，在书面传播中，在英国文化教育协会的许多活动中，其影响最深远的一项活动是提供英国图书和期刊图书馆，培训图书馆员，并努力为全国图书馆服务打下基础。本书其他部分对书面传播作了更详细的论述，在此不再赘述。

三、联合推广

从第二章到第六章我们分别描述了英国文化教育协会的艺术、科学、教育、语言和书刊推广活动，貌似各种推广活动条块分割相互独立，其实不然。各种推广活动你中有我我中有你，相互联系互相促进。

上述活动并非单一开展，而是联合行动。在 1949—1950 的年度报告中，"联

---

[1]《年度报告 1952—1953》，p.31

合行动"（combined operation）一词首次出现，"用倒逗号表示，没有详细解释。它是指同时或相继地协调使用协会在向海外投射选定主题时可使用的所有手段，以期产生最大效果。"[1] 英国文化教育协会在 1949 年设立的一个职能活动特别委员会（Special Committee on Functional Activities），在西班牙和葡萄牙进行的一次实验性联合演出行动中，选择了英国芭蕾舞作为主题，这主要是因为有大量材料可以很容易地说明联合行动这一点。展览的主要特色是戏剧设计（包括灯光模型舞台布景）、照片、书籍和期刊。此外，阿诺德·哈斯克尔（Mr. Arnold Haskell）举办英国芭蕾舞讲座；放映了《芭蕾舞的舞步》（Steps of the Ballet）的电影；并在留声机唱片上举行了英国芭蕾舞音乐音乐会，并附有芭蕾舞的纪录片。马德里、里斯本和其他访问过的地方引起了极大的兴趣，很明显，整体的效果远远大于单独使用组成部分所能达到的效果。

第三章描述的是英国文化教育协会早期在全球的艺术推广活动，貌似和英语语言推广关系不大。英国文化教育协会通过在在各国举办演出和展览，发行杂志，提供艺术资源等方式推广英国的高雅文化。随着高雅文化艺术的推广，英语语言也自然随之传播。我们通过年度报告中的相关评论语言可以清楚看出这些艺术推广活动和英语密切相关。"电影放映的需求和范围几乎是无限的。电影是最好的间接英语教学方法之一"[2]，"讲座是故意用英语提供的"[3]。

科学推广也和英语密切相关。推广科学可以传播语言。在某些特殊的时期和条件下，推广科学可能是语言推广的唯一载体。

1947—1950 年间英国文化教育协会从东欧大部分地区撤离。1950—1951 年度报告总结：

从这些事件中得到的教训很简单，但很基本。大多数东欧政府并不希望与西方建立文化关系，只能是狭隘的技术或美学关系。[4]

上面的案例说明，英国文化教育协会通过建立专业咨询委员会、书刊推介、建图书馆、翻译、鼓励书评、拍摄科学电影、外派科学人员等方式宣传科学，帮助增加英语的文献量，促进英语的传播。

在 1960—1961 年度报告中，英国文化教育协会对世界上出现的各种英语变体表示担忧和关注，认为这些变体有可能朝着皮钦语的方向发展，不利于交流沟通。"就语言的书面形式而言，稳定似乎是有保证的，这主要是因为英美文学的广度

---

[1] 《年度报告 1950—1951》, p.54
[2] 《年度报告 1940—1941》, p.138
[3] 《年度报告 1940—1941》, p.37
[4] 《年度报告 1950—1951》, p.12-14

和深度以及英语国家出版的书籍的广泛流通。但是，在对英语书面形式起稳定作用方面，科学文献和事实信息可能比小说和艺术更为重要，因为准确和清晰的标准在科学文献中是最明显的，也是一般交流所必需的"。[1] 因此，第四章讨论的科学推广在维持英语本体的作用不可忽视。

英国文化教育协会将图书馆、书展、期刊等称为语言推广的"背景支持(background support)"。

1945—1946 年"英国文化教育协会提供的援助是传播英国文化和英语知识的一种经济方法。"[2] 但英语取代法语或德语作为第一外语的一个影响是对技术和文学教科书的需求，而在目前对书籍制作的限制下，这是无法满足的。[3] 特别值得一提的是，英国医学研究和实践进展的知识传播。英国文化教育协会已经制作了一些电影来展示外科技术，这些电影吸引了所有国家的从业者观看，并导致对英语教科书的需求。[4]

再如协会成立初期，专门成立了"讲座委员会"，向海外派出学者举办讲座，在世界各地举办英国社会、科学、艺术、教育等讲座。这些学者在海外演讲时"刻意使用英语讲座（They were intentionally given in English）"，[5] 推广了英语。

英国文化教育协会认为"随着教育在全世界的普及，海外对艺术的需求远远超出了任何狭隘的专业课程。"

从上面的分析我们可以看出，如果我们以语言推广为视角和出发点，英国文化教育协会的各种推广活动均促进了语言推广。同样的道理，在各章的活动描述中，我们可以看出，书刊推广，推广了艺术、科学、教育、语言等。在推广艺术、科学、教育等的同时也推广了语言。推广语言的同时，也推广了艺术、科学、教育等。

---

[1]《年度报告 1960—1961》,p.5
[2]《年度报告 1946—1947》, p.10
[3]《年度报告 1946—1947》, p.11
[4]《年度报告 1946—1947》, p.11
[5]《年度报告 1940—1941》, p.37

第三节　推广策略

英国文化教育协会在不同的区域和国家采用具有差异的推广活动，遵循"一臂之距"维护机构形象，有利于机构推广。

一、区域国别化

语言文化推广具有区域性，语言文化推广是针对特定的区域进行的 (薄守生，赖慧玲 ,2009,p.2)。区域性要考虑语言之外的政治、经济、文化、社会等诸多因素 (薄守生，赖慧玲 ,2009,p.5)。英国文化教育协会在不同国家发展不尽相同。各国的年度报告总结了英国文化教育协会在每个国家的年度活动和发展。比如英国文化教育协会新加坡办事处 (British Council Singapore) 自 1947 年建立后，整个发展过程分为六个阶段，每个阶段有不同的主题。比如 1945—1946 年度在南斯拉夫，英国文化教育协会高度重视科学和医学宣传。"因为这对一个在战争年代遭受巨大苦难的人民来说最可能是有意义和有价值的。"[1]

1941—1942 年度报告将英国文化教育协会在海外的推广活动按地区分为：1）大英帝国及委任统治地[2]（mandated territories），2）外国。其中外国分为四个地区：欧洲、中东、拉丁美洲、其他国家。可以看出，协会早期的活动主要集中在英国殖民地、欧洲、中东和拉丁美洲。

随着殖民地和委任统治地的纷纷独立，英国文化教育协会从 1941—1942 年开始重视殖民地的推广工作，开始花较多篇幅陈述在殖民地开展的工作（在 1940—1941 年度报告将殖民地的工作放在所有区域的最后，寥寥几笔带过）。

---

[1]《年度报告 1945—1946》，p.10

[2] 委任统治地是第一次世界大战后，从德国和土耳其割出的殖民地和领土，由国际联盟交受委任国代管。1932 年起委任统治地开始独立。第二次大战后，改为联合国托管制度。依各殖民地或属地的人民发展程度、经济状况和地理条件分为三类：战前奥斯曼帝国所属阿拉伯半岛上的领土（包括伊拉克、外约旦、巴勒斯坦、叙利亚和黎巴嫩），为甲类委任统治地，分别由英法两国给予行政指导和援助；战前德国所属中部非洲殖民地 (包括东、西多哥、东、西喀麦隆、坦噶尼喀和卢旺达一乌隆迪）为乙类委任统治地，分别由英、法、比三国担负地方行政责任；战前德国所属西南非及太平洋岛屿（包括西南非洲、新几内亚、瑙鲁、西萨摩亚和赤道以北的太平洋岛屿) 为丙类委任统治地，由南非、英、新、澳、日等国作为本国领土的一部分进行统治。联合国成立时，上述甲类委任统治地中的伊拉克、黎巴嫩和叙利亚作为独立国家成为联合国的创始会员国，乙、丙类委任统治地中除西南非洲外均转而成为联合国托管制度下的托管领土。（邹瑜. 法学大辞典：中国政法大学出版社，1991）

在 1941 年，有关政府部门之间达成了一项正式安排，即英国文化教育协会的服务可能扩展到大英帝国。安格斯·吉兰爵士负责伦敦办事处新成立的帝国分部（Empire Division），并与殖民地、自治领和印度办事处建立了定期联络。尽管这项工作的资金将继续在外交部的拨款进行，但英国文化教育协会的工作须经有关国务卿批准，因为在外国，它的工作须经外交部长批准。这些安排标志着英国殖民政策的一个重要发展。

随后，英国文化教育协会开始重视在亚洲的推广工作。1943 年起英国文化教育协会在中国、新加坡及马来西亚陆续设立办事处，提供英式英语教学、英国期刊、留学信息及咨询等服务。

在英国文化教育协会的推广中，推广活动有着明确的地缘政治类型划分。2008—2009 年度报告将英国在内的世界各国分为五大地缘政治类型，见下表。

表 26　英国文化教育协会地缘政治类型与推广策略

国家类型	推广实施策略
孤立的国家[1]，如缅甸和津巴布韦[2]	通过教育、文化和社会方案向外部世界提供生命线。
建立信任国家，例如巴基斯坦和中东	在需要建立信任的国家，努力鼓励对话；提供获得英语、教育和技能的机会；分享文化来解决双方的误解；建立就业能力、繁荣和信任。
新兴经济体，如印度和中国	与众多英国合作伙伴（教育、文化和商业）合作，增加英国教育、文化和英语的使用机会，建立繁荣和可持续性。
发展中国家，如尼日利亚	提供社会和教育发展的机会，提供发展合同，促进文化交流，从而建立能力、理解和繁荣。
开放的发达国家，与英国有着牢固的、预先存在的联系，例如法国和美国	与教育和文化机构、企业、国际机构合作。通过学校联系、奖学金和交流方案将年轻人联系起来，并在各大洲建立有影响力的网络，分享经验，解决共同问题，维持和加强国际关系。

说明：1. 在 2009—2010 的年度报告中这类国家改称为生命线国家（lifeline countries, p.12）。

2. 津巴布韦于 2003 年脱离英联邦。

英国文化教育协会不同地域不同时间有着不同的推广重点，采用不同的推广实施策略。上面地缘政治类型中，英国文化教育协会在第 2 类（需要建立信任的国家）和第 3 类国家（新兴经济体国家）明确提出推广英语的目标。

我们以 1948—1949 年度英国文化教育协会在欧洲地区的工作来说明其推广带有典型的区域国别特征。

1948—1949 年度英国文化教育协会的推广活动在不同的区域采用不同的推广内容和策略。英国文化教育协会将欧洲国家分为四种类型，西北欧、南欧、东欧和德国—奥地利。欧洲司分别成立四个部门负责每一个区域。"这一分组并非仅仅基于地理上的便利，它反映了各国的不同情况以及英国文化教育协会在这些国家采取的不同方法"[1]。

在西北欧国家，英国文化教育协会认为这些国家离英国较近，容易进入英国学习；西欧国家对英国人生活和思想已近有深入了解，英语已经进入西北欧国家学校的教育体系，成为教育科目。因此，在与英国有着长期联系和长期英语学习传统的西北欧国家（法国、瑞士、低地国家、斯堪的纳维亚），英国文化教育协会不从事语言教学，但在各个国家的首都保留与当地市政当局、大学、大学保持密切联系的工作人员，加强与学校、工会和成人教育运动以及专业界和艺术界之间的联系，努力满足他们对有关英国文明各个方面的信息和材料的要求，并帮助他们与英国相应的专业机构和界建立和保持联系。英国文化教育协会在西北欧的工作一直在稳步维持。英国政府与法国、比利时、荷兰和挪威缔结的文化公约以及与这些国家和其他国家在政治和经济领域的密切关系，增加了对文化事务推广。这些事态发展涉及英国文化教育协会的相互责任，特别是在法国和比利时方面。1948 年 2 月，挪威和英国在伦敦签署了一项文化公约。

在南欧国家（伊比利亚半岛、意大利、希腊和土耳其），这些地区英语教学还不完善，因此对英国人生活和思想的研究缺乏坚实的基础。从西部的葡萄牙到东部的土耳其，南欧国家被归为一类。尽管他们在问题上存在很大差异，但经验表明，在所有这些问题上，英国文化教育协会的大部分工作都必须围绕英语教学进行，而且最有效的方式是在英国的学院或类似中心进行。除了其他活动外，英国文化教育协会还寻求通过自己开展进行一定数量的直接教学来填补这一空白。它主要通过英国学院开展工作，这些学院的任务不仅是为了教授英语，而且是为了在英式氛围中以及与英国背景相关的环境中教授英语。在有关国家教育当局的合作下，这种教学主要是为了提高国家学校现有或潜在英语教师的水平和扩大他们的知识面。

东欧国家虽然在政治和经济上与苏联有联系，但仍然表现出与英国文化和技术成就接触的愿望。因此，英国文化教育协会在东欧国家的工作往往遵循一种共同的模式，十分谨慎，主要推广科学，避免推广易于和政治有联系的文化。

最后，在德国和奥地利，英国文化教育协会的工作受制于占领当局的政策。[2]虽然这两个国家都处于美苏英法四国军事占领之下，但占领对英国文化教育协会工作的影响却大不相同。在奥地利，这项工作是正常的，并遵循西北欧模式。在

---

[1]《年度报告 1948—1949》, p.70
[2]《年度报告 1948—1949》, p.70

德国，英国区的文化工作由控制委员会负责，该委员会隶属于外交部德国分部，执行委员会通常在其他地方完成的大部分工作，但在向德国大学提供资助讲师、提供材料和展览以及德国大学讲师和知名德国人访问，德国方面寻求英国文化教育协会的协助。英国文化教育协会于1947—1948年在德国开始工作。任命了科隆、波恩和哥廷根（英国区）、梅因（法国区）和柏林的大学职位；英国文化教育协会承诺实施一项计划，让11名德国大学教师到英国大学学习一年。迈克尔·福斯特接替欧内斯特·巴克爵士担任科隆政治学教授；蒙斯特大学任命了现代史讲师，汉堡大学任命了英语语言和文学讲师。第二批15名德国大学教师被邀请到英国大学学习一年。自二战以来，英国大学首次为德国研究生开设了学位。

二、机构形象构建

机构形象对语言文化推广很重要。英国文化教育协会十分关注机构形象。在早期的年度报告中密切关注国内外媒体对机构的报道。比如1940—1941年度报告中以"宣传(Publicity)"统计了英国国内媒体对机构的报道。

令人欣慰的是，英国报刊上发表的有关协会的文章越来越多，大多对协会的工作作了赞赏的描述。这些文章，和议会议员在最近关于协会评估的辩论中所作的知情和友好的批评一样，表明协会是非常受欢迎和有益的。[1]

英国文化教育协会的机构形象也并非总是正面的。英国文化教育协会的负面形象主要有三个。一是前文所说的资金短缺，被描绘为"拿着一只空碗的雾都孤儿"，到处要钱。二是被指控从事间谍活动。三是开展的活动是可有可无的。早期英国文化教育协会被指责所有的活动是"在培养一个娇生惯养的唯美主义者的民族[2]"

英国文化教育协会的发展并非一帆风顺。2012年7月19日议员巴赫勋爵(Lord Bach)在"资助英国文化教育协会"辩论中总结了困扰机构的两个主要问题，第一是前文所述的经费问题。第二个便是机构生存问题。

多年来，英国文化教育协会经历了比弗布鲁克勋爵(Lord Beaverbrook)和其他强大势力的敌意、白厅内部不断的部门斗争以及无数的评论和报告，正如我描述的那样，主要的障碍是钱的问题，或者更确切地说，是缺乏资金。[3]

英国文化教育协会刚建立不久，英国国内不断有呼声要求裁撤该机构。比弗布鲁克勋爵便利用旗下的出版社和报纸对英国文化教育协会发动了猛烈攻击，《每

---

[1] 《年度报告1940—1941》，p.118

[2] 《年度报告1950—1951》，p.12-14

[3] Hansard-Lords Chamber, Volume 739, Column 454, 2012年7月19日

日快报》(Daily Express) 曾经发动"比弗布鲁克"运动 (Beaverbrook Campaign)，要求关闭英国文化教育协会，认为英国文化教育协会是在浪费纳税人的钱。为此，英国文化教育协会员工协会不得不在 1954 年 4 月专门出版了《比弗布鲁克与英国文化教育协会》，对比弗布鲁克勋爵的指控一一批驳。福塞斯勋爵 (Lord Forsyth) 曾建议英国人不要过多地谈论英国文化教育协会。因此，早期英国文化教育协会及其工作在英国民众中知名度不高。

1947—1950 年间英国文化教育协会从东欧大部分地区撤离。因为协会被指从事间谍活动。

1947 年秋天，……人们似乎普遍怀疑英国文化教育协会是一个间谍组织，或者如果它现在不是，它不久也会是。[1]

正是有上述的负面形象，英国文化教育协会在推广中避免政治性太强。一方面在国内坚持"一臂之距"原则，另一方面在国外推广中尽量居于幕后。

英国文化教育协会通过"一臂之距"原则，与英国政府保持一定的距离，避免政治化。Chríost(2005) 认为在语言推广运作时与政府机构保持一臂之距，具有某些优势 (Chríost,2005,p.70)。英国文化教育协会一直宣称机构是非部门公共机构（NDPB），由外交和联邦事务部赞助。一臂之距原则又称"独立交易原则"，一臂之距原则是英国人经济学家凯恩斯首先倡导的一套文化管理方法，指的是在三权分立的西方国家，艺术文化的国家管理机构，在国会的监督和委托下，在政府系统外独立从事相关艺术文化管理，从而与政府系统之间在行政关系上保持一定的距离。

1955 年英国首相罗伯特·艾登 (Robert Eden) 在给英国文化教育协会成立 21 周年的贺信中一直强调该机构的独立性。

我作为首相和最初赞助成立英国文化教育协会的政府成员，祝贺协会成立二十一周年。协会成立于 1934 年，是一个具有独立地位的组织，以发展英国与世界其他地区之间更密切的文化关系。它的独立性的价值已经充分证明。协会在和平与战争中为英国与英联邦内外其他国家之间的友谊和谅解提供了杰出的服务。我向它的工作取得进一步成功致以最良好的祝愿。[2]

英国文化教育协会首席执行官马丁·戴维森认为机构与英国政府保持一臂之距，有助于英国文化教育协会在不同国家开展活动时不被视为政治工具。

我们与政府保持"一臂之距"，我们的业务独立性对我们的效率至关重要。

---

[1]《年度报告 1950—1951》，p.12-14

[2]《年度报告 1954—1955》，p.vi

这为我们在政治敏感领域打开了大门。[1]

当然，语言推广机构与政府间的一臂之距是相对的。正如英国文化教育协会1940—1941年度报告写的那样，"协会的工作显然必须在外交部的监督下进行。协会接受外交部和国王陛下驻外代表随时提供的建议和指导。"[2]

英国文化教育协会的很多成员来自于政府部门，但政府和英国文化教育协会之间遵循一臂之距原则 (Arm's Length Principle)。一臂之距原则使得英国文化教育协会在一定程度上避免了语言文化推广的"意识形态"或"政治因素"的指责或猜疑。但实际上机构事务在很大程度上受英国政府监管，协会的一名成员由外交和联邦事务部提名。英国政府每五年对英国文化教育协会进行审计。

在海外的语言文化推广中，英国文化教育协会一直坚持幕后推广，主要依靠当地的亲英社团和相关利益集团，避免机构贴上政治标签。机构不能安全存续，语言推广无从谈起。当一个语言推广机构的形象出现问题，那么它所推广的语言的形象也会受到牵连。比如印度尼西亚1949年从英国独立之后，英国文化教育协会在印尼的工作指导原则是："协会必须避免任何资助[3]或宣传的嫌疑；它的行动必须是积极和有效的"[4]。另外一个例子是英国文化教育协会"在重组德黑兰医学协会方面发挥了重要作用，该协会于1943年由不同国籍的医生成立。医学协会一成功运作，协会就如其一贯的那样，退出了与它的任何官方联系。"[5]

即使在二战期间，英国文化教育协会向海外提供了大量书刊，但"协会通常不提供直接涉及战争或政治宣传问题的书籍"。[6]

英国文化教育协会认为在进行语言文化推广中，"在执行这些任务时，协会准备让事实为自己说话，避免一切政治宣传，而不是像德国那样寻求将想法强加给外部世界。考虑到建立友谊和理解的最终目标，结果证明这是一条明智的道路。"[7]

作为语言文化推广机构，机构本身的形象和机构名称本身也会影响机构推广的声誉，名称的使用或者微调本身也可理解为一种形象构建。国际上的语言推广机构主要有：英国文化教育协会、法国的法语联盟、德国的歌德学院、西班牙的

---

[1] 《年度报告 2006—2007》, p.5

[2] 《年度报告 1940—1941》, p.13

[3] Patronage 有资助者，施惠者或保护方等等意思。在殖民时期，英国是被殖民国家的保护人（Patron），因此 Patronage 容易暗含了被殖民的历史。

[4] 《年度报告 1952—1953》, p.35

[5] 《年度报告 1944—1945》, p.78

[6] 《年度报告 1940—1941》, p.94

[7] 《年度报告 1940—1941》, p.21

塞万提斯学院、中国的孔子学院。这些机构名称存在语言和文化名人两种命名方式。

从历史上看，1934 年 11 月 18 日英国政府决定成立了英国对外关系委员会（British Committee for Relations with Other Countries），1935 年 1 月更名为英国对外关系协会（British Council for Relations with Other Countries），"委员会"一词由"协会"代替。1935 年 7 月 2 日在成立大会上英国政府宣布，由于很多人对机构名称持批评意见，机构更名为"英国文化教育协会（British Council）"。刘宏松（2016）认为英国文化教育协会机构名称的多次变更，这一现象背后有着极其深刻隐蔽的动因。之所以机构名称中隐去文化推广和对外关系，是因为这些目标不便明说。可能会给英国文化教育协会的语言文化推广工作带来阻力 (引自曹德明 ,2016,p.96)。

第八章 英国文化教育协会的在华推广活动

Donaldson(1984,p.374)将英国文化教育协会在中国的活动划分为两个时间段：1943—1952 年；1978—1984 年。本书考察的是 1934—1954 年间在华的推广活动，属于第一时间段。

第一节　在华推广历程

1936—1937 年度英国文化教育协会向南京中英文化协会拨款，开始调查在中国开展工作的可能性，谋划进入中国。1941 年 2 月首次派人员到中国进行调查研究，派出的人员为牛津大学中国宗教和哲学副教授[1]修中诚（E.R. Hughes），"他已离开伦敦，前往中国访问，英国文化教育协会决定在中国全面开展工作"，"他将代表英国文化教育协会在中国进行一些调查活动，他 2 月份离开英国，5 月抵达重庆。[2]修中诚自 1942 年 5 月 1 日直到 1944 年 9 月在中国从事推广工作。

1942 年英国文化教育协会决定，"英国文化教育协会任命驻华代表的时机已经成熟，将在不久的将来作出人员选择。英国文化教育协会已增加对中英文化协会在重庆的拨款，并希望该协会不久将在中国其他地区设立分支机构。"[3]

到 1942 年时，英国文化教育协会已经向中国派遣了三位学者。"三位杰出人士代表英国文化教育协会访问了中国：牛津大学中国宗教和哲学副教授修中诚[4]、剑桥大学生物化学副教授约瑟夫·李约瑟[5](Joseph Needham) 博士和牛津大学希腊语研究院教授陶德斯[6]（E.R.Dodds）。为了配合这些访问，并独立于这些访问，协会计划在中国大量扩大工作，并提议任命一名常驻代表。"[7]

1943 年 2 月，约瑟夫·李约瑟博士率领的文化科学考察团被派往中国，在中国创立分支机构。

1942—1943 年度虽然在中国的活动仍处于初级阶段，但英国文化教育协会一直在与英国的许多中国人接触，其中大部分是海员和学生，尤其是在伦敦、利物浦和曼彻斯特。在爱丁堡和格拉斯哥，英国文化教育协会帮助安排了 48 名学生的交流访问。在曼彻斯特，国际中心设有一间中国室；在利物浦，英国文化教育协

---

[1] 他的职称为 Reader，翻译为副教授。

[2] 《年度报告 1941—1942》，p.8,p.55

[3] 《年度报告 1942—1943》，p.52

[4] 修中诚，英国伦敦会教士，汉学家。1911 年携妻来华布道，驻福建汀州。1929 年由汀州调驻上海，在中华基督教青年会全国协会任职。1933 年携眷离沪返英，任母校牛津大学林肯学院中国宗教与哲学高级讲师。1948—1952 年在美国加利福尼亚大学任教。1956 年去世，享年 73 岁。

[5] 当时被翻译为尼达姆。

[6] 有些文献翻译为陶育礼，多兹等。

[7] 《年度报告 1942—1943》，p.10

会为一个海员娱乐中心提供设备和设施，在伦敦为一个中国海员俱乐部提供设备和设施。中英协会（Anglo-China Society）在利物浦联合中心举行会议，中英友好协会（Anglo-Chinese Friendship Society）在那里开幕，郭秉文（P. W. Kuo）和贝克（Noel Baker）致辞。英国文化教育协会在中国友好代表团访问英国期间安排了一系列活动，并与代表团的个别成员进行了磋商。许多中国名人在伦敦的各个国家中心发表演讲，如 1942—1943 年萧乾访问了利物浦盟国中心[1]。

1943—1944 年度报告中首次将中国列入目录页，标志着英国文化教育协会在华推广活动进入正轨。1943 年夏天陶德斯教授回到英国。1943—1944 年度纽卡斯尔大学[2]国王学院英语语言与文学教授任义克（William Lindsay Renwick）博士作为客座讲师来中国做推广。

1944 年底，利物浦大学地理教授罗士培作为第一任驻华代表抵达中国，其夫人利物浦历史讲师陪同。英国文化教育协会先后在上海、北京、南京和重庆等地开设了办事处。英国文化教育协会这一阶段的工作，一方面向中国派遣教师和提供物资用品，另外一方面负责组织中国学生和大学教授到英国学习交流。

1944—1945 年度任义克教授和修中诚回到英国向协会述职。

抗日战争于 1945 年 8 月 22 日结束，中国政府和撤离的大学开始东移。因此，英国文化教育协会决定将其总部转移到南京，保留重庆的办公场所作为地区办事处。英国文化教育协会在南京的办公和生活设施得到保障，霍利尔（Richard Hollyer）于 1946 年 3 月份被调到上海，安排在那里开设一个办事处，负责分发所有发送到中国的协会材料。地质学家博尔顿博士（C.M.G.Bolton）于 1946 年 2 月份抵达重庆，接任了中英科学馆的临时主任。

1947 年英国文化教育协会从重庆移到南京，并在上海设立办事处，罗士培1947 年 2 月 17 日在南京病逝，费子智[3]临时代理驻华代表。1947 年 3 月 10 日葛莱克博士 (Dr.Mary Clarke) 及格丽[4]女士 (Miss Lynda Grier[5]) 两位抵达上海开始为

---

[1] 萧乾 1935 年进入《大公报》当记者。1939 年任伦敦大学东方学院讲师，兼任《大公报》驻英记者，是二战时期欧洲战场中国战地记者之一。

[2] 纽卡斯尔大学，创建之初取名为泰恩河畔纽卡斯尔大学 University of Newcastle upon Tyne。

[3] 费子智（1902—1992），汉学家，英文名是 Charles Patrick Fitzgerald。因对中国文化事务有兴趣，先后在中国上海和大理等地工作。从 1923 年至 1950 年先后在中国居住和工作了 15 年。1936 年至 1939 年在云南大理从事中国社会研究工作。1940 年至 1946 年在英国外交部服务。1946 年至 1950 年担任英国文化教育协会驻中国代表。1950 年移居澳大利亚，参与了澳大利亚国立大学的远东历史系的创建。

[4] 《大公报》有些报道翻译为葛丽雅，有些翻译为格丽。

[5] Lynda Grier（1880—1967）是英国教育行政官、政策顾问，也是牛津大学玛格丽特·霍尔夫人学院（Lady Margaret Hall）的校长。

期四个月的讲学。随后，Grier 担任英国文化教育协会驻华代表。1947 年英国文化教育协会任命了英国物理学家华尔德斯担任驻华科学办事处新任专员 [1]，同时科学办公室重新组建并迁至上海。新主任先后考察了京津地区，在那里他重新建立了许多有价值的联系，并在教育和研究机构演讲。上海南京地区也进行了类似的访问。

1947—1948 年度英国文化教育协会在北京开设了其在中国的第二个地区办事处，负责人为 A.M.Baxter。并在南京开设了一个中心和图书馆。上海办事处的负责人为 G.Hedley，上海办事处在这一年度的工作扩大了，活动增加了。1947—1948 年度英国文化教育协会与中国的教育中心保持密切联系；Grier 女士访问了上海和杭州的大学，并在济南和浙江的大学以及中小学和学院讲学。

1948—1949 年南京中心迁到市中心更宽敞的地方，"从而为流行音乐独奏会、电影表演和展览的观众提供了更好的条件，并为阅览室和图书馆提供了更好的设施，而阅览室和图书馆以前曾过于拥挤" [2]。北平新中心于 1948 年 9 月正式启用，功能性活动的规模越来越大。

但从 1949 年中华人民共和国成立起，英国文化教育协会的日子就屈指可数了，当中国拒绝发签证给新员工或返回中国的员工，而且费用与现在所能达到的目标不成比例时，协会被迫关闭在中国的中心并撤出。1946 年我们在缅甸也开始开展工作，从中国撤出省下的钱使协会得以在 1952 年派一名代表去日本，尽管没有足够的资金支持他去做很多事情 (Donaldson,1984,p.159)。

1949—1950 年度驻华代表由 Cyril Alfred Flux Dundas 担任 [3]，1950—1951 年驻华代表由 A.M.Baxter 代理。

"尽管还有一些工作人员在 1951 年底仍在中国工作，但据目前所见，中国政府不允许更换工作人员，这清楚地表明，在不久的将来完全撤出是不可避免的。" [4]1952 年英国文化教育协会关闭在中国的办事处，撤出中国，在华推广活动停止。

[1]《大公报》（重庆版）1947/12/3 第 2 版。
[2]《年度报告 1948—1949》, p.115
[3] The North-China Daily News(1864—1951) 1950 年 11 月 5 日 [002 版]
[4]《年度报告 1951—1952》, p.8

表 27　英国文化教育协会在华推广大事记（1936—1954）

时间	大事记
1936—1937	向南京中英文化协会拨款，谋划进入中国
1941—1942	约瑟夫·李约瑟进入中国，设立中英科学馆
1944	利物浦大学地理教授罗士培任第一任驻华代表
1946—1947	办公室从重庆移到南京，在上海开了一个分部，费子智接任驻华代表
1947—1948	先后在国立中央大学、安徽国立大学、南开大学、北平国立大学等四所大学中资助设立英语教授
1952	1951 年英国承认中国的独立地位；协会关闭机构，撤离中国
1953—1954	年报中没有任何在中国推广的信息

第二节　科学推广

英国文化教育协会将在华的活动主要分为两类：科学活动和非科学活动。"在中国，英国文化教育协会文化中英科学馆[1]（British Council Cultural Scientific Office）在约瑟夫·李约瑟博士领导下的杰出工作得到了进一步发展，而非科学方面则通过任命利物浦大学的罗士培（Percy Maude Roxby）教授为代表而得到加强"[2]。因此，早期在华的推广主要分为两个阶段，第一个阶段主要是抗战时李约瑟领导的中英科学合作馆的科学推广活动，第二个阶段是战后英国文化教育协会驻华代表和办事处的推广工作。

一、李约瑟的科学推广活动

1943 年 2 月，剑桥大学生物化学教授约瑟夫·李约瑟博士率领的文化科学使命团被英国文化教育协会派往重庆。李约瑟博士的影响绝大多数都是为了提供科学信息和仪器。1944—1945 年度报告总结了李约瑟在中国的科学推广活动。[3]

作为的代表，李约瑟为什么首推科学而不是艺术、教育或者语言？李约瑟认为他受到中国人欢迎是因为"我们显然代表是牛顿和达尔文的英国，是卢瑟福[4]和弗莱明[5]的英国，而不是英国乡绅的传统学问知识[6]"。(Donaldson,1984,p.158)

最初，英国文化教育协会将李约瑟博士等人在中国的活动定义为"文化科学使团"(cultural scientific mission)[7]。英国文化教育协会文化科学使团在中国的活动始于 1943 年 2 月 24 日，当时李约瑟博士从印度加尔各答乘机经著名的"驼峰"航线抵达云南昆明，李大斐（Dorothy Needham）是剑桥大学生物化学学院的讲师，随她的丈夫李约瑟博士前往中国。在四个月中，他在英国和美国（在温南特[8]的建

---

[1] 也有历史文献译为中英科学合作馆。

[2] 《年度报告 1944—1945》，p.20

[3] 《年度报告 1944—1945》，p.96

[4] 欧内斯特·卢瑟福（Ernest Rutherford），英国著名物理学家，被称为原子核物理学之父。学术界公认他为继迈克尔·法拉第之后最伟大的实验物理学家。

[5] 亚历山大·弗莱明（Alexander Fleming），英国细菌学家，生物化学家，微生物学家，于 1923 年发现溶菌酶，1928 年首先发现了青霉素。

[6] Dr Joseph Needham, British Council Policy in China, 7 December 1947, PRO, BW 23/6.

[7] 国内学者称之为"文化租借"，参见陈时伟．二战时期的"文化租借"：李约瑟与战时英国对华科技文化援助计划 [C]．//"近代中外关系史"国际学术讨论会论文集．2008:549-561.

[8] Mr. Winant，当时美国驻伦敦大使。

议下）与中国相关方面进行了许多官方和非官方接触，旨在提高其任务的有效性。据报道，在他抵达后的两周内，就开始与中国科学组织和个人合作，他访问了昆明附近的十几所大学、研究所和工厂，就自己的领域和一般科学和文化感兴趣的话题进行演讲。

1943—1944 年度大学生物化学专业的教授约瑟夫·李约瑟博士（Joseph Needham）继续他的非常有价值的科学工作，剑桥大学耶稣学院动物学研究员毕铿博士（Laurence Ernest Rowland Picken），加入李约瑟博士的行列。李约瑟博士在中国聘用了物理学家班威廉教授[1]（William Band），他曾任职于北平燕京大学。

1943 年 4 月到 8 月中旬，李约瑟博士访问了重庆周边的大学、研究所、技术学院和工厂，后来又访问了成都。比如 1943 年 5 月 3 日至 24 日，他在华西协合大学化学楼、生物楼等处作了 12 次讲演，内容涉及生物学、胚胎学和中西方科学史以及战时世界科学状况。

1943 年 8 月 7 日，李约瑟博士乘坐皇家空军提供的一辆卡车从重庆出发，进行了大约 4000 英里的往返行程，先后考察了兰州等西北部的科学机构。在这一年，李约瑟博士访问了中国 100 多个科学机构。

回到重庆后，李约瑟博士继续组织和发展文化中英科学馆。1945 年李约瑟博士离开中国一段时间，在回国途中他访问了美国和澳大利亚，恢复了旧的联系，并建立了许多新的联系，以促进他的工作。李约瑟博士于 1945 年四月底抵达重庆后不久，便收到邀请，参加六月份在莫斯科和列宁格勒举行的苏联科学院 220 周年庆祝活动，他接受了邀请，与郭沫若、丁西林等一起出席大会。

在 1945 年九月及十月期间，李约瑟博士在其夫人李大斐、曹天钦[2] 及 Chiu Chiung-Yun 女士的陪同下，第五次北上西安。李约瑟博士和他的同事在两个月的访问中，访问了 34 家科技机构，主要是在陕西省。

1945 年 11 月，曾在剑桥大学李约瑟博士和李大斐博士指导学习的营养学家鲁桂珍[3]（Lu Gwei-Djen）博士来到重庆加入中英科学馆。李大斐博士 1945 年底回到英国，而李约瑟博士在鲁桂珍的陪同下，开始了他回国之旅，途经中国东部

---

[1] 班威廉（William Band, 1906—1993），英国物理学家，毕业于英国利物浦大学，1929 年受聘到燕京大学物理系任教，担任物理学系主任长达 10 年之久。

[2] 所有与李约瑟有关的中国人士原文使用的是威妥玛拼音，如 Tsao Tien-Chin (Cao Tianqin 曹天钦) 中文名字参见剑桥李约瑟研究所网站 https://www.nri.cam.ac.uk/JN_wartime_photos/all.htm。曹天钦（1920.12.05—1995.01.08）生于北平，籍贯河北束鹿，生物化学家，中国现代蛋白质研究的奠基人。1944 年夏，获得得燕京大学理学士学位。随即受中英科学合作馆李约瑟博士的邀请赴重庆，参加中英文化交流工作。1946 年 10 月，经李约瑟博士介绍获得英国文化教育协会奖学金，赴英留学，后获剑桥大学博士学位。

[3] 李约瑟的长期助手、合作者、汉语教师和第二任妻子。

的主要城市。他访问了上海、北平、南京和香港。

1946 年 4 月 6 日李约瑟举行记者招待会后离开上海飞往香港返回英国，"李氏系于前日自平抵沪，定今日离沪返英，参加联合国文教科学机构之筹备委员工作"。[1]李约瑟博士的回国标志着在中国"为期三年半的紧张活动和卓越成就的结束，中国科学家将永远怀着感激之情铭记这些成就。在他正式和亲自离开中国之前和之后，都有人撰写和发表信件和文章，赞扬他的工作。毫无疑问，在李约瑟博士的指导下，英国的科学人员给中国人民留下了持久的印象，英国文化教育协会的目标在 1942 年使命开始时达到了前所未有的程度"[2]。

二、中英科学馆的主要工作

李约瑟博士在其最初的文化中英科学馆主要工作是促进中英科学交流的工作。1943 年李约瑟博士抵达重庆，于 4 月 3 日向英国驻华大使霍勒斯·西摩爵士提交了一份关于中英科学关系和文化合作的详细备忘录。他建议设立中国科学合作办公室（Science Co-operation Office），阐述了办公室可能提供的服务，概述了该办公室未来可能的发展，并提出向中国提供技术援助（不同于文化科学援助）的问题。此机构的宗旨大概有以下几点：第一，保持中国和世界科学界的联系；第二，为中国科学界提供必要的科研物资；第三，向西方输出中国的科技文献；第四，为中国科学团队提供咨询服务；第五，帮助中国科学家实现国内的彼此交流。中央研究院[3]派遣了一名科学人员协助文化中英科学馆（Cultural Scientific Office）的相关事宜；行政院和国防科学促进会支持办公室工作，国民党卫生部、国家资源部、农业部和教育部出台了相关措施与文化中英科学馆开展合作。

《大公报》在报道李约瑟回国记者招待会时总结了中英科学馆"其工作分五项：一，协助中国与国外科学技术智识接触；二，对中国供应科学器材及读物；三，向英国介绍战时中国科学界之成就；四，备中国科学界顾问；五，交换中英科学人才"。[4]

（1）科学交流

1944 年秋天，英国文化教育协会派遣生物物理学家毕铿、青霉素专家萨恩德（A. G. Sanders）、物理学家班威廉（William Band）教授、宇宙射线权威胡乾善[5]（Hu Chien-Shan）教授来华进行科学宣传和交流。其中萨恩德）任教于牛津大学威廉·邓

[1] 《大公报（上海）》1946 年 4 月 6 日 03 版

[2] 《年度报告 1945—1946》，p.135

[3] Academia Sinica，是中华民国时期学术研究最高机关，李约瑟博士是该院的外籍成员。

[4] 《大公报（上海）》1946 年 4 月 6 日 03 版

[5] 1944 年冬，胡乾善应重庆中英科学合作馆馆长李约瑟博士的邀请，担任该馆学术顾问。

恩爵士病理学院（Sir William Dunn School of Pathology），在霍华德·弗洛里爵士（Sir Howard Florey）的领导下，负责开发青霉素。来华后被任命为重庆英国文化教育会文化中英科学馆的医学顾问，任期一年。[1] 在华期间在多种场合宣传青霉素，青霉素被收录进了解放前和解放后的英语课本中。1945 年下半年，中英科学馆的其他英国成员及其中国同事进行了多次访问和考察。病理学家萨恩德[2](A.Gorden.Sanders) 博士在昆明呆了很短时间，还有一次去了兰州，西北防疫处对此特别感兴趣。李大斐博士和萨恩德博士一起参观了成都的大学，毕铿再次访问了成都的大学。七月底，萨恩德博士和毕铿博士离开重庆前往西南部，访问安顺、昆明和大理，并于十月份返回重庆。在安顺，向陆军医学院和陆军兽医学院、在昆明向西南联合大学、华西协和大学以及在大理向中国内地会医院的工作人员进行了讲演。

毕铿博士充分利用其广泛的兴趣和知识，不仅讲授应用生物学，而且讲授农业和音乐；萨恩德博士在抗生素领域以及血库和输血领域给予了巨大的帮助。萨恩德博士于 1945 年 10 月回到英国，毕铿博士 1946 年离开重庆，两位学者回国后继续在牛津和剑桥的实验室工作。

1944 年中国农业研究所的两位代表，国家农业研究局局长，南京大学农业学院院长，受邀访问英国，考察英国的农业。

（2）对华科学供给

向中国供应必要的化学品和仪器，是继续和发展纯科学研究、课堂教学实验和精细科学生产（例如，生产维生素、药物、疫苗、显微镜等）的迫切需要。在印度设立了一个循环基金，用于维持对华科学供应服务，以便满足中国研究机构等的基本需求，其中许多机构从事战争工作。这项服务现在的运作达到了可用交通设施设定的限度。1943—1944 年度有 25 批货物到达重庆，有 77 家机构从供应服务中受益。

1945 年，由于空运和海运的极大改善，对中国的科学供应大幅增加。1945 年11 月，在加尔各答为中国科研机构获得急需的化学品和仪器而安排的经费汇到伦敦，并指定了一名采购代理（兼职）处理订单。英国科学家、机构和公司慷慨地满足了对特殊化学品、培养物、种子、特定主题的再版等小规模需求，在大多数情况下，所有需求都得到了捐赠。此外，英国文化教育协会还以书籍、报告、缩微胶片和期刊的形式提供信息、备忘录、科学文献。例如，向中国提供了英国标

---

[1] 《年度报告 1944—1945》,p.155

[2] 邱晓娇 . (2019). 李约瑟与战时 " 中英科学合作馆 " 研究 . 山西科技 , 34(6), 4.

准规范、关于在小型电弧炉中生产硅铁的信息；合成染料文献；青霉素样品的鉴定；甜菜糖加工信息；还有磷肥和人造丝植物等。

（3）科学顾问

对于中国的战争和中国所有科学分支的发展来说，"提供有关纯科学和应用科学中出现的问题的信息和建设性意见是非常重要的"。英国文化教育协会办公室是中国卫生部和英国医学研究委员会（Medical Research Council）之间；中国经济和自然资源部（Chinese Ministry of Economics and Natural Resources）与英国科学和工业研究部（Department of Scientific and Industrial Research）等部门之间的纽带，有许多事情来回传递，其中一些对中国的战争具有相当重要的意义。

（4）科学文献提供

英国文化教育协会选出许多关于所有学科和大众文学的书籍并发送到中国。数目相当多，但没有具体统计数字。以缩微胶卷形式提供的期刊不限于李约瑟博士要求的科学性质的期刊。英国文化教育协会制作并寄出了大量大众和学术性质的影像材料。英国文化教育协会与 C. D. Darlington 博士合作制作了关于科学主题的系列电影《科学系列 1：细胞核分裂》（Science Series No. 1: Division of the Cell Nucleus），这部科学电影"专门为中国创作"。

科学文献的提供。详见本章第六节。

（5）介绍中国科学成就

中英科学馆将中国的科学资料介绍给英国科学界。

1944 年中国工人的 30 篇英文手稿通过重庆办公室提交给英国科学期刊的编辑出版。组建了一个从中文到英文的翻译小组，可以翻译特别感兴趣的科学论文或编写摘要。以这种方式翻译或摘录了 12 篇论文。一笔拨款用于从中国化学出版物中编制英文摘要。至少有 400 份中国科学出版物（期刊、印刷品、油印文章等）通过英国文化教育协会分发给英国科学家和科学图书馆。

《中国科学通讯》（Acta Brevia Sinensia）[1]，描述了当前中国的科学活动，由英国文化教育协会在英国复制和分发。当年分发了四期。

关于在中国发生的问题的技术备忘录被转交给英国，以供服务部和政府有关部门（包括科学部门）参考。许多此类秘密备忘录已经送达英国。

---

[1]《中国科学通讯》是抗战时期在大后方创刊的综合性英文科学刊物，面向英、美科学界发行，报道大后方科学之进展，由中华自然科学社于 1942 年开始编辑，先是由该社自行对外发行，后于 1943 年交李约瑟领导的中英科学合作馆发行，直至抗战结束共刊行 10 期，在当时的中外科学交流中发挥了与 Nature 相似的作用。参见孙磊，张培富，贾林海.《中国科学通讯》与大后方的对外科学交流 (1942 ～ 1945)[J]. 自然科学史研究 ,2016,35(1):61-74.

某些源自中国的优质科学产品，如四川酒精、松根油等，提请联合国注意。

1945 年中英科学馆收到了许多中国科学家的原始研究手稿，并在大约 25 种英国期刊以相当大的篇幅发表了这些论文。总共有 74 篇论文发表或被接受。大量中国论文摘要、科学出版物、翻译、技术备忘录等也大量通过英国文化教育协会传播到英国。《中国科学通讯》在伦敦编辑并发行。

李约瑟博士在《自然》杂志上连续发表的一系列文章，其中六篇，介绍他访问过的高校和机构的科学工作，以及他在中国组织科学的计划。"这使英国科学家第一次对中国的科学活动的范围和强度形成了一些了解"。李约瑟博士在 1944 年的 4 月和 10 月两次造访流亡遵义办学的浙大，并且留下深刻的印象。同年 12 月 16 日，《贵州日报》就发文言及尼德汉（即李约瑟）教授称"联大浙大不啻牛津剑桥哈佛"。

李约瑟回国后，于 1945 年 10 月 27 日在英国《自然》杂志上发表《贵州和广西的科学》一文，文中赞誉："在重庆与贵阳之间叫遵义的小城里，可以找到浙江大学，是中国最好的四所大学之一。"

（6）其他服务

中英科学馆安排印度地质调查局利用中国地质学家提供的材料制备岩石剖面；在印度印刷由中国地质调查局编制的军械测量图。

在战时，中英科学馆总共向中国输入英国科学书籍七千册，英国期刊杂志二百五十余种，提供科学实验仪器总值六千金镑，同时按照科学文献交换计划向英国科学界转送或翻译中国科学家论文 140 篇，其中 86% 均在英国著名科学杂志发表，足证其在中国战时科学的科学推广工作"确有甚大成就"。[1]

---

[1] 《大公报（上海）》1946 年 4 月 6 日 03 版。

第三节　艺术推广

本节总结了英国文化教育协会在中国的艺术推广过程。在 1934—1954 年协会创设初期，在中国有零星的艺术推广活动。从 1941 年英国文化教育协会进入中国，到 1952 年在华机构关闭撤离，英国文化教育协会在华的推广活动主要集中在科学和教育领域，艺术推广的文字记录较少。

一、举办艺术展览

1942—1943 年英国文化教育协会协助中国大使馆在利物浦举办中国展览。1946 年 1 月，第一届英国平面艺术展在重庆英国文化教育协会大楼举行，随后在成都、沙坪坝和璧山举行。同时，英国文化教育协会与当时的国民党政府宣传部合作，在伦敦举办了中国当代水彩与木刻展览，49 幅现代中国水彩画在伦敦皇家波特兰广场 43 号展出，玛丽女王参观了展览。

1946 年英国文化教育协会将 70 幅版画，包括蚀刻、木刻、雕刻和石版画送往中国，在重庆和上海等五个中心展出。在上海，有 7000 多人参观了展览，在登记簿上签名。1946 年 12 月 11 日《大公报》报道，"英国文化委员会，定于本月十六日至二十一日，每日上午十时至下午六时，假南京路大新公司画廊，举行英国刻画展览会"。

1947—1948 年度在上海、南京和北京举办了画展和素描展、英国风景版画展以及威廉·布莱克的作品展。

1947 年在上海举办了平面艺术、照片和艺术书籍展览，后者与市图书馆联合举办。1947 年 2 月 16 日《大公报》第 5 版报道，"英国图片展：本周主题英国医院，本周所展览有关英国教育之画片，继续展览一星期。"1947 年 3 月 10 日《大公报》报道，"英国文化委员会，假座八仙桥青年会所举行之画片展览会，已历五周"。

1947 年 12 月 3 日《大公报》第 5 版报道，"英国文化委员会定于本月四日起至十日至在南京路大新公司举行一五彩印刷画与相片之展览会，定名为'英国山水'"。《老成旧报刊》数据库中《西点》1947 年第 20 期也报道"英文化委员会举行'英国山水'图书展览"。

1948 年 5 月 25 日《大公报》第 4 版报道，"上海法文协会、中印协会、联合国驻沪办事处、英国文化委员会、美国新闻处、苏联对外文化协会、男女青年会等团体从今日起到 6 月 3 日止，举办"国际周"，内容共分"国际音乐会"，"国际电影展览"，"国际画展"。

二、人员交流

战争使英国学者很难访问中国，但以任义克教授（W.L.Renwick）1943—1944 年的访问为开端。1943—1944 年度任义克教授抵达中国，他提交了一份关于中国美术的报告，并提出了各种切实可行的方法，使英国文化教育协会能够帮助让中国人注意到英国在艺术领域的成就。

1947 年 3 月 4 日《大公报》报道，"国立北平临专教务长兼西洋画系主任吴作人，顷膺英国文化委员会之聘，一定下周一（十日）由沪飞港转英，考察英国美术教育，并将参观英著名美术馆。"

三、音乐电影

除了举办展览之外，英国文化教育协会还推广英国电影。1942—1943 年驻中国重庆大使馆新闻官写道："英国文化教育协会的六部彩色电影一直受到各方面的需求，尤其是公共影院。这类电影有助于中国更多地了解英国及其生活方式，我们认为它们在我们的工作中具有重大价值。"1947—1948 年度报告写道"在中国，人们对电影的兴趣显著增加，英国文化教育协会的电影在南京和北京等地发行"。

1946—1947 年英国文化教育协会在中国南京、上海、广州和重庆建立了留声机唱片图书馆，向中国介绍英国的音乐。

第四节　教育推广

英国文化教育协会在华教育推广工作的一个重要部分是面试和挑选研究生，授予留英奖学金，挑选英国大学客座教授职位的候选人。

一、人员交流

陶德斯教授于 1943 年夏天从中国回到英国，提交了一份报告，提请注意中英两国在互惠基础上进行学生交流和互访的需要。

修中诚自 1942 年 5 月 1 日直到 1944 年 9 月底一直在中国为协会开展推广工作。"他对中国大学生活的贡献，特别是对人文学科的贡献，在当地留下了深刻的印象，他被要求继续留校到年底。然而，他认为有必要返回英国，以便继续他一直从事的某些中英文学和学术项目"。在修中诚抵达英国之后，希望不久之后，牛津大学中文遴选教授当选人陈寅恪博士（Chen Yin-chiao）[1] 也会来到英国，修中诚是他的官方助理教授，预计在未来一年内，他们将重点关注牛津大学中文高等研究，这将具有持久的价值。

1943—1944 年度四名中国教授被邀请在英国大学居住一年，两名在牛津大学，两名在剑桥大学。教授们已经被挑选出来，预计将在年内到达。著名化学工程师周家炽教授已抵达英国接受剑桥大学奖学金。在所有 12 名奖学金获得者中，主要是学术地位较高的人已经抵达。1943—1944 年度英国文化教育协会向来自中国的申请人提供了 36 个奖学金，并安排了 30 名中国政府资助的访问学者。

1947 年 2 月 14 日《大公报》第 7 版报道，"英国文化委员会，前曾函请我国派遣川滇黔三省适当人员，赴英考察教育，选定杜叔玑徐继祖等五人"。

1946—1947 年总共有 560 名访问英国，其中中国有 13 名交流人员。我们统计了 1945—1947 两年的交流情况，如下表：

---

[1] 参见 程美宝 . (2000). 陈寅恪与牛津大学 . 历史研究 (3), 13. 陈寅恪当年秋天就到达英国治疗眼疾，后不得不放弃牛津大学的聘任。

表 28 受英国文化教育协会邀请赴英交流的中国学者名单（1945—1947）

编号	姓名	职位	年度
1	Professor Yuan Tung-Li	图书馆馆长	1945—1946
2	Miss Priscilla Huang	福利工作者	1945—1946
3	Miss Chi-yi Chen	福利工作者	1945—1946
4	Dr. Sah Fan-Tung	物理学家	1945—1946
5	Professor Yell Chiu-Yuan	教育家	1945—1946
6	Mr. Hsu Chia-pi	图书馆馆长	1945—1946
7	Professor C. W. Chang	农学家	1945—1946
8	Professor Wang Ching-Shi	心理生理学家	1945—1946
9	Dr. Yang Chen-Sheng	文学院执行院长	1945—1946
10	Professor C. C. Tan	遗传学家	1945—1946
11	Dr. T. P. Feng	生理学博士	1945—1946
12	Professor Chung Tao-tsan	教育部总督学	1946—1947
13	Miss Pearl Chiang	儿童福利人士	1946—1947
14	Professor Pao Chiao Ming	经济地理学教授	1946—1947
15	Professor Tu Schu-chi	贵阳师范学院院长	1946—1947
16	Professor Hsu Chi-tsu	昆明国立师范学院教育系主任	1946—1947
17	Dr. Wong Teh-chao	物理学家	1946—1947
18	Professor Tang Shih-fang	四川省教育署秘书长	1946—1947
19	Professor C. N. Bao	昆明经济地理学教授	1946—1947
20	Professor Fei Hsaio-tung	清华大学人类学教授	1946—1947
21	Professor Sung Ta-loo	四川省教育署局长	1946—1947
22	Professor Lo Chung-shu	成都华西协和大学哲学教授	1946—1947
23	Dr. Edith J. H. Chu	有机化学家	1946—1947
24	Dr. H. P. Chu	上海国立医学院院长	1946—1947

英国文化教育协会共邀请了费孝通、袁同礼 24 名中国各界人士访问英国进行交流考察。虽然这些人士属于社会精英或名流，但由于资料缺失或邮政拼音记录问题，由于部分姓名很难考证其中文名，因此上表还是采用英文记录。

1944 年至 1946 年期间，八名中国知名教授（包括 R. C. Fang, Yin Hung-chang, Chang Tsu-kung, Chang Hui-wen, Fan Tsen-chung）在英国文化教育协会的资助下到牛津和剑桥大学居住一年。

1945 年，国立厦门大学第一任校长，中央研究院第一届院士和总干事萨本栋教授应邀访问英国进行短期讲学，后来作为中国驻联合国办事处的正式代表访问英国。

应宋美龄的请求和英国驻华大使馆的推荐，黄佩兰（Miss Priscilla Huang）和陈纪彝（Miss Chi-yi Chen）[1] 在英国文化教育协会和联合对华援助基金的共同赞助下应邀访问英国。黄佩兰曾任妇女指导委员会救济部部长和中华全国妇女战争

---

[1] 曾担任卫理女子中学校长。

救济协会秘书长。陈纪彝[1] 曾任妇女指导委员会新生活运动促进总会副总干事和战时儿童保育会秘书长。这次访问的目的是为来自中国的其他福利工作者开辟道路，并使她们能够近距离地学习英国所有可能适合中国特殊需要的社会服务。

其他交流人员包括北京大学文学教授、文学院执行主任 Yang Chen-Sheng；中国中央研究院心理研究所所长汪敬熙博士（Wang Ching-Hsi）；南京金陵大学农学院院长章之汶教授（C.W. Chang）和国立北平图书馆馆长袁同礼等。

1946—1947 年度有三位教授受邀前往英国。1946 年 9 月南京大学经济地理学教授鲍觉民（Bao Chaio-Ming）教授应英国文化教育协会邀请，作为访问教授在北爱尔兰农业部的安排下研究了土地利用问题，先后在伦敦、牛津、剑桥、曼彻斯特、伯明翰等 15 所大学演讲和座谈，主讲"中国土地利用"、"中国人口问题"等专题；罗忠恕教授（Lo Chung-Shu）访问了贝尔法斯特，与英国女王大学当局讨论如何促进英国和中国大学之间更密切的关系，以及影响英国大学中国学生的事项。

1946 年 11 月 10 日《大公报》第 7 版报道，"英国文化委员会，为促进中英文化交流，近聘中国名教授多人，前往讲学。罗忠恕赴英讲学，先到牛津讲中国文学与哲学，返国途中访问法义土学术界"。

1946 年 12 月 4 日《大公报》第 7 版报道，"成都华西大学文学院罗忠恕教授，应英国文化委员会之邀，赴英讲学，定今晨四时飞港转赴伦敦"。

从上表中大多数学者的教育背景来看，除了政府官员之外，英国文化教育协会邀请的学者大多具有海外留学背景，多为庚款留英美的公费生，在国内有一定的知名度和影响力。

除了邀请中国知名人士赴英交流考察外，英国文化教育协会还派出英国专家访华交流。1946—1947 年度罗士培访问了广东和香港；他在岭南大学、中山大学高校等讲学。他还访问了北京，并与国立北平大学、清华大学、燕京大学、辅仁大学以及北平师范学院等建立了联系。

1947 年 1 月 29 日《大公报》报道，"本市英国文化委员会，最近自英伦聘请女名教育家葛莱克博士及格丽小姐来华，作四个月之公开学术演讲"。1947 年 3 月 10 日葛莱克博士 (Dr.Mary Clarke) 及格丽女士 (Miss Grier) 两位抵达上海开始为期四个月的讲学。1948 年 6 月 27 日《大公报》第 3 版报道，"最近受任为英国文化委员会驻华代表的英国名教育家葛丽尔女士，定明日离京来沪，作五日访问。"《老成旧报刊》数据库中《厦大校刊》1949 第 4 卷第 2 期报道"英国文化协会代

---

[1] 参见 中国新女性 [美] 海伦·福斯特·斯诺 .—北京：中国新闻出版社，1985。

表葛丽雅女士及林苏弼博士来校演讲"。

二、奖学金

1940 年英国文化教育协会给香港大学拨款，为中国内地的学生提供了四份奖学金，英国文化教育协会将这一计划成为"外交使命 (the diplomatic mission)"。在香港大学的建议下，并通过其资源的财政援助，这一计划后来增加到分阶段设立 20 个奖学金。香港大学决定从大学基金中为英国文化教育协会的每一位学者提供补助金。[1]1940 年给香港大学提供的奖学金的获得者学者提名由香港大学与重庆的中英关系协会进行磋商，英国驻华大使担任中英关系协会会长。[2]

1942 年英国文化教育协会增加向英国工业联合会提供的有关其从中国带学生学徒到英国培训的计划的补助金名额。1942—1943 年度英国文化教育协会向 50 名中国研究生发放生活补助，其中一些人在 3 月份离开重庆前往英国。英国各大学都为这些学生提供了免费的学习机会。英国文化教育协会认为，"英国培训中国学生非常重要"。[3]

1943—1944 年度英国文化教育协会协调中国研究生与英国工业联合会学徒计划保持联系。英国工业联合会的学徒计划，将训练有素的工程师从中国带到英国从事实际工作。英国文化教育协会为该计划做出了重大贡献，1943—1944 年度有31 名工程师在英国接受培训。还有五名中国制药专业学生通过五家不同公司的奖学金赴英国进行制药培训。这些学徒计划的工程师也由英国文化教育协会负责接待和管理，学徒计划与英国文化教育协会奖学金的不同之处在于，资助他们的资金将由相关公司提供。

1945 年，在英国文化教育协会的支持下，一个由 70 名中国研究生组成的团体来到英国。他们中的一些人在英国大学学习，另一些人接受与商业公司安排的技术培训。

下面的《大公报》新闻报道可以看出，英国文化教育协会每年向中国提供 20 名学生奖学金，吸引中国学生留学英国攻读研究生。1947 年 9 月 30 日《大公报》第 5 版报道，"中国学生十七人，约于明日抵英，进各大学攻读"。

1948 年 5 月 7 日《大公报》第 3 版报道，"英国文化委员会定于下学年（一九四九年）至一九五〇年，设立奖学金廿名，赠予中国各地大学毕业生，作为在英研究之用，各种科目都可申请"。

---

[1]《年度报告 1940—1941》，p.89
[2]《年度报告 1940—1941》，p.89
[3]《年度报告 1942—1943》，p.93

1948 年 5 月 9 日《大公报》第 3 版报道，"驻华英国文化委员会八日已将获得一九四八至四九年度英国文化委员会奖学金的二十名中国大学毕业生名单公布"。在 1947—1948 年度中，英国文化教育协会为在英国大学学习和研究颁发了 20 个研究生奖学金和 5 个高级教授研究金。

三、教育任命

1942 年英国文化教育协会首次向中国派出由英国文化教育协会提供薪资的讲习教授在中国高校任职，资助国立上海医学院的妇科系主任，主任由王国栋博士[1]（Gordon King）担任。因为战争，学院被疏散到重庆总医院。英国文化教育协会支付了王国栋博士的工资，受英国文化教育协会派遣，他先后在香港大学、贵阳医学院出任讲习教授。[2]1945—1946 年度香港结束日据时期，王国栋博士离开了国立上海医学院位于重庆歌乐山的战时校址，回到香港大学，负责医学院，英国文化教育协会为医学院提供一些急需的医学书籍。

四、课程

英国文化教育协会的惯例是协会工作人员会在教育机构中讲授课程和举办讲座，进行推广宣传。

任义克教授 1944 年在国立中央大学、中山大学等做了一系列的英国文学讲座。[3]

在中国的第一年（1945—1946）里，英国文化教育协会中国区首席代表罗士培教授和英国文化教育协会讲师罗士培夫人参观了昆明和成都的大学中心，并在两地大学的各个系讲座。在重庆期间，罗士培教授在沙坪坝国立中央大学就"欧洲政治地理问题"进行了十次讲座。罗士培夫人在同一所大学上了八次关于"英国现代宪法史"的讲座。她还就"英国的妇女教育"向南开中学的女生发表了演讲。应特别要求，罗士培教授在重庆国民党大厅举行的人民外交关系协会和外交政策协会联席会议上就"英国社会良知的成长"发表主旨演讲，由刚被任命为国际法院法官徐谟[4]（Hsu Mo）博士主持。在 1946 年 3 月访问上海期间，罗士培教授在中英文化协会新成立的分会开幕之际举行了记者招待会，就英国文化教育协会在

---

[1] 王国栋，OBE（英语：Gordon King，1900 年 7 月 7 日—1991 年 10 月 4 日），产科及妇科医学家，1938 年至 1956 年担任香港大学妇产科学系主任和讲座教授。

[2]《年度报告 1942—1943》，p.52。

[3]《国立中央大学校刊》1944 年第 4 期。

[4] 徐谟（1893—1956），江苏省苏州人，律师、政治家和外交官。从 1931 年到 1941 年，他担任外交部政务次长、驻澳大利亚和土耳其大使，从 1946 年到去世，联合国海牙国际法院大法官。

中国的宗旨和活动发表了讲话。他还在上海给大学生举办讲座。

同时，英国文化教育协会还推广英国国内的课程。1948 年 6 月 10 日《大公报》第 3 版报道，"英国文化委员会教育专家拙克近函教部杭立武次长说：'伦敦大学近特为外国的教师及教育行政人员开设英国教育课程，计包括英国教育制度、英国社会背景、英国思想家、教育调查与研究及教育心理等'"。

五、机构资助

1945—1946 年度英国文化教育协会决定向上海雷士德医学研究院（Henry Lester Institute）的受托人提供 1 万英镑的经费资助。

第五节　语言推广

中英国文化教育协会早期在中国的活动基本上集中在科学和医学上。在中国的办公室最开始叫中英科学馆，办公室的成员都是科学家。1944—1945 年年度报告总结了李约瑟在中国的科学推广活动，基本上与语言推广无关。

1945 年初罗士培担任英国文化教育协会在中国的第一任代表后，语言推广逐渐加强。

一、英语教学

英国文化教育协会派遣专家来华对英语教学提供顾问咨询。1947 年 1 月 9 日《大公报》报道，英国文化教育协会"新近任命为英国文化委员会英语研究部顾问之特莱克君 (Mi.E.Sowerly Drake) 来华辅助英语教育，于昨日由英伦抵沪，当晚即搭车赴京履新"。顾问在中国开展了一系列英语教学讲座，如 1947 年 12 月 28 日《大公报》报道，"英国文化委员会英文教学顾问杜锐克 (E.Sowerly Drake) 应本市中等学校协进会之请，特别从南京赶到上海来演讲，定今天下午二点一刻在山海关略育才中学大礼堂讲演英文教学问题"。

英国文化教育协会组织召开英语教学研讨会。1948 年 3 月 5 日《大公报》报道，"本市英国文化委员会及中华基督教教育协会第一次联合举办的华西区英语教育研究会，定本月十日起开始"。1948 年 3 月 15 日《大公报》报道，"英国文化委员会中华基督教教育协会和武昌华中大学近联合举办武汉区英语教学讨论会，从本月卅日起到四月一日止，假华中大学开会。英教育专家屈雷克赴昆，视察中学英语教学情形"。

英国文化教育协会在华成立英语教学组织。英国文化教育协会在中国的早期语言推广阶段，通过资助中英关系协会 (Sino-British Relations Association)、中英文化协会开展早期活动。

早在 1936 年英国文化教育协会向南京的中英文化协会 (the Sino-British Cultural Association) 和欧洲一些英国研究协会拨款 1540 英镑 3 先令 6 便士，用于进入中国的前期研究。[1]1942 年英国文化教育协会继续向中英文化协会提供资助，向中国的一些研究会和研究所提供英语书籍，为在重庆和昆明开设英语班提供新的

---

[1]《年度报告 1936—1937》，p.21

资助。[1] 英国文化教育协会计划将英语教学推广到国统区 [2]。1945—1946 年度在昆明和重庆的中英文化协会也获得了经费资助。1946—1947 年度恢复中英文化协会，会员约 600 人；中英文化协会 1946 年 3 月在上海成立一个新的分支机构，拥有 248 名成员，由英国人和中国人各半。1946 年至 1947 年，该协会在上海和南京的分会也获得了一笔经费资助。中英文化协会在重庆和昆明也有分支机构，但由于大量战时人口返回东部，成员人数不详。中英文化协会对英语的推广起到重要作用。中英文化协会从 1944 年开始定期举办英国文化方面的讲座。

1948 年 9 月 25 日英国文化教育协会资助的"重庆西方语言协会"成立，"该会将成为大家交换英语教学法的一个家庭。" [3]1948 年 9 月 25 日《大公报》报道，"'重庆西方语言协会'日内即可成立，开始登记会员"。1947—1948 年度为了协助建立西方语言协会（Western Language Association）的分支机构（其目的是改进英语教学），教育干事访问了北京、杭州、上海、广州、厦门和福州。

英国文化教育协会提供英语教学资料。1944—1945 年度英国文化教育协会对中国大学英语系的拨款主要用于重印中国严重短缺的英语教科书，并将其分发给各大学。1949 年 1 月 18 日《大公报》报道，"伦敦寄来英语教本，英文化委会协助渝市英语教学"；《老成旧报刊》数据库中《教育通讯月刊》1948 年第 5 卷第 8 期报道"英文化委员会在华推广《英语教学》杂志"。

二、教育任命

1947—1948 年间英国文化教育协会先后在国立中央大学、安徽国立大学、南开大学、北平国立大学等四所大学中资助设立英语教授教席。在金陵女子大学、岭南大学设英语讲师岗位。

1948—1949 年由于在上海复旦大学和厦门大学各任命了一名英语讲习教授，并在北京国立师范大学任命了一名英语讲师，因此担任资助大学职位的工作人员数量增加，从而在华教育任命的数量达到 8 个。

但随着时局的变化，英国文化教育协会在中国的英语推广逐渐停止。

---

[1]《年度报告 1941—1942》，p.55

[2] 原文使用的是 Free China，本文翻译为国统区。

[3]《大公报》（重庆版）1948/9/25 第 2 版。

第六节　书刊推广

一开始，科学期刊文献是英国文化教育协会推广的重点，这与中英科学馆和李约瑟有很大关系。在年度报告中，1943—1944 年对在中国的书刊推广有较多的记录。1943—1944 年度英国文化教育协会开始向中国增加科学文献的供应（包括电影和菲林片[1]）。文化中英科学馆定期向中国发送约 75 种英国科学期刊的 6 份最新版本。安排在重庆出版英国《科学月报》中文版。《每月科学文摘》（Monthly Science Abstracts）、《每月科学评论》（Monthly Science Reviews）和《科技进展》（Endeavour）[2] 等期刊，通过中央研究院分发。1943—1944 年开始商讨英国文化教育协会出版物的翻译问题。

开始向中国发送缩微胶片期刊，通过国际科学和文化参考资料供应委员会[3]将七十五种英国科学期刊的六份缩微胶卷正片[4]定期发送给中国（版权已被清除）。该组织还处理所有美国向中国提供的缩微胶片。到 1944 年底，90 种英国期刊——科学、技术、文学、音乐、经济等——以缩微胶片形式通过中英美缩微胶片服务（Sino-British-American Microfilm Service）发送到中国，其中包括《自然》（Nature）和《探索发现》（Discovery）。英国广播公司的中国频道每周都会播出期刊评论，会播送英国文化教育协会寄送的缩微胶片的通知。

1943—1944 年度英国文化教育协会为中国空军研究院提供学术期刊过刊。英国文化教育协会开始安排提供菲林片（胶卷形式的灯笼幻灯片）作教学之用。将选择材料来说明各个科学分支教学的初级和高级大纲。并提供一台用于教学目的的实物幻灯机，送到位于甘肃兰州的中国工业合作社（Chinese Industrial Co-operatives）。由 Sun Ming-Chin 教授[5] 挑选的英国科学电影提供给南京大学教育电影制作系。这些将包括英国文化教育协会的电影以及其他来自外部来源的电影。

1943—1944 年度英国文化教育协会将英国期刊上发表的一些科学论文的单行本发送到中国。英国文化教育协会办公室急于促进两国工人之间的论文交流。英

---

[1] film strip，印刷制版所用的胶片，现一般翻译为胶卷。
[2]《科学进展》杂志 1942 年创刊，是科学史和科学哲学的主要期刊之一。期刊以清晰易懂的方式展示了科学的历史和哲学。
[3] International Committee for the Supply of Scientific and Cultural Reference Materials (Microfilms)
[4] 影像色调与原件一致的缩微胶卷。
[5] 无法查考其中文名字。

国文化教育协会为中国工人准备了来自英国最新期刊和旧文献的科学论文的打字稿。

图书方面，主要集中于推广英国的科学教科书和专著。

陶德斯教授访问了很多中国的大学和机构之后，于 1943 年夏天从中国回到英国，编写了一份关于中国大学生活状况以及为满足中国需要而采取的最佳措施的宝贵报告。他把书籍的供应放在首要位置，并希望英国尽一切努力满足他所提到的那些机构的需要。英国文化教育协会与牛津大学中国图书委员会（Books for China Committee）密切合作处理陶德斯提出的对华图书供应问题，陶德斯教授是图书委员会的成员之一。尽管运输非常困难，1943—1944 年度英国文化教育协会办公室经手处理的送达中国的科学教科书和专著数量不详，但多达数百本。

1946—1947 年度大约 60% 的中国图书拨款用于图书捐赠，一半到十所选定的医学院，一半用于大学。

和前文所述一样，英国文化教育协会在华的书刊推广也遵循同样的推广途径。

英国文化教育协会首先建立协会的英文图书馆。怀特 (A.J.S. White) 在书中描述了当时英国文化教育协会在中国的文化推广活动："1951 年底，英国文化教育协会在中国的讲座、电影放映、音乐独奏会和展览仍然座无虚席，图书馆和阅览室比以往任何时候都拥挤。"(White,1965,p.79) 1947—1948 年南京图书馆的建设工作仍在继续，筹建的北京图书馆的藏书准备工作也取得了良好的进展。英国文化教育协会在广州没有直接代表，但新闻处设有一个图书馆，英国文化教育协会向其提供文化书籍。[1] 1948 年 9 月 12 日《大公报》报道，"中英文化交流，英方在平成立图书馆，英国文化委员会图书馆于十一日下午五时在英国领事馆举行开幕典礼，刘瑶章市长偕外事处梁处长前往参加"。英国文化教育协会在 1952 年撤出中国时，将在中国建的图书馆转移到泰国。

同时英国文化教育协会充实地方图书馆的英文文献。1946 年 5 月 2 日《大公报》报道，"英国文化委员会"首任代表罗士培，二十九日访重庆市长张笃伦，表示愿意经常供给各种英文书报杂志，帮助充实重庆市立图书舘，同时希望在该馆内设一英文书报室，供市民阅读。

英国文化教育协会向大学等教育机构赠送英国书刊文献，推广英国的书刊。1947—1948 年度英国文化教育协会定期分发 250 份英国科技期刊。中英科学馆继续协助交流信息和科学材料。比如《老成旧报刊》数据库中《金陵大学校刊》1948 年第 371 期报道"英国文化委员会近赠本校杂志多种"。

---

[1]《年度报告 1947—1948》, p.20

结　语

研究国际文化推广组织是区域国别研究的重要内容之一。英国文化教育协会是在英语教学、语言评估、文化推广和教育系统方面闻名于世的权威机构，是国外优秀语言文化推广机构的典型代表。自 1934 年成立以来英国文化教育协会在全球做了大量语言文化推广工作。研究英国文化教育协会可有助于我们增进文化推广和传播的规律性认识。

论文分析了英国文化教育协会从 1934 年机构创立至 1954 年，20 年的推广活动和实施路径。本研究采用历史—文本分析法 (约翰逊 ,2016,pp.117-121)，利用质性研究工具 NVivo12 软件，辅以语料库话语分析等手段，对英国文化教育协会从 1934 年成立至 1954 年创立二十周年的年度报告、发展规划、会议纪要、英国国会议事录档案 (Hansard)，出版物等的历史文献和政策文本进行研读和分析，系统总结和分析英国文化教育协会在全球的语言文化推广活动，厘清协会的文化推广操作路径，回答如何进行文化推广的问题，并探讨对孔子学院的启示。对英国文化教育协会推广典型案例的研究较为清晰地呈现了推广过程和路径，对孔子学院的推广活动具有借鉴意义。

本研究利用丰富的历史原始材料，为以后语言文化推广机构研究提供了可供比较的案例。在实践上，对英国文化教育协会语言文化推广的研究较为清晰地呈现了推广的过程和路径，对以后的推广实践具有借鉴意义，有助于推广活动的实施。

一、研究发现

英国文化教育协会 1934 年成立到 1954 年，20 年里，作为英国的官方语言文化推广机构，开展的主要推广业务活动有：

• 为海外学生提供奖学金、研究金和助学金。

• 负责在英国的留学生福利，为留学生提供信息、住宿和支持。20 世纪 80 年代初，随着政府拨款的削减，这一领域的活动大大减少。

• 医学和科学：课程开发、研究人员协作、学校科学和数学教育。

• 教育访问、交流和考察：包括专业团体访问英国、青年交流。

• 图书、图书馆和信息服务：包括向教育机构提供图书和期刊，出版和推介英国文化教育协会自己的出版物（如《英国图书新闻》《英国医学公报》和《今日英国》）、图书馆网络，以及通过书展和其他活动促进英国图书业。

• 艺术：组织参观、展览和活动，并在美术（或视觉）艺术、音乐、文学、戏剧和电影媒体上委托创作新作品。

• 英语教学：包括直接英语教学活动和在各种媒体上制作教学资源。例如，在与英国广播公司的长期合作中，英国文化教育协会制作了一些英语教学电视节目。

• 英语教学发展：包括国家或地方教育系统的发展、教师培训、教学大纲和教学资源的开发。

• 测试开发和实施。

• 宣传推广英国大学和高等教育机构：包括学术人员的交流访问、提供在英国留学的信息，以及与高等教育部门合作吸引国际学生来英国。

• 其他教育服务支持：包括任命学术人员、教师和教育主管担任关键职位；为海外学校提供资金。

• 为国际组织和会议提供秘书处：包括联合国教科文政治，同盟国教育部长会议（1942—1945 年）。

除此之外，英国文化教育协会还作为英国政府或其他组织的代理人提供服务。这些服务包括：

• 管理若干奖学金、助学金和研究金计划（联合国研究金、科伦坡计划等），这些计划或为海外学生提供在英国学习的机会。

• 代表海外开发署管理农业、技术、工业教育、公共行政和管理发展领域的技术合作和培训方案。

• 代表大学、考试委员会以及专业和职业认证机构管理海外考试。

在艺术领域，英国文化教育协会是推广英国艺术的官方机构，可以针对各种类型的个人，通过新闻服务、电影、文学发行、展览、讲座、音乐会和戏剧表演等媒介向海外公众广泛传播。英国文化教育协会在艺术推广方面的努力主要在三方面：一是在各国举办演出和展览；二是发行杂志；三是提供艺术资源。美术方面，英国文化教育协会主推特纳（以他的水彩画为代表）、亨利·摩尔（以他的绘画和造型为代表）、格雷厄姆·萨瑟兰（以抽象风景画为代表）等艺术家的作品。这些艺术家经过英国文化教育协会的包装和推介，现在都有着良好的国际声誉。戏剧方面，老维克公司、萨德尔·威尔斯芭蕾舞团一直是英国文化教育协会的长期合作伙伴。英国文化教育协会负责向国外推广英国音乐、戏剧和美术知识。它不仅通过安排参观和展览来推广,而且还通过提供有关艺术的信息和材料——书籍、电影、音乐录音等——来完成这项任务。

在科学领域,英国文化教育协会的科学推广活动主要分为纯科学、医学、农业和工程四类。科学推广一开始的重点是医学推广,推广英国的整形外科、麻醉、康复、青霉素等英国的重要医学成就。后逐渐扩大工程和纯科学的推广。科学主要的推广路径有成立咨询委员会、宣传和推广英国成就、建立图书馆、拍摄和推广科学电影,推介图书期刊、加强人员交流、书评计划等。协会的科学推广仅限于专家和教育团体。英国文化教育协会不参与针对海外公众的科学宣传,也不参与商业活动或英国特定科学商品的广告宣传。英国文化教育协会在科学领域的大部分工作都是通过科学印刷文字来完成的,当然,科学印刷文字是科学家用来传播新知识的主要媒介。

教育方面,英国文化教育协会主要通过吸引学生到英国留学,培训外国工程技术人员和外语教师等实现教育推广。开展的主要教育推广工作有管理奖学金和助学金,负责学生和交流人员的福利,开设培训课程,为外国学校提供资助和师资等。

在语言推广方面,英国文化教育协会主要依靠英国学院和亲英社团开展直接英语教学。早期,英语教学等英语语言文化推广包含在教育推广中,没有单列出来。随着英语教学活动的扩大以及协会越来越意识到英语重要性,英语逐渐从教育推广中剥离,成为一个独立的推广活动类型。英国文化教育协会开展的英语推广的核心活动主要有:英语教学、英语教学发展、测试开发和实施、英语期刊、英语认证等。英国文化教育协会刚成立时,它首先支持资助已有的促进英国海外研究的海外组织或社团,并在最需要的地方提供自己的英国学院,来推广英语。英国文化教育协会在1934—1954年期间的语言推广经历了从"直接教授英语"到"培训英语教师",从"基础英语教学"转向"高等教育中的英语教学"等嬗变。

在海外推广英国书籍是英国文化教育协会的一项主要活动,在这一领域协会与英国海外开发署、英国出版商、世界银行等有着密切的合作。英国文化教育协会通过设立图书推广部,通过举办图书期刊展览、每月出版《英国图书新闻》、编辑和分发专家注释图书清单以及海外评论计划等举措,激发人们对英国图书期刊的兴趣。

英国文化教育协会在图书推广方面的工作主要由英国政府海外开发署拨款资助,一直作为英国海外开发署的代理人管理和实施三项计划,公共图书馆发展计划、低价图书计划和图书推广计划,进行海外图书馆建设和英国图书推广。

英国文化教育协会以书籍期刊捐赠、援建图书馆馆舍、提供设备、提供流动图书馆、开设培训课程（英国和海外）和提供咨询访问等形式向海外国家提供了图书馆和图书援助。

英国文化教育协会图书馆、图书期刊规模巨大。在海外建立了百余个图书馆，馆藏图书逾两百万册，推介的期刊几乎占英国出版发行期刊种类（7000 余种）的三分之一强。

英国文化教育协会通过设置职能部门和顾问咨询委员会，通过和英国出版机构、出版协会合作，通过图书馆采购、书评等出版物、提供市场信息和参加书展来增加英国在海外图书市场的份额。

英国文化教育协会通过图书推广，提高了英国学术和思想的可用性和知名度，有力促进了英语语言教学和推广，提高了英国和协会的形象，促进了英国图书出口贸易，补充了图书行业的工作。

英国文化教育协会一直致力于推广英国语言和文化，配合国家的战略。英国文化教育协会在创设初期 20 年中是如何进行语言文化推广，很难用一句话概括殆尽，当然不能说英国文化教育协会的推广活动无法把握，变化多端。有一个比较稳定的轴心就是时间。我们在研究时必须考虑到时间维度这一关键因素 (博纳德·斯波斯基 ,2016,p.11)。

本研究通过文献分析发现英国文化教育协会推广活动的历史演进。英国文化教育协会的推广活动呈现时空地域差异，在不同时间和地域，推广不一样。

正如时任英国文化教育协会主席 Harold Nicolson 在协会成立 21 周年总结指出的那样：

与我们英国的许多机构一样，英国文化教育协会一开始也没有明确定义其宗旨、政策或范围。它的发展，就像所有组织的发展一样，是通过进化的过程：可以说是通过反复试验的过程。它目前的职能和组织是发展的结果，而不是预谋的结果：它从一开始就适应不断变化的条件和不断变化的需求。[1]

英国文化教育协会语言文化推广的这些案例较为清晰地呈现了推广的过程，对以后的语言文化推广实践具有借鉴意义。

二、研究启示

本研究统计了孔子学院自 2006 年以来的《孔子学院年度发展报告》的主题词表，和英国文化教育协会语料库词频对比。孔子学院年度报告使用频次较高的词汇是 Chinese（中文，中国的），language（语言），teachers（教师），teaching（教），classrooms（教室），students（学生），materials（材料），volunteers（志愿者）。

---

[1]《年度报告 1954—1955》, p.7

从这些词可以看出，目前主要还是在推广语言。

波普尔在 1972 年发表的《客观世界》曾把世界一分为三：物质世界（世界 1）、精神世界（世界 2）和观念世界（世界 3）。认为这三个世界都是实实在在的。波普尔认为人和科学知识的发展都是三个世界相互作用的结果。苏新春 (2021)[1] 也认为"教材语言中存在着'语言世界''知识世界''观念世界'三个不同各有功能却又融为一体的三个世界 [2]。长期以来人们孜孜矻矻于语文的工具性和人文性的孰轻孰重之争，原来三者相互结合得原来那么紧密而难以分离"。

波普尔最关心的是"世界 3"。一方面"世界 3"是人类智力活动的产物，因而可以说是人造的，另一方面它同时是超人类的，即超越了自己的创造者。比如说，中文教师教中文学习者读了一本书，这本书属于"知识世界"，它是物理对象；但是书中所包含的内容，即对有关问题的解答属于"观念世界"。书的内容不会因为书的版本不同或者教师回到了中国而改变。哲学家贝克莱说，"世界是观念的集合"，其中的观念应该是人，也就是"本体"的思想和意志。韦伯认为，观念世界及其产生的精神力量，就像扳道工一样决定和把握着利益行为的方向，它对行为选择的意义甚至比利益的驱动更重要。

目前，中文的国际推广还处于"语言世界"中，应该重视"知识世界"和"观念世界"，应该加强科学艺术等推广。

早期的推广活动中，英国文化教育协会书刊推介是核心活动。中文的国际传播亦可增加文献数量供给。李宇明和王春辉 (2019) 提出了增强汉语功能的 7 方面建议，其中之一便是加强汉语文献声望，以增强汉语声望。英国文化教育协会早期借助翻译进行语言推广。李宇明和王春辉 (2019) 提出"促进汉外翻译及汉语与民族语言互译，以增加汉语的翻译量，提高汉语文献的声望。"(李宇明，王春辉 ,2019,p.18) 我国目前开展的学术外译项目可间接增加中文的声望。

表 29 孔子学院年度发展报告语料库主题词（Top50）

序号	单词	词频	离散度	序号	单词	词频	离散度
1	Confucius	2600	0.926395	26	education	187	1.013349
2	Chinese	1751	0.931314	27	volunteers	183	0.967406
3	institute	1502	0.946006	28	bridge	182	0.930609
4	university	908	0.965079	29	volunteer	175	0.977652
5	institutes	869	0.954744	30	year	173	1.004275

[1] 苏新春 2021 年 5 月 17 日在上海外国语大学的讲座 "从大语料库角度来看教材语料的特性与价值"。

[2] 波普尔，奥地利的犹太人，当代影响最大的科学哲学家之一。

6	countries	780	0.951329	31	online	164	1.045749
7	language	550	0.960075	32	new	158	0.974315
8	teachers	494	0.944648	33	regions	154	1.10387
9	teaching	480	0.958784	34	world	152	0.965343
10	china	448	0.956771	35	Beijing	152	1.132172
11	classrooms	407	0.950359	36	program	151	1.016064
12	held	390	0.994343	37	council	147	1.130583
13	headquarters	352	1.054972	38	state	145	0.996841
14	students	350	0.929764	39	annual	139	1.667312
15	development	305	1.10258	40	president	136	1.039351
16	conference	303	1.008276	41	school	131	1.014077
17	international	273	1.00321	42	culture	130	0.957778
18	we	272	1.340472	43	ceremony	129	1.063918
19	report	249	1.004277	44	national	128	1.029361
20	Hanban	244	1.641685	45	directors	127	1.090052
21	number	243	0.95329	46	cultural	127	0.981411
22	foreign	228	0.955592	47	universities	125	1.254625
23	total	210	1.021643	48	test	124	0.992162
24	training	203	1.035734	49	joint	121	1.048041
25	materials	189	1.134546	50	competition	119	0.958766

书刊报纸等出版物数量是一种语言智识化的标志 (Gonzalez,2002,p.14)。Gonzalez(2002) 认为只有在学术领域（所有专业或某些专业）和出版物领域（学术和半学术文献），才能通过有目的和明确的规划来实现智识化 (p.17)。

在智识化进程中，除了观察一种语言的出版物语料多寡外，还可以统计一个国家的书店、图书馆和印刷记录，以了解出版业每年出版的该语言的图书数量，这些数据可以反映出一种语言的智识化程度 (Gonzalez,2002,p.14)。李宇明和王春辉 (2019) 拟订衡量语言功能强弱之 [8 + 3] 指标体系，比对当今世界前 20 强语言的功能状况，他们认为一种语言文献出版量，即语言所产生的历时和共时文献数量越多，语言声望越高，其文化功能便倾向于越大 (李宇明，王春辉,2019,p.13)。

根据《国际中文教育教学资源发展报告 2021》的数据来看，目前中文推广中的图书资源主要集中在中文教材建设上。1949 至 2020 年底，全球共有国际中文教材 19530 种，教材语种达 80 种， 379 家国外出版社和 117 家国内出版社参与国际中文教材的出版工作。

从英国文化教育协会的图书期刊推广工作来看，语言推广不局限于教材图书的推广，更重要的是全方位的各主题的图书期刊推广，创造更好的语言背景支持。

三、研究局限与展望

在研究方法上，英国文化教育协会资料汗牛充栋，要正确解读这八十多年的活动，诚非易事。研究初始虽然借助了语料库工具，但最终发现文本细读可能是政策文本研究的最好方法。文本中一词一句，一些文本的措辞细微变化都潜涵着机构意图，而这些不太可能通过词频或者索引行等发现。

语言文化推广是一个复杂的过程。要用文本来揭示和解释英国文化教育协会的推广，毫无疑问面临着方法论上的挑战和先天性缺陷。虽然参与式观察、访谈、民族志等研究方法都是很有价值的研究工具，但是这些工具可能在研究英国文化教育协会这样一个 85 年历史机构也可能有一定的难度。语言文化推广是一个庞大系统工程，无法对核心政策制定者进行研究访谈，研究者对该机构的研究避免不了管窥蠡测之嫌。

在资料来源上，资料的可获得性和齐全性是一个重要的研究局限。英国文化教育协会的档案文献浩如烟海。孔子说，文献不足故也。足，则吾能徵之矣。历史—文本分析法虽然较好地解决了机构研究的历史性和历时性问题，但本研究主题较为抽象，故收集资料如同大海捞针，考其篇目，挂一漏万，遗阙尚多。同时很多资料和材料无法获得，档案不能记录全部，所以无法做到"其事有据，其人可征"。

英国文化教育协会的推广活动研究是一个亟待发掘的富矿，英国文化教育协会的推广具有丰富的内容，为研究者提供了多角度多路径解读的可能性，研究者很难也不可能去发掘完。

参考文献

[1] 薄守生, 赖慧玲. (2009). 当代中国语言规划研究：侧重于区域学的视角. 北京：中国社会科学出版社.

[2] 博纳德·斯波斯基. (2016). 语言管理 (张治国译). 北京：商务印书馆.

[3] 曹德明. (2016). 国外语言文化推广机构研究. 北京：时事出版社.

[4] 沈骑, 夏天. (2018). "一带一路"语言战略规划的基本问题. 新疆师范大学学报 (哲学社会科学版), 39(01), 36-43.

[5] 陈保亚. (2016). 语势：汉语国际化的语言条件——语言接触中的通用语形成过程分析. 语言战略研究, 1(02), 68-76.

[6] 丛霞. (2017). 文化外交视角下的英国文化教育协会研究. 上海外国语大学.

[7] 李宇明, 王春辉. (2019). 论语言的功能分类. 当代语言学, 21(01), 1-22.

[8] 约翰逊, 戴维. (2016). 语言政策 (方小兵译). 北京：外语教学与研究出版社.

[9] 张天宇. (2018). "软权力"视阈下英国语言国际推广策略研究. 东北师范大学.

[10] 张西平, 柳若梅. (2008). 世界主要国家语言推广政策概览. 北京：北京外语教学与研究出版社.

[11]Ager, D. (1996). Language Policy in Britain and France: The Processes of Policy. London: Cassell Academic.

[12]Ager, D. (2003). Ideology and Image: Britain and Language. Clevedon: Multilingual Matters.

[13]Brezina, V., McEnery, T., Wattam, S. (2015). Collocations in context: A new perspective on collocation networks. International Journal of Corpus Linguistics, 20(2), 139-173.

[14]Chríost, D. M. G. (2005). Prestige Planning and the Welsh Language: Marketing, the Consumer-Citizen and Language Behaviour. Current Issues in Language Planning, 6(1), 64-72.

[15]Corse, E. (2012). A battle for neutral Europe: British cultural propaganda

during the Second World War: A&C Black.

[16]Donaldson, F. (1984). The British Council: the first fifty years. London: Jonathan Cape.

[17]Eastment, D. J. (1982). The policies and position of the British Council from the outbreak of war to 1950. University of Leeds.

[18]Gonzalez, A. (2002). Language Planning and Intellectualisation. Current Issues in Language Planning, 3(1), 5-27.

[19]Phillipson, R. (1992). Linguistic Imperialism. Oxford: Oxford University Press.

[20]White, A. J. S. (1965). The British Council: The first 25 years, 1934-1959 : a personal account written for the information of Council staff. London: British Council.

附　录

附录1　英国文化教育协会年度报告涉及中国的内容节选

节选了从 1936 年至 1954 年的年度报告中涉及中国的内容，每 5 年节选该年度报告首次出现中国的那一页的部分内容。

文件编号	年度报告	原文	标题	页码
1	1936-1937	The encouragement of Institutes and Societies abroad has from the beginning been one of the Council's main activities. In addition to the two well-known British Institutes at Florence and Paris, the numerous Societies which exist in many European countries, and the two well-established Culturas at Buenos Aires and Montevideo, certain important newer enterprises have been, or are being, organised with the Council's support, notably the Anglo-Egyptian Union at Cairo, the Culturas at Rio, Sao Paulo, Santiago, and Lima and the Sino-British Cultural Association at Nanking（China）.	B and M. Recurrent and non-recurrent grants to British Institutes and Societies abroad	5
4	1941-1942	Mr. E.R. Hughes, Reader in Chinese Religion and Philosophy in the University of Oxford, has left London on a mission to China, where the Council is resolved upon a full development of its work.	I. INTRODUCTORY	8

| 128 | 1946-1947 | CHINA
The Council's principal office in China was moved from Chungking to Nanking and a branch office was opened in Shanghai. The Representative made visits to Canton and Hong Kong; he lectured at Lingnan University and Sun Yat-sen University at Canton and at the Northeote Training College at Hong Kong. He also visited Peking and established contact with the important universities in that city— National Peking University, Tsing Hua, Yenching, Fu Jen and with Peiping Normal College. The Sino-British Cultural Association was revived and its membership numbered about 600; a new branch was started in Shanghai and had a membership of 248, equally divided between British and Chinese. Branches also existed in Chungking and Kunming, but owing to the return to the east of large numbers of the war-time populations the membership figures were not known. Exhibitions of Graphic Art, photographs and Art Books were held in Shanghai, the latter in conjunction with the Municipal Library. An important part of the work was interviewing and selecting candidates for post-graduate scholarships and visiting professorships. During the year three visiting professors left for the United Kingdom. The work in China was overshadowed by the sudden death of the Representative, Professor P. M. Roxby. | ACTIVITIES OVERSEAS | 68 |

| 189 | 1951-1952 | The past year has seen a curtailment of the Council work in China and an expansion of its opportunities in most other countries of the Far East. Both these developments have been to a large extent connected with political conditions. Large numbers of Chinese continued to attend the Council's Centers in China, especially that at Shanghai, making much use of the libraries and reading-rooms and continuing to show their appreciation of music recitals, film shows and other programmes. There was in general no diminution in the popularity of the Centers, but it became more and difficult to maintain them. The Chinese Government still refused to grant visas for staff to enter or to re-enter China, the movement of staff within the country was restricted, all the import of material continued to be difficult. And added to these difficulties were the gradually mounting costs of running the Centers. In the circumstances, it was decided early in 1951-52 to close the Centre at Nanking, a city which had of course decreased considerably in importance with the move of the capital to Peking. But later in the year the Centre at Peking too had to be closed in view of increasing difficulty, particularly of staffing. Withdrawal from a city of such cultural eminence as Peking and the closure of a Centre which had been so much used by the Chinese caused great regret. Finally, at the end of the year, the Council had no alternative but to apply to close the very popular Centre at Shanghai and thus break the last of its links with China. The bringing of scholars and visitors to Britain and the sending of British lecturers to China had already been suspended. The popularity of the Council's Centers in China right to the last is a measure of the eagerness of the Chinese for cultural relations with Britain. This gives hope that the present withdrawal of the Council's activities is temporary and that cultural contact between the countries, whose peoples have much to give and to gain, be resumed at some not very distant time. In Japan the signing of the Peace Treaty opened the for the Council. It was decided to appoint a Representative there as soon as possible during 1952. | Work in the Far East | 24 |

附录2　《大公报》中的英国文化教育协会史料节选

刊别	日期	版次	标题	摘要／全文
重庆版	1945/10/22	3	英驻华文化专员 罗士培抵蓉 今日起举行演讲 [111852]	【中央社成都二十一日专】英国文化委员会驻华电员罗士培，昨偕夫人由渝飞抵蓉，二十一日赴桂湖游览，二十二日起在蓉举行有系统之讲演。
天津版	1946/5/2	3	渝市立图书馆 英文化委会协助充实 [12826]	英国文化委员会代表罗士培，二十九日访张市长笃伦，对市立图书舘表示愿帮助充实，经常供给各种英文书报杂志；希望在该馆内设一英文书报室，供市民阅读。
上海版	1946/5/3	3	罗士培盛情 赠旧实渝市圕 [7796]	英国文化委员会代表罗士培，二十九日访张市长笃伦，对市立图书舘，表示愿帮助充实，经常供给英文各种书报杂志刊物，希望在该馆内设一英文书报室，供市民阅读。
上海版	1946/11/10	7	中英文化的交流 罗忠恕赴英讲学 先到牛津讲中国文学与哲学 返国途中访问法义土学术界 [37689]	【中央社南京九日电】英国文化委员会，为促进中英文化交流，近聘中国名教授多人，前往讲学。
上海版	1946/12/4	7	罗忠恕教授 今日飞英讲学 [41832]	【中央社本市讯】成都华西大学文学院罗忠恕教授，应英国文化委员会之邀，赴英讲学，定今晨四时飞港转赴伦敦
上海版	1946/12/10	4	罗士培教授 今日约大演讲 明日招待记者 [42834]	英国文化委员会驻华代表罗士培教授夫妇，已于周末抵沪。
上海版	1946/12/11	5	刻画展览刻画 由英国文化委员会主办 十六起假大新画廊举行 [43043]	【本报讯】本市英国文化委员会，定于本月十六日至二十一日，每日上午十时至下午六时，假南京路大新公司画廊，举行英两刻画展览会。
上海版	1946/12/11	7	罗士培教授 昨日招待记者 [43066]	【本报讯】英国文化委员会驻华代表罗士培教授，于九日来沪，特于昨日下午三时半，假本市华懋饭店八楼举行记者招待会，报告该会工作状况。
上海版	1946/12/15	5	英国刻画展览 明日在大新开幕 [43735]	英国文化委员会，定于明日起，在南京路大新公司举行首次刻昼展览会。
上海版	1947/1/9	7	英文化会英语顾问 来华辅助英语教育 特490克昨由英抵沪 当晚赴京 [1461]	新近任命爲英国文化委员会英语研究部顾问之特490克君 (Mi.E.Sower-byDrake)，于昨日由英伦抵沪，当晚即搭车赴京履新。
上海版	1947/1/29	5	英国着名女教育家 将来沪作公开演讲 [5467]	本市英国文化委员会，最近自英伦聘请女名教育家葛莱克博士及格量小姐来华，作四个月之公开学术演讲。

附录 3 《老成旧报刊》数据库中的英国文化教育协会节选

1. 英国文化委员会近赠本校杂志多种 文章来源：金陵大学校刊 1948 年 第 371 期 P1-1
2. 英国文化委员会科学组主任萨亦乐 遂 文章来源：中国棉讯 1947 第 10 期 P2-42
3. 英国文化委员会的业绩 文章来源：教育通讯月刊 1946 第 1 卷 第 1 期 P17-23
4. 英国文化委员会影音工作概况 作者：杨大文 文章来源：影音 1948 第 7 卷 第 2 期 P42-43
5. 英国文化委员会委员菲律宾法官莅临本校参观 文章来源：厦大校刊 1948 年 第 3 卷 第 3 期 P3-3
6. 英国文化委员会明年奖学金开始申请 文章来源：教育通讯月刊 1948 第 5 卷 第 6 期 P36-50
1. 英国文化协会代表葛丽雅女士及林苏弼博士来校演讲 文章来源：厦大校刊 1949 第 4 卷 第 2 期 P4-12
3. 英文化委员会推广『英语教学』杂志 文章来源：教育通讯月刊 1948 第 5 卷 第 8 期 P33-33
4. 英文化委员会公布奖学金名单 文章来源：教育通讯月刊 1948 第 5 卷 第 8 期 P32-34
21. 英文化委员会举行"英国山水"图书展览 文章来源：西点 1947 年 第 20 期 P51-51

附录4　英国文化教育协会英语教学顾问团节选

附录节选了英国文化教育协会 1940 年的英语教学委员会（Committee on English Teaching）[1]。

COMMITTEE ON ENGLISH TEACHING　（1940—1941）
Chairman
PROFESSOR
GILBERT MURRAY,O.M.,D.LITT.,D.C.L.,LL.D.,F.B.A.,F.R.S.L.

Members
H.S.BENNETT, M.A.
PROFESSOR F.CLARKE, M.A.,LITT.D.
PROFESSOR H.R.HAMLEY, M.A., M.SC.
PROFESSOR DANIEL JONES, M.A., D.PHIL.
HAROLD ORTON, B.LITT., M.A.
PROFESSOR H.V.ROUTH, M.A., D.LITT.

Secretary: PROFESSOR B. IFOR EVANS,M.A.

---

[1] 《年度报告 1940—1941》,p.155-156

附录 5 英国文化教育协会年度报告高频词表节选（Top 50）

词表节选了英国文化教育协会年度报告高频词前 50 个，单词经过词干处理（lemmatised）。

序号	单词	词频	百分比	序号	单词	词频	百分比
1	Council	23988	1.25%	26	government	3864	0.20%
2	British	19480	1.02%	27	activity	3772	0.20%
3	English	9826	0.51%	28	train	3724	0.19%
4	year	9681	0.50%	29	library	3711	0.19%
5	education	9207	0.48%	30	exhibition	3656	0.19%
6	country	7240	0.38%	31	visit	3629	0.19%
7	university	6793	0.35%	32	London	3580	0.19%
8	overseas	6538	0.34%	33	people	3577	0.19%
9	director	5548	0.29%	34	centre	3576	0.19%
10	development	5478	0.29%	35	Sir	3568	0.19%
11	professor	5268	0.27%	36	report	3502	0.18%
12	student	5265	0.27%	37	million	3473	0.18%
13	Britain	5117	0.27%	38	international	3455	0.18%
14	book	4938	0.26%	39	account	3441	0.18%
15	school	4897	0.26%	40	teacher	3409	0.18%
16	service	4745	0.25%	41	number	3375	0.18%
17	institute	4705	0.25%	42	staff	3366	0.18%
18	office	4583	0.24%	43	fund	3300	0.17%
19	new	4525	0.24%	44	course	3267	0.17%
20	teaching	4286	0.22%	45	management	3205	0.17%
21	programme	4281	0.22%	46	increasingly	3124	0.16%
22	including	4162	0.22%	47	also	3089	0.16%
23	culture	4082	0.21%	48	totals	2972	0.16%
24	language	4033	0.21%	49	scheme	2946	0.15%
25	art	4030	0.21%	50	members	2938	0.15%

附录6　英国文化教育协会向在英国的海外学生提供的福利

1950 年 1 月至 1954 年 12 月

年度	外国学生	殖民地学生	英联邦国家学生	总计
在英国文化教育协会宿舍住宿的学生人数：				
1950	43	286	26	355
1951	188	604	38	830
1952	61	451	36	548
1953	43	512	22	577
1954	28	449	13	490
英国文化教育协会在大学宿舍和招待所安排住宿的学生人数：				
1950	104	152	27	283
1951	67	137	18	222
1952	38	190	14	242
1953	67	174	17	258
1954	66	146	18	230
英国文化教育协会提供住宿的学生人数：				
1950	740	937	405	2082
1951	513	930	179	1622
1952	548	880	229	1657
1953	501	1015	262	1778
1954	488	1118	255	1861
英国文化教育协会为首次抵达英国学生安排中转住宿的人数：				
1950		993		
1951	217	999	77	1293
1952	209	1455	62	1726
1953	239	1977	115	2331
1954	227	2094	22	2297
在离开学习地点进行学习或娱乐外出时英国文化教育协会协助安排临时住宿学生人数：				
1950		1276		
1951	1211	2566	760	4537
1952	1321	2710	715	4746
1953	1283	3108	889	5280
1954	1397	3112	624	5133
社交和文化活动				
在英国文化教育协会中心参加社交和文化活动的学生人数				
（注册为英国文化教育协会中心成员的学生人数）：				
1950	4005	1549	887	6441
1951	2823	1646	1035	5504
1952	1885	1380	698	3963
1953	2190	1410	835	4435
1954	2133	1715	896	4744

年度	外国学生	殖民地学生	英联邦国家学生	总计
在英国各地区参加英国文化教育协会组织的假期课程的学生人数：				
1950	874	280	191	1345
1951	908	560	243	1711
1952	687	740	225	1652
1953	629	949	193	1771
1954	557	1,105	144	1806
参加英国文化教育协会组织的周末课程的学生人数：				
1950	342	59	58	459
1951	734	222	217	1173
1952	348	99	98	545
1953	442	204	167	813
1954	468	171	132	771
参加英国文化教育协会组织的游览项目的学生人数：				
1950	3,809	1,255	1,128	6192
1951	2,445	1,362	813	4620
1952	2,182	871	985	4038
1953	2,357	1,199	1,025	4581
1954	2,413	1,524	1,032	4969
招待				
在伦敦通过英国文化教育协会安排接受招待的学生人数：				
1950				925
1951	532	455	155	1142
1952	733	590	230	1553
1953	788	691	214	1693
1954	689	929	227	1845

附录 7　英国文化教育协会及其执行委员会的主席和副主席

1934 年 12 月至 1955 年 8 月

主席：

*The Rt. Hon. Lord Tyrrell, G.C.B., G.C.M.G., K.C.V.O. (1936—1947 担任会长 [1])	1934—1936
The Rt. Hon. Lord Percy of Newcastle	1936—1937
*The Rt. Hon. Lord Lloyd, G.C.S.I., G.C.I.E., D.S.O.	1937—1941
The Rt. Hon. Sir Malcolm Robertson, G.C.M.G., K.B.E.	1941—1945
General Sir Ronald Adam, Bt., G.C.B., D.S.O., O.B.E. （从 1955 年 7 月开始担任会长 ）	1946—1955
Sir David Kelly, G.C.M.G., M.C.	1955 开始

说明：1.President

副主席：

The Rt. Hon. Lord Riverdale, G.B.E. (1941 年 2 月至 6 月和 1945—1946 年度代理主席 ;1947—1949 担任会长)	1936—1946
The Rt. Hon. the Earl of Derby, K.G., G.C.B., G.C.V.O.	1936—1946
Sir John Chancellor, G.C.M.G., G.C.V.O., D.S.O.	1940—1941
The Rt. Hon. Lord Snell, C.B.E.	1941I—1944
The Rt. Hon. Lord Lawson	1944—1945
The Rt. Hon. P. C. Gordon Walker, M.P.	1946—1947
Sir Philip Morris, C.B.E.	1947—1955
The Hon. Arthur Howard, C.V.O.	1947—1950
Mrs. B. Ayrton Gould	1947—1950
Maurice Edelman, M.P.	1950 —1955
C.E. Mott-Radeclyffe, M.P.	1950—1955

附录8　英国文化教育协会活动经费（1934—1955）

年度	总收入	收入来源		
		政府拨款	自身收入	机构代理收入
1934—1935	881	0	881	0
1935—1936	13947	5000	8947	0
1936—1937	29531	15000	12922	1609
1937—1938	67143	60000	6095	1048
1938—1939	178466	130500	45965	2001
1939—1940	353233	330249	21110	1874
1940—1941	480673	433099	16712	30862
1941—1942	688773	611728	5944	71101
1942—1943	1011109	966705	9146	35258
1943—1944	1646321	1573958	60773	11590
1944—1945	2237060	2108122	120778	8160
1945—1946	2814625	2522370	267646	24609
1946—1947	3140956	2877802	257646	5508
1947—1948	3439514	3161413	274601	3500
1948—1949	3275155	2853757	417984	3414
1949—1950	3374949	3045321	326088	3540
1950—1951	3517845	3132280	376218	9347
1951—1952	3201143	2773040	374879	53224
1952—1953	2976447	2462271	398477	115699
1953—1954	3048401	2504008	373558	170835
1954—1955	3184247	2587757	413457	183033

后　记

　　本书最终得以付梓，首先要感谢上海外国语大学张雪梅教授，感谢恩师知遇之恩和谆谆教导。张老师对后进的提携、奖掖不遗余力，不求回报。本书是在参与张老师主持的国家语委"十三五"科研规划年度重点项目"汉语声誉规划战略研究与文化自信"（ZDI135-60）课题过程中慢慢成稿。

　　资料是本研究的立论之本。感谢张洁同学多次到英国国家档案馆，尤其是在疫情特殊时期，帮我扫描和翻拍历史档案。感谢英国文化教育协会信息治理（档案和披露公布）部顾问 Stephen Witkowski, Lyndsey Keogh, Tom Walker, 有求必应，提供了大量内部资料。英国文化教育协会英语与教师发展部合作伙伴关系首席顾问 Roy Cross，得知档案部没有我索求的资料时，专门从泰国调取了相关档案邮寄给我，其专业精神令人感动和敬佩。

　　最后感谢我的家人一直坚守和支持。

　　由于作者水平有限，书中的疏漏和不足在所难免，不妥之处，敬请专家读者不吝赐教批评指正。